中国农产品地理标志

华北地区篇

农业部农产品质量安全中心 编

中国农业科学技术出版社

图书在版编目（CIP）数据

中国农产品地理标志.华北地区篇/农业部农产品质量安全中心编.—北京：中国农业科学技术出版社，2017.11

ISBN 978-7-5116-3182-4

Ⅰ.①中… Ⅱ.①农… Ⅲ.①农产品—地理—标志—华北地区 Ⅳ.①F762.05

中国版本图书馆CIP数据核字（2017）第173048号

责任编辑　史咏竹　李　雪
责任校对　贾海霞

出 版 者　中国农业科学技术出版社
　　　　　北京市中关村南大街12号　邮编：100081
电　　话　（010）82105169（编辑室）（010）82109702（发行部）
　　　　　（010）82109709（读者服务部）
传　　真　（010）82109707
网　　址　http://www.castp.cn
发　　行　全国各地新华书店
印 刷 者　北京科信印刷有限公司
开　　本　710 mm×1 000 mm　1/16
印　　张　27.25
字　　数　534千字
版　　次　2017年11月第1版　2017年11月第1次印刷
定　　价　120.00元

——————版权所有·侵权必究——————

《中国农产品地理标志·华北地区篇》
编委会

主　　任	张华荣				
副 主 任	高　光	李　雪	董洪岩	薛志红	孙志永
成　　员	陈　思	黄玉萍	高　芳	史咏竹	欧阳喜辉
	王学忠	高云凤	张春旺	金　宇	杨　瑾
	李　岩				
主　　编	高　芳	黄玉萍	史咏竹		
副 主 编	陈　思	孙志永	李　雪		
参编人员	佟亚东	张　乐	张云清	王学忠	李又富
	毛　宇	韩　丁	李冬梅	陈学湛	白美萍
	王丽仙	文　波	降春雯	席　静	李兆隆
	李　刚	郝　璐			

前言
PREFACE

  我国是传统农业大国,自然生态和资源禀赋多样,具有悠久的农耕文明历史和深厚的饮食文化,形成了大量具有地域特色的农产品。农产品地理标志是指标示农产品来源于特定地域,产品品质和相关特征主要取决于自然生态环境和历史人文因素,并以地域名称冠名的特有农产品标志。农产品地理标志具有农业物质和非物质文化遗产属性,也是农业知识产权的重要体现。自2008年农业部(中华人民共和国农业部,简称农业部)启动农产品地理标志登记保护工作以来,在各级地方人民政府和农业部门的积极推动下,截至2017年4月底,全国已登记农产品地理标志2 117个,备案特色资源6 839个,涉及果品、蔬菜、粮食、茶叶、畜产品、水产品等20余个类别。农产品地理标志在发展区域经济、打造特色品牌、增加农民收入等方面的作用日益明显,对于推进农业供给侧结构性改革、脱贫富农、农业"走出去"等具有重要意义。

  随着我国经济发展进入新阶段,居民生活水平和消费层次不断提高,现在人们不仅要求吃得饱、吃得好、吃得安全,更讲究吃特色、吃文化。2017年中共中央"一号文件"《关于深入推进农业供给侧结构性改革加快培育农业农村发展新动能的若干意见》明确提出要建设一批地理标志农产品和原产地保护基地,推进区域农产品公用品牌建设。农产品地理标志这个重要的区域特色农产品资源和公用品牌，也越来越受到各级地方政府和社会各界的高度重视和广泛关注。

为更好地宣传打造农产品地理标志品牌，提高农产品地理标志知名度和影响力，满足管理者、生产经营者、消费者等各方面需求，农业部农产品质量安全中心联合中国农业科学技术出版社，编纂了《中国农产品地理标志》丛书。本套丛书中文版和英文版各7本，包括东北地区篇、华北地区篇、华东地区篇（上）、华东地区篇（下）、中南地区篇、西南地区篇、西北地区篇，内容涉及31个省、自治区、直辖市，3个计划单列市，以及新疆生产建设兵团，未包含香港特别行政区、澳门特别行政区和台湾省。本套丛书涵盖了2008—2015年获《农产品地理标志登记证书》的1 791个农产品地理标志，详细介绍了每一件农产品地理标志的地域范围、品质特色、人文历史、生产特点，并配以精美图片。编写本套丛书的第一手资料，一方面来自农产品地理标志的申报与登记材料，产品名称及登记证书编号以农业部下发的《农产品地理标志登记证书》为准，另一方面是由各省级农产品地理标志工作机构及登记证书持有人从产地收集，从而确保了本套丛书内容的准确与严谨。本书在编写过程中得到了各省级农产品地理标志工作机构及登记证书持有人的大力支持，在此表示感谢。

农业部农产品质量安全中心

2017年6月

目录
CONTENTS

北京市 / 001

延庆国光苹果 …………………………………… 002
安定桑椹 ………………………………………… 004
昌平草莓 ………………………………………… 006
通州大樱桃 ……………………………………… 008
妙峰山玫瑰 ……………………………………… 010
海淀玉巴达杏 …………………………………… 012
延怀河谷葡萄 …………………………………… 014
泗家水红头香椿 ………………………………… 016
京西稻 …………………………………………… 018
庞各庄金把黄鸭梨 ……………………………… 020

天津市 / 023

宝坻大葱 ………………………………………… 024

目 录 CONTENTS

宝坻天鹰椒	026
大港冬枣	028
静海金丝小枣	030
徐堡大枣	032
桑梓西瓜	034

河北省 / 037

灵寿金针菇	038
平泉香菇	040
威县三白西瓜	042
崇礼蚕豆	044
任县高脚白大葱	046
隆尧泽畔藕	048
隆尧大葱	050
围场胡萝卜	052
安次甜瓜	054
漫河西瓜	056
胜芳蟹	058
滏河贡白菜	060
平泉滑子菇	062
磁州白莲藕	064
冀州天鹰椒	066
迁西栗蘑	068
曲周小米	070

祁紫菀	072
遵化香菇	074
南和金米	076
高碑店黄桃	078
涉县柴胡	080
黄粱梦小米	082
柏各庄大米	084
肥乡圆葱	086
黑沿子毛蚶	088

山西省 / 091

黎城核桃	092
交城骏枣	094
芮城花椒	096
红山荞麦	098
长子大青椒	100
孝义核桃	102
灵丘苦荞	104
天镇唐杏	106
应县胡萝卜	108
交城梨枣	110
孝义柿子	112
应县青椒	114
柳林红枣	116

目录 CONTENTS

晋祠大米 …… 118	洪井三皇小米 …… 172
隆化小米 …… 120	神池莜麦 …… 174
古县核桃 …… 122	神池胡麻 …… 176
吉县苹果 …… 124	神池羊肉 …… 178
官滩枣 …… 126	临晋江石榴 …… 180
寿阳小米 …… 128	芮城苹果 …… 182
沁水黑木耳 …… 130	北景柿子 …… 184
右玉羊肉 …… 132	中阳柏籽羊肉 …… 186
榆社洋槐蜜 …… 134	蒲县马铃薯 …… 188
西回小米 …… 136	蒲县核桃 …… 190
沁州南瓜籽 …… 138	阳曲小米 …… 192
大同小明绿豆 …… 140	阳城山茱萸 …… 194
沁水黄小米 …… 142	南林交莲藕 …… 196
沁州核桃 …… 144	临县开阳大枣 …… 198
义井甜瓜 …… 146	忻州糯玉米 …… 200
永济大樱桃 …… 148	析城山小米 …… 202
长凝大蒜 …… 150	霍州苹果 …… 204
河峪小米 …… 152	斗山杏仁 …… 206
襄陵莲藕 …… 154	清徐葡萄 …… 208
大宁西瓜 …… 156	贺家庄仙桃 …… 210
熬脑大葱 …… 158	冀村长山药 …… 212
大宁红皮小米 …… 160	广灵画眉驴 …… 214
梧桐山药 …… 162	陵川黑山羊 …… 216
平顺潞党参 …… 164	汾阳酿酒高粱 …… 218
永和条枣 …… 166	泽州红山楂 …… 220
乡宁翅果 …… 168	隰县梨 …… 222
平遥长山药 …… 170	洪洞莲藕 …… 224

目录 CONTENTS

七里坡山楂	226
吴王渡黄河鳖	228
同川酥梨	230
万荣三白瓜	232
临县红枣	234
定襄甜瓜	236
王过酥梨	238
临猗苹果	240
阳城桑葚	242
清徐沙金红杏	244
孙家湾香椿	246
赵康辣椒	248
杜马百合	250
闻喜莲藕	252
万泉大葱	254
巴公大葱	256
连伯韭菜	258
泗交黑木耳	260
仙人红薯	262
神池黑豆	264
神池黍子	266
上党土蜂蜜	268
沁水黑山羊	270
绛县大樱桃	272
绛县山楂	274
岚县马铃薯	276
平定荆花蜂蜜	278
太谷壶瓶枣	280
芮城芦笋	282
广灵大尾羊	284
阳高长城羊肉	286
浑山芥菜	288
偏关小米	290
偏关羊肉	292

内蒙古自治区 / 295

乌海葡萄	296
天山明绿豆	298
乌兰察布马铃薯	300
乌珠穆沁羊肉	302
鄂尔多斯细毛羊	304
阿尔巴斯白绒山羊	306
敖汉旗荞麦	308
苏尼特羊肉	310
扎兰屯大米	312
扎兰屯葵花	314
扎兰屯沙果	316
扎兰屯黑木耳	318
夏家店小米	320
莫力达瓦大豆	322
莫力达瓦菇娘	324

目录 CONTENTS

达里湖鲫鱼 326
达里湖华子鱼 328
扎兰屯榛子 330
扎兰屯白瓜籽 332
阿荣旗柞蚕 334
阿荣旗白鹅 336
阿荣旗白瓜籽 338
莫力达瓦苏子 340
阿尔山黑木耳 342
阿拉善双峰驼 344
阿拉善白绒山羊 346
莫力达瓦黄烟 348
阿拉善锁阳 350
呼伦贝尔油菜籽 352
三河马 354
三河牛 356
鄂托克旗螺旋藻 358
根河卜留克 360
阿拉善肉苁蓉 362
牛家营子北沙参 364
牛家营子桔梗 366
阿荣玉米 368
阿荣大豆 370
四子王旗杜蒙羊肉 372
阿荣马铃薯 374
阿尔山卜留克 376
河套番茄 378
呼伦贝尔芸豆 380
河套巴美肉羊 382
阿巴嘎黑马 384
乌冉克羊 386
河套向日葵 388
鄂托克阿尔巴斯山羊肉 390
呼伦湖秀丽白虾 392
呼伦湖鲤鱼 394
五原灯笼红香瓜 396
五原黄柿子 398
五原小麦 400
鄂尔多斯黄河鲤鱼 402
鄂尔多斯黄河鲶鱼 404
呼伦湖白鱼 406
呼伦湖小白鱼 408
化德大白菜 410
商都西芹 412
林东毛毛谷小米 414
赤峰荞麦 416
根河黑木耳 418
昭乌达肉羊 420
四子王旗戈壁羊 422

北京市

延庆国光苹果

登记证书编号：AGI00161

地域范围

延庆区位于北京市西北部。延庆国光苹果种植区域主要分布在以延庆区张山营镇张山营村、下营村，旧县镇黄峪口村、白羊峪村、闫庄村、三里庄村，香营乡黑峪口村、屈家窑村为主线的北山带；八达岭镇里炮村、帮水峪村以及康庄镇、永宁镇、井庄镇等部分地区少量分布。地理坐标为东经115°44′~116°34′，北纬40°16′~40°47′。

品质特色

延庆国光苹果果实扁圆形，果面底色黄绿着鲜红色条纹或全面鲜红色；果皮中等厚，果粉较多，果点小而密且明显，形状不规则；果肉淡黄色或绿白色，果肉细、肉质脆、风味甜酸适度，有香气。延庆国光苹果富含对人体有益的多种矿物质、含糖量高、耐贮存，果实品质明显不同于其他产地，采收时可溶性固形物达到15%~16%（果实套袋后下降1~2百分点），在常温下可贮存5个月，在冷库条件下可贮至第二年六七月份，经贮存的延庆国光苹果风味诱人，深受广大消费者喜爱。

人文历史

据《嘉靖隆庆志》记载，在明朝嘉靖年间以前，延庆地区就有棉苹果、小苹果（沙果、香果等）栽培历史记载，距今已有近500年的历史。延庆区境内目前还生长着10棵具有50年树龄的国光苹果树，这珍贵而罕见的历史年轮为延庆县国光苹果的唯一性增添了一份神秘而古老的历史

气韵。

近几年，随着大众口味的变化，延庆国光苹果再度成为消费者新宠。2007年，北京市林业局举办了关于"北京市唯一性果品"申报活动，国光苹果作为延庆区唯一性果品之一纳入申报范围。随着政府的重视和管理水平的提高，国光苹果的品质不断提升，果实大小均匀、着色度增加，大部分为全红果，色泽艳丽，酸甜适中。

生产特点

延庆盆地地处海拔高的中纬度地区，海拔500米以上，昼夜温差较大，有利于农作物糖分的积累。延庆区光能资源较丰富，与北京市其他区相比，年太阳辐射量最高，可满足国光苹果生长着色对光能的需要。延庆区地处永定河、潮白河水系上游，水资源丰富，水质优良。此外，该地区大气透明度较大，空气质量达到国家一级标准，土壤富含铁、锰、锌等多种矿物质，有机质含量不低于1%。独一无二的自然环境，为生产优质国光苹果提供了可靠的保证。

延庆国光苹果严格按照地方标准进行生产管理，休眠期做好冬季修剪，萌芽期对主枝和辅养枝进行拉枝，花期进行花前复剪，幼果期进行人工疏果、夏季修剪、套袋，9月中下旬摘去果袋、摘叶转果，使得果实达到充分着色。国光苹果适宜采收时间在10月20日以后，果实完熟后要适时采收。

安定桑椹

登记证书编号：AGI00374

地域范围

大兴区安定镇位于北京市东南部。安定桑椹主要分布在安定镇区域内以高店、前野厂、后野厂、通洲马坊、沙河、后安定等村为主线的东北带，在前辛房、马各庄、大渠、佟营、周园子等村也有少量分布，地处北纬39°34′~39°39′，东经116°25′~116°32′，海拔21~27米。

品质特色

安定桑椹果实饱满、着色均匀、具有光泽、手感微软，平均单果重3~5克，可溶性固形物含量在17%以上，口感纯正、味甜，咀嚼后略有渣滓。桑椹是水果中含铁量最高的，有补血功效，可改善缺铁性贫血；其含磷量也是名列前茅，常吃可镇定神经，改善烦躁不安。根据中医理论，桑椹入肝经、肾经，可补虚益气、滋阴明目、养血、营养毛发。成熟的桑椹果营养丰富，含有丰富的糖分、胡萝卜素、维生素、矿物质、有机酸等营养成分。

人文历史

大兴区安定镇是北京市十大果品产区之一，尤以桑树种植最为著名。民间流传，西汉末年王莽篡位，刘秀出逃慌不择路，逃进安定镇桑园。刘秀又饥又渴，恰逢桑椹掉落，尝之清爽甜美，下令军中食之，使军心大振，反败

为胜,安定桑椹因此被封为"桑树王"。据《大兴县志》记载,北魏孝文帝太和九年(485年)大兴区就有桑椹栽培历史记载,距今已有1 500多年的历史。明清时期,安定出产的白色蜡皮桑椹就曾作为贡品出现在皇家的餐桌上。

生产特点

安定桑椹种植区域地处永定河冲积平原,这里的沙土洁净,透气性好,富含铁、锰、锌等多种矿物质元素,有机质含量在1%以上。该地区水资源丰富,大龙河、小龙河自西北入境汇流于安定镇,岔河也自西北流经该镇,地下水埋深5~10米,年均降水量589毫米。安定镇地处低海拔的中纬度地区,属温带半干旱大陆性气候,四季分明,大气透明度较大,光能资源较丰富,可满足桑椹生长着色对光能的需要。安定桑椹种植区的桑树耐旱、不易生病虫害,结出的桑椹是真正的天然食品。

安定桑椹栽培的土壤含盐量不高于0.3%,以沙壤土、壤土为宜,pH值7.0~8.5。适宜品种为白蜡皮、蚂蟥红、小豆黑、黑蜡皮、小豆白、大10(温室品种)等。安定桑椹生产过程中按照生产技术规程进行修剪、施肥、灌溉和采收,不需要使用农药。安定桑椹的可溶性固形物含量达到70%以上方可采收,果实采后在6小时内运至榨汁厂榨汁,以保持果实新鲜。

昌平草莓

登记证书编号：AGI00410

地域范围

昌平区位于北京市西北部，是北京市的后花园。昌平草莓地理标志保护区域北起京密引水渠，南抵温渝河，西至东沙河，东到顺义界，包括兴寿、崔村、小汤山、百善、南邵和沙河6个镇的部分地区。地理坐标为东经115°50′17″~116°29′49″，北纬40°02′18″~40°23′13″。

品质特色

昌平草莓果形端正、饱满、整齐，果面着色均匀、光泽亮丽，瘦果分布均匀，果肉质地细腻、口感纯正、香味浓郁、品质优，果实硬度较大，耐贮运。香甜型品种可溶性固形物在9.0%以上，总酸量不超过1.0%；酸甜型品种可溶性固形物在6.0%以上，总酸不超过1.3%。昌平草莓种植区域位于燕山山脉、北纬40°山前暖带的独特地理位置，自然气候条件得天独厚，在沙性土壤和从麦饭石中渗透出的无污染纯净水源的孕育下，通过推广设施草莓标准化生产技术，形成了独特的产品品质。

人文历史

中国是世界上草莓野生资源最丰富的国家，目前世界上已查明的草莓野生资源有20种，其中中国有11种。昌平地区居民很早就开始利用野生草莓，至今北部山区居民在春夏之交仍有采食野生草莓之习。20世纪初，少量人工栽培的草莓品种通过传教士及民间交流等方式引入我国，北京市是主要传入地之一。

昌平草莓产业形成始于20世纪80年代初，开始使用设施大棚进行促成栽培。2001年前后，昌平设施草莓进入迅速发展期，栽培面积保持在北京市草莓种植总面积的2/3以上。2007年1月，昌平区成功承办了"第一届中国草莓文化节"，其吉祥物"草莓娃娃"也逐渐成为昌平草莓的"形象代言人"。昌平草莓产业已发展成为集科研示范、品种繁育、组织生产、加工配送、观光采摘、文化展示等功能于一体的现代都市农业支柱产业。

生产特点

昌平区属暖温带大陆性半湿润半干旱季风气候区，位居北京市的上风上水位置，空气质量好，通透性强，不易形成雾霾天气。昌平草莓地理标志保护区地处山前暖带，光照充足，昼夜温差大，区域内农业灌溉水充沛，水质纯净无污染，这一区域发展草莓生产，有利于草莓糖分的积累和风味的形成。

昌平草莓均栽培在通风透气、排灌方便、土层较深厚，质地为壤质、结构疏松、保水保肥耕性良好、有机质含量在1%以上的微酸或弱碱性土壤。选择抗病虫、适应性强、休眠浅、早熟、优质、丰产、耐贮存、商品性好的优良品种，主要包括红颜、章姬、童子一号、阿尔比、燕香系列等优良品种。栽培方式为设施栽培的日光温室促成和半促成两大类，以日光温室促成栽培为主。在草莓生产过程中，培育优质壮苗，依据测土配方施肥调控水肥，平衡草莓植株长势，使用疏花疏果技术和大温差管理，提高果实商品性及其品质。鲜食草莓在果面着色达商品果最佳成熟度时采收。

通州大樱桃

登记证书编号：AGI00444

地域范围

通州区位于北京市东南部，京杭大运河北端，是北京市主要果品产区之一，尤其以樱桃种植最为著名。通州大樱桃产地主要分布在西集镇的沙古堆、儒林、供给店、郎东、小辛庄、老庄户等村，以及北运河沿线的潞城镇、张家湾镇等乡镇，地理坐标为东经116°32′~116°56′，北纬39°36′~40°02′，平均海拔高度20米。

品质特色

通州大樱桃主栽品种为大果型、甜味浓、肉质脆、色泽艳、丰产性好等综合优良性状的大樱桃品种，果实成熟早，果形个大饱满、整齐美观，果肉肥厚细腻、柔韧多汁，皮薄而脆，果实糖度高、酸甜适口、风味独特。按成熟时果实颜色分为深红色、红色、黄色三大类。通州大樱桃单果重6.5克以上，可溶性固形物在17.5%以上，硬度在6.5牛顿/平方厘米以上。

人文历史

樱桃原产于我国，已有2 000多年的栽培历史。通州地区种植樱桃最早开始于明末清初。通州地区自古就产水果，据《通县志》记载，战国时期，通州地区即有枣树种植，金、元、明时期增加桃、杏、梨、葡萄等品种，民国时期又增添樱桃、柿

子、李子、苹果、山里红等种植，其中，樱桃种植距今已有近百年的历史。

为了提高通州樱桃知名度，当地从2005年起开始举办通州区樱桃采摘节，采摘通州大樱桃的人数逐年增加，2009年采摘人次突破20万，给周边民俗旅游户及餐饮业带来间接收入近百万元。

生产特点

通州大樱桃种植重点区域地处北运河及潮白河冲积平原，地势平坦，土质肥沃，富含铁、锰、锌等多种矿物质，透气性好，特别适合樱桃生长。通州区域内水资源丰富，境内分布河流计有13条，丰富的水资源为生产优质大樱桃提供了可靠的保证。

通州大樱桃基地多为沙壤土、水源充足。深红色的品种有早大果等，红色品种有先锋等，黄色品种有雷尼等。生产过程按照生产技术规程进行修剪、施肥、灌溉和采收。樱桃采收时可溶性固形物含量达到13%以上，采收时一定要由内到外、自下而上依次采收，避免伤及未采果。果实采收后及时包装，在12小时内运至销售地点，以保持果实新鲜。

妙峰山玫瑰

登记证书编号：AGI00751

地域范围

门头沟区妙峰山镇位于北京市正西偏南，镇辖区面积110平方千米，最高为妙峰山主峰，海拔1 290.8米，最低处永定河谷，海拔134米。妙峰山玫瑰主要分布在妙峰山镇涧沟村和禅房村，地理坐标为东经115°57′10″~116°03′45″，北纬40°35′10″~40°39′20″。

品质特色

妙峰山玫瑰花种植栽培以重瓣红玫瑰为主，株高150厘米左右，株形直立，主茎蔓灰褐色，分蘖多，根蘖粗壮，直立丛生，节间短；嫩枝刺密，有刺毛，小叶长椭圆形，主脉少刺，叶面皱褶明显；花形盘状，露心，花瓣40片以上，花色为纯正的玫瑰红色，花径大于5厘米，单花重4.0克以上；不结实，以分蘖繁殖为主。花瓣可食用，香气浓郁。妙峰山玫瑰出油率为0.04%~0.05%。

人文历史

玫瑰花原产我国，栽培历史悠久，据《西京杂记》记载，汉代即有栽培，南宋以来已广泛用于制作糕点。门头沟区妙峰山镇栽培玫瑰已有几百年历史，被誉为"中国的玫瑰之乡"，特别是主峰东南的涧沟村一带尤为兴旺，因此涧沟村又名玫瑰谷。妙峰山玫瑰栽植在海

拔800米以上的台地、缓谷中，以其朵大、色艳、味浓、含油量高、品质优异、经济价值高而驰名中外，居华夏之首。

生产特点

妙峰山玫瑰保护区域属妙峰山属太行山余脉，坐北朝南，呈簸箕形盆地，受热排水条件好。妙峰山玫瑰种植基地多为山地棕壤和山地林融褐土，土壤腐殖层较厚，有机质含量高，氮、钾水平属华北地区中高水平，硼含量高于全国平均水平1倍以上，这可能是妙峰山玫瑰含油量高、油质好的直接原因。妙峰山镇位于西山前沿，夏至日照时数不少于13小时，花期雨少，光照充足，有利于芳香油的形成和积累。妙峰山玫瑰种植基地水源主要以自然降水为主，年均降水量在600毫米以上，并且水热同季，对作物生长十分有利。

妙峰山玫瑰基地水源主要以自然降水为主，逐步实施收集自然降水及深井水进行节水灌溉配套，水温适中。生产过程中严格按照生产技术规程进行修剪、施肥、灌溉和采收。鲜花开放后即可采收，根据花开先后，多次采收，采摘时用拇指与食指捏住花朵花柄，连花柄一起摘下。

海淀玉巴达杏

登记证书编号：AGI01377

地域范围

海淀玉巴达杏主要分布在北京市海淀区西山东麓沿线，农产品地理标志保护区域为苏家坨镇七王坟村、西埠头村、车耳营村、西山农场、徐各庄村、北安河村、南安河村、草场村、周家巷村、聂各庄村，温泉镇白家疃村、温泉村、杨家庄村，西北旺镇冷泉村、韩家川村，四季青镇香山村（1街坊、2街坊），地理坐标为东经116°03′~116°16′，北纬39°58′~40°06′。

品质特色

海淀玉巴达杏果形较大，单果重50~70克；果实扁圆形，果顶微凹；梗洼广浅、肩平；成熟时果皮底色黄白，阳面有鲜红晕；果肉细腻，柔软多汁，口感香味浓郁，味酸甜；半离核，仁甜。品质优良。海淀玉巴达杏果营养丰富，可溶性固形物含量为10.0%~13.0%，含酸量为1.60%~1.80%，鲜果中维生素C含量为6.0~6.5毫克/100克。

人文历史

海淀区杏树栽培历史悠久，据史料记载，"卧佛寺面面皆杏花，杏树可十万株，此香山第一圣处也"，至今海淀区西山一带仍然有许多野杏树。另据清《帝京岁时纪胜》描述："杏除香白、八达杏之外，有四道河、海棠红等杏，仁亦甘美。"光绪三十二年（1906年），清政府农工商部奏准，兴办京师农事试验场，面积1 067亩[①]，即有杏树栽植，供试验、改良、推广。北安河的杏、南安

---

① 1亩≈667平方米，全书同

河的梨、西山樱桃皆享誉京城。玉巴达杏个大皮薄,香醇味美,曾为宫廷贡品。

杏树是长寿树种,现海淀区保存下来生长百年以上的老杏树有几十株,仍然根深叶茂、硕果累累、生生不息。海淀杏在长期栽培中,形成了众多名特优品种,以玉巴达杏为主。

生产特点

海淀地势西高东低,属暖温带半湿润的山地丘陵及山麓平原地区,西部山区呈东西走向,形成一个"C"形山洼,冬春季气温较平原高1.5℃左右,这种特殊的地形使海淀玉巴达杏不怕早春寒冷,在4月初开花。西山山区土壤通透性好,有机质含量在6毫克/千克以上。该地区降水集中于6—8月,4月杏花受粉期间一般不会出现刮风下雨天气。杏生长期间光照充足、少雨使杏颜色鲜艳、品质香甜。西山是南沙河发源地,多处有山泉,山地杏树多为旱作栽培,由于春季干旱,在关键时期也用泉水灌溉。

栽培品种选用海淀原产地品种大玉巴达杏,可选串枝红或白杏等为授粉品种。一般3月中旬花芽萌动,4月上旬盛花期,花期5~7天,4月上旬叶芽萌动,6月上旬果实成熟,属早熟品种,11月上旬落叶。繁殖一般在当地野生4~5年山杏上直接进行劈接或插皮接,或者用当地野山杏杏核秋天上冻前种植,第三年进行芽接或劈接。嫁接苗4年开始结果,高接树3年可结果,8~10年开始进入盛果期,一般盛果期单株果树产量可达100千克左右。

延怀河谷葡萄

登记证书编号：AGI01456

地域范围

延怀河谷以官厅水库为中心，地跨北京市延庆区、河北省怀来县，北靠燕山山脉，南依八达岭长城的军都山脉，中部为妫水河、桑干河、洋河河谷、官厅水库沿岸区域。延怀河谷葡萄农产品地理标志保护区域的地理坐标为东经115°06′~116°34′，北纬40°04′~40°47′。涉及北京市延庆区的张山营镇、旧县镇、香营乡、永宁镇、沈家营镇、康庄镇、延庆镇和八达岭镇共8个乡镇的30个行政村，以及河北省怀来县的小南辛堡镇、桑园镇、狼山乡、北辛堡镇、王家楼乡、土木镇、存瑞镇、桑园镇、官厅镇、孙庄子乡、瑞云观乡、东花园镇、西八里镇、东八里乡、大黄庄镇和新保安镇共16个乡镇的150个行政村。

2011年，延庆葡萄曾获得农产品地理标志使用许可（登记证书编号为AGI00750），当时其生产区域主要分布在北京市延庆区的张山营镇、旧县镇、香营乡、永宁镇、八达岭镇和康庄镇等地。由于北京市延庆区和河北省怀来县的共建发展，2014年，延怀河谷葡萄获得了农产品地理标志使用许可，不仅涵盖了原延庆葡萄的生产区域，也将河北省怀来县纳入了农产品地理标志的地域范围。

品质特色

延怀河谷地区气候冷凉，葡萄以成熟期较晚的品种为主栽品种。延怀河谷葡萄果穗整齐、果粒均匀，有色品种果实着色深，果粉厚，外观美丽，果汁多，糖分高，浓度大，刀切而其汁不溢，吃起来味极甘美爽口。鲜食葡萄中富含有机酸、矿物质，以及多种维生素和氨基酸，风味浓郁，营养丰富。酿酒葡萄采收时可溶性固形物含量达到23%以上。

人文历史

延怀河谷葡萄产区位于首都西北门户，是世界上唯一位于国家首都的葡萄及葡萄酒产区，拥有700多年的葡萄栽培历史，最早的记载可追溯到《元史·耶律楚材传》。

北京市延庆区和河北省怀来县同处延怀盆地，1958年之前同属一个县，山水相连、地缘相接、人缘相亲、地域一体、文化一脉，经济和社会文化交流历史源远流长，是京津冀区域协同发展的重要节点区域。延怀河谷葡萄产区共建发展，是实现两区县产业一体化发展的关键支撑，也是自觉打破自家"一亩三分地"思维定式、促进两区县葡萄及葡萄酒产业互补共进、提档升级的现实需要。

生产特点

延怀河谷地区位于北纬40°左右的河谷地带，海拔470~700米，属温带大陆性季风气候，为中温带半干旱区，是我国著名的葡萄产区。产区大于10℃的年有效积温为1 558℃，光照充足，年均日照时数达2 926小时，昼夜温差大，9月昼夜温差达13.7℃，有利于葡萄果实中糖分的积累。延怀河谷年降水量少，一般不超过442毫米，病虫害相对较轻。延怀河谷葡萄产区水资源丰富，水质优良，土壤矿物质丰富、质地适中、疏松多孔，非常适宜葡萄生长。

延怀河谷葡萄以成熟期较晚的品种为主栽品种，鲜食葡萄有白马奶、龙眼、红地球、美人指；酿酒葡萄有赤霞珠和霞多丽。鲜食葡萄采用小棚架独龙干超短梢方式栽培管理，酿酒葡萄采用双篱架式栽培。果实的颜色和含糖量达到本品种的标准时，方可采收。

泗家水红头香椿

登记证书编号：AGI01497

地域范围

泗家水红头香椿主要分布在北京市门头沟区雁翅镇泗家水沿线，门头沟区雁翅镇所辖松树村、高台村、淤白村和泗家水村共4个自然村，保护区域面积2 508公顷，地理坐标为东经115°52′30″~115°57′43″，北纬40°04′00″~40°08′14″。

品质特色

泗家水红头香椿嫩芽呈红色或紫红色，色泽红润光亮，其头大抱拢，呈小径1~2厘米、大径6~8厘米的锥形，椿叶长椭圆形，叶柄有小绒毛，香气浓郁，汁多鲜嫩，食后无渣。其更为独特之处在于刚采下的顶芽香椿有丁香花的清香。每100克早椿（头茬香椿）中，蛋白质含量为6.38~6.80克，粗纤维含量为1.7~1.8克，维生素C含量为53.3~72.2毫克，维生素E含量为0.54~0.78毫克，钙含量为72.8~104.0毫克。

人文历史

北京市门头沟区雁翅镇泗家水村种植香椿已经有600多年的历史，泗家水红头香椿明清时期为宫中贡品，至清朝晚期，当地香椿树已繁衍近千亩，年产数万斤[①]。1997年，在区镇两级政府的大力支持下，泗家水村大力发展香

---

① 1斤=500克，全书同

椿种植。2005年泗家水村建立了500亩香椿示范基地，2009年建成1 300亩有机食品香椿生产示范基地，自此泗家水村的香椿种植业走上了科学、规范、规模化生产之路。

生产特点

泗家水红头香椿种植在山地梯田背风向阳地带，生产过程中禁止使用农药、化肥。泗家水地区属暖温带雨热同季的山地，海拔高度550~1 290米，日照充足，降水集中于6—8月，四季气温较平原低3℃左右，土壤为沙质褐土，透气性好，土质肥沃，富含铁、锰、锌等多种矿物质，有机质含量在6毫克/千克以上。特殊的地理环境和山区小气候环境，为香椿生长提供了独特的气候与地质条件。

泗家水红头香椿选用泗家水原产地品种红头香椿，不怕早春寒冷，一般4月上旬椿芽萌动，4月下旬至5月下旬长出红紫香椿顶芽，是头茬采摘期。红头香椿的采收沿用只采顶芽、不采侧芽的传统采摘方式，保证了红头香椿的优良品质。红头香椿施肥以有机肥为主（如堆肥、绿肥、落叶等），生长过程中不灌溉，雨后及时排积水，病虫害防治采取生物、物理防治方法。

京西稻

登记证书编号：AGI01590

地域范围

京西稻主要分布在北京市海淀区西山东麓沿线，包括上庄镇的西马坊村、东马坊村、上庄村、常乐村，四季青镇的玉泉村，共5个行政村，以及国家级翠湖湿地公园和海淀公园，地理坐标为东经116°09′35.71″~116°14′06.18″，北纬40°04′46.99″~40°09′34.34″。

品质特色

京西稻是海淀区域内种植水稻品种的统称。清朝乾隆皇帝下江南时带回"紫金箍"水稻品种，在京西长期种植。京西稻属于优质粳米，米粒椭圆丰腴、晶莹透明，米饭富有油性、黏而不糯、软硬适中、清香有弹性，米粥颜色青绿、香气独特、口感黏滑有米油。主要品质指标均达国家标准二级以上，直链淀粉含量16%~18%，蛋白质含量6%~8%，粗脂肪含量约2.6%，赖氨酸含量0.34%左右。

人文历史

北京市海淀地区在三国曹魏时期就开始建渠种稻，至今已有1 700多年的历史。在《几暇格物编·御稻米》篇中，康熙皇帝记载了自己种植水稻的农耕实践，并记述："四十余年以来，内膳所进，皆此米也。其米，色微红而粒长，气香而味腴，以其生自苑田，故名御稻米。"京西稻历经康熙、雍正、乾隆三朝130多年的稻作经营，发展至乾隆朝后期，

种植面积已达到一两万亩,并由此形成了独特的皇家"御稻米"稻作文化,即京西稻作文化。

1954年,毛泽东主席在读《红楼梦》时,看到描写贾府的庄头乌进孝进贾府交租,"常用米千余石",而专供贾母享用的"御田胭脂米"只有"二石",这引起了他的关注。他让农业部门调查了"御田胭脂米"的产地,并希望由粮食部门收购一些以供中央招待国际友人之用。经调查证实,"御田胭脂米"正是京西稻。

生产特点

海淀区地势西高东低,属暖温带半湿润的山地丘陵及山麓平原地区,海拔高度35~1 278米。稻区土壤为轻壤至轻黏土,因多年大面积种植水稻,该区域土壤形成水稻土特性,有机质含量平均达1.76%,保水保肥力强。京西稻区地处海淀区西山东面洼地,永定河、清河及南沙河冲积扇区域,水资源丰富。稻区无霜期211天,生长期日照时数1 400小时,年活动积温达3 900℃,充分满足优质水稻品种的生长需要;6月下旬至8月中旬高温多雨,日均气温25~27℃,满足水稻受粉分蘖及茎叶生长温度;8月下旬至9月下旬,日光充足,日均气温20~25℃,满足水稻扬花灌浆温度。

京西稻早期以紫金箍、大红芒、小红芒等品种为主,后相继引进银坊、水源300粒、越富等品种,1980年海淀区农业科学研究所培育出"越富系三",已经大面积推广,成为京西稻当家品种。京西稻于4月15—20日后播种,5月下旬插秧,生产过程中做好水稻灌浆期水分管理,在完熟期黄颖壳粒95%左右收割。

庞各庄金把黄鸭梨

登记证书编号：AGI01591

地域范围

庞各庄金把黄鸭梨主要分布在北京市大兴区庞各庄镇西南永定河东沿线，包括庞各庄镇前曹各庄村、北曹各庄村、梨花村、韩家铺村、赵村。地理坐标为东经116°13′~116°16′，北纬39°34′~39°36′。

品质特色

庞各庄金把黄鸭梨果形美观，鸭头状凸起明显、呈棕黄色；平均单果重160克左右；果皮薄，果点小，呈绿黄色，贮后果皮呈金黄色，有浓郁的香味；果肉白色，果心小，肉质细脆，风味适口；可溶性固形物含量为11%~13%。

人文历史

据《宛署杂记》记载，早在明朝万历二十一年（1593年），金把黄鸭梨就曾作为贡品进献到皇宫，传说明朝万历皇帝最爱吃北村进贡的葱芯绿萝卜，后来经过南庄村寇大官人的推荐，品尝了南庄村的金把黄鸭梨后龙颜大悦，当时就写与寇大官人一副对联"北村萝卜葱芯绿、南村鸭梨金把黄"，并封此鸭梨为"金把黄鸭梨"。400多年来金把黄鸭梨一直享誉京城，梨花村拥有华北地区面积最大、树龄最长、品种最多的古梨树群，树龄在百年以上古梨树3万多棵，其中曾被明朝万历皇帝御封为金把黄鸭梨的贡梨树树龄已达420年，至今仍然枝繁叶茂，每年秋季依然果实累累。后人有诗赞之曰：

京南梨花村，园中隐贡树。御封"金把黄"，享誉京城户。

直径一尺①五，两丈②盈有度。顶冠方三丈，巨伞将身护。

此树曾枯衰，逢时幼芽露。迄今四百载，实为母子树。

果大颜色鲜，汁甜如蜜注。肉脆果皮薄，熟后香且馥。

生产特点

庞各庄镇属于永定河冲积平原，林木覆盖率达 26%，土质疏松，耕作层土壤有机质含量较低，土壤碱性。永定河自北向南流经庞各庄镇全境，常年降水量 580 毫米，地下水资源丰富。特殊的地理环境形成春秋干旱、夏季多雨、果实成熟季节干旱少雨、雨热同季、生长季昼夜温差大的特点，有利于果实糖分的积累和品质的提高。庞各庄金把黄鸭梨生长在这种独特的气候与地质条件下，表现出独有的品质特性。

金把黄鸭梨为庞各庄原产地品种，一般 3 月中旬花芽萌动，4 月中旬盛花期，花期 7 天左右，4 月上旬叶芽萌动，9 月中下旬果实成熟，11 月上旬落叶，属于晚熟梨品种。嫁接苗定植后，3 年开始结果，5 年以后开始进入盛果期，一般盛果期单株产量可达 100 千克左右。

---

① 1 尺 ≈ 0.33 米，全书同
② 1 丈 ≈ 3.33 米，全书同

天津市

宝坻大葱

登记证书编号：AGI00752

地域范围

宝坻大葱地域保护范围为天津市宝坻区内林亭口、王卜庄、大钟庄、方家庄、大口屯、大白庄、八门城、马家店、霍各庄、新开口、大唐庄、高家庄、口东、牛道口、史各庄、郝各庄、周良庄、新安镇18个镇，牛家牌、尔王庄、黄庄3个乡，海滨、宝平、钰华3个街道。地理坐标为东经117°08′~117°40′，北纬39°21′~39°50′。

品质特色

宝坻大葱定植后保持5片功能叶，叶片紧凑上冲，如手指张开状，心叶两侧的叶片等高；植株高大不分蘖；葱白肥大、细嫩，味道微甜辛辣；耐贮性强，可从11月贮存到翌年5—6月。

产品中含有丰富的蛋白质、脂肪、钙、镁、钾、铁、磷、维生素C等营养成分，可鲜食也可脱水加工成食品调料，还有药用开发价值。

人文历史

素有"三辣之乡"之称的宝坻区以盛产六瓣红大蒜、五叶齐大葱而享誉全国。据《宝坻县志》记载，20世纪80年代以前，当地均种植本地品种，80年代初，袁罗庄乡（今属大钟庄镇）葱蒜研究会利用当地农家品种，经多年培育成宝坻特有的大葱优良品种。因其生长期间始终5片绿叶，如手指张开状，叶片上冲，心叶两侧叶等高，故名"五叶齐大葱"。五叶齐大葱的特点就是植株比

较高大，葱白细嫩、肥大、不分蘖，味道微甜、辛辣，鲜葱含水量高的时候有一种甜味。五叶齐大葱作为宝坻地区大葱主栽品种，至今已种植30余年，在多年自然选择和人工精选改良基础上，品种优异特性更加突出，已在天津、河北、河南等省市推广种植。

生产特点

天津市宝坻地区生态环境优越，土壤、农用灌溉水和空气质量好，适宜大葱生长。宝坻区域内土壤主要由河流冲积物沉积而成，土壤肥沃，土壤中氮、钾、有机物含量很高，铜、锰、锌、铁丰富，壤黏适中，保肥、保水、透气性强；境内有潮白河、青龙湾、蓟运河等五大水系，窝头河、箭杆河、鲍丘河等8条河流经此汇集入海；该地域属暖温带半湿润大陆性季风气候，四季分明，春秋季短，冬夏季长，年平均气温11.6℃，年均降水量612.5毫米，无霜期平均为184天。

宝坻大葱栽植不与葱蒜类蔬菜重茬，采取春播育苗或秋播育苗；定植前深翻土地，基肥以充分腐熟的有机肥为主；生长前期注意中耕除草，疏松土壤；立秋后加强肥水管理。大葱收获有两种形式，鲜葱收获和冬贮葱收获。鲜葱收获的大葱鲜嫩、粗大、产量高，但正值高温季节，须随时收获，随时销售；冬贮大葱的收获一般在立冬前进行。

宝坻天鹰椒

登记证书编号：AGI00753

地域范围

宝坻天鹰椒的地域保护范围为天津市宝坻区内林亭口、王卜庄、大钟庄、方家庄、大口屯、大白庄、八门城、马家店、霍各庄、新开口、大唐庄、高家庄、口东、牛道口、史各庄、郝各庄、周良庄、新安镇18个镇，牛家牌、尔王庄、黄庄3个乡，海滨、宝平、钰华3个街道。地理坐标为东经117°08′~117°40′，北纬39°21′~39°50′，保护区域面积5 333.33公顷。

品质特色

宝坻天鹰椒植株直立，株形紧凑，椒果朝天簇生、顶端呈鹰嘴状，椒果深红或紫红，色泽鲜艳，表皮油亮光滑，产量高，抗逆性好、品质优良、辣度极高。宝坻天鹰椒中含有丰富的蛋白质、脂肪、钙、钾、磷、铁、钠、维生素C等营养成分，能够助消化、增食欲，还具有一定的药用价值。

人文历史

素有"三辣之乡"之称的宝坻区以盛产六瓣红大蒜、五叶齐大葱和优种天鹰椒

而享誉全国。据《宝坻县志》记载，天鹰椒又名朝天椒，20世纪70年代，从日本枥木引进"三鹰椒"，经培育改良而成，由于是天津引进品种，椒果顶端呈鹰嘴状，朝天生长，故名为"天鹰椒"。宝坻天鹰椒作为外贸出口型产品，现已种植40余年，在国内外市场享有较高声誉，是天津地区外贸出口创汇主要农产品之一。

生产特点

宝坻区域内土壤主要由河流冲积物沉积而成，土壤肥沃，土壤中氮、钾、有机物含量很高，铜、锰、锌、铁丰富，壤黏适中，保肥、保水、透气性强；境内有潮白河、青龙湾、蓟运河等五大水系，窝头河、箭杆河、鲍丘河等8条河流经此汇集入海，同时还拥有人工开凿的引滦河、尔王庄水库、潮白河水库、牛家牌水库等。宝坻区属暖温带半湿润大陆性季风气候，四季分明，春秋季短，冬夏季长，适宜种植辣椒。

天鹰椒属浅根系作物，因此，天鹰椒种植基地要求土壤肥沃，透气性好，且3年以上未种植过茄果类蔬菜。宝坻天鹰椒播种可采取直播或育苗方式；定植前结合整地施入腐熟有机肥；定植后要加强肥水管理，促进果实生长。天鹰椒在10月上中旬植株有80%以上果实红熟时进行采收，收割后，在田间晾晒5~7天，自然晾干。

大港冬枣

登记证书编号：AGI00754

地域范围

大港冬枣分布于天津市东南部滨海新区大港地区，地理标志保护范围包括滨海新区大港地区中塘镇、太平镇、小王庄镇、港西街、古林街等地，地理坐标为东经117°08′~117°34′，北纬38°33′~38°57′，海拔1.2~3.5米。

品质特色

大港冬枣果实近圆形，平均单果重19.8克，果皮较薄、深棕红色，果面光滑。果肉酥脆、绿白色、汁液多。果核纺锤形，果核小。风味浓郁，酸甜适口，口感好，品质极佳，适于鲜食。大港冬枣内含丰富的维生素C、纤维素、果胶，以及铁、锌等微量元素。

人文历史

大港地区毗邻渤海湾，土壤适宜枣树生长，种植枣树的历史可以追溯到秦汉时期。《史记·货殖列传》记载渤海之地有"鱼、盐、枣之饶"。冬枣属枣属鲜食枣种，是无刺枣树的一个晚熟鲜食优良品种，因其在9月或10月天气转凉后成熟，故名冬枣。冬枣的种植历史可以追溯到明朝洪武年间，我国现存最古老的冬枣树距今已有600余年。大港冬枣相传大约在1560年，由东刘十三铺始

祖洪公嫁接培植而来，到现在已有450多年栽培历史，大港现在仍有300年以上树龄的枣树，而享有盛名的鲜食品种冬枣，也有上百年的种植历史。大港冬枣以个大、皮薄、甜脆、口感好深受消费者喜爱。滨海新区大港已规划发展10万亩冬枣树，成为我国北方最大的冬枣生产基地。

生产特点

大港是天津市唯一正宗的冬枣产地。大港地区东临渤海，受海洋气候的影响，属于典型的暖温带半湿润季风大陆性气候，年平均气温在12.5℃，年降水570~690毫米，无霜期235天，栽培枣树有着得天独厚的自然优势。冬枣具有耐旱、耐寒、耐瘠薄、耐盐碱等适应性强的特点，大港地区多为盐碱地，土壤属黏壤土，无渍害，果园土层深厚，保水保肥性能好，易耕作，极适合冬枣生产。

大港冬枣在春季枣树萌芽前定植，整形修剪为自由纺锤形，定植当年培养2~3个主枝，定植第二年每株树培养5~7个主枝，定植第三年完成树体整形，4年后通过修剪调节生长与结果的平衡，达到丰产稳产之目的。冬枣树以施有机肥为主，株施农家肥50~100千克。冬枣属鲜食品种，在半红期进行采收。

静海金丝小枣

登记证书编号：AGI01049

地域范围

静海县地处天津市西南部，东部和北部分别与天津市大港区和西青区为邻，南部和西部分别与河北省青县、大城县接壤。静海金丝小枣分布于天津市西南部静海县的西翟庄镇、唐官屯镇、中旺镇、陈官屯镇、蔡公庄镇、大丰堆镇、梁头镇、王口镇、静海镇、双塘镇、独流镇，地理坐标为东经116°24′~117°15′，北纬38°35′~39°04′。

品质特色

静海金丝小枣为鲜食制干兼用品种，果实呈椭圆形，平均单果重7克。金丝小枣半干时可拉出缕缕金丝，因此而得名。金丝小枣的鲜果果实肉厚、核小、皮薄，肉质细腻，鲜枣呈棕红色，汁液较多；干枣果皮深棕红色，果肉致密，风味浓甜，品质极佳。

静海金丝小枣内含丰富的维生素、纤维素，以及铁、锌等微量元素。鲜品中水分含量52.5%~68.7%，可溶性总糖含量30.80%~37.20%，粗纤维含量1.7%~1.9%，维生素C含量2.95~4.11克/千克，锌含量5.8~6.5毫克/千克，铁含量16.8~18.4毫克/千克。干品中可溶性总糖含量52.08%~63.14%，粗纤维含量1.92%~2.28%，锌含量6.2~6.7毫克/千克，铁含量21.4~23.6毫克/千克。

人文历史

静海县枣树种植历史悠久，到现在已有 600 余年栽植历史。静海金丝小枣以其皮薄、肉厚、色鲜质细、核小、含糖高而蜚声中外。新中国成立前，静海县东南部的西翟庄镇、唐官屯镇等，村里村外枣树环绕，十几里地外看不到村庄。静海金丝小枣悠久的栽培历史奠定了当地小枣产业发展的特殊地位，2004 年在国家林业局主办的"中国名特优经济林之乡"评选中，天津市静海县以绝对的优势被命名为"中国金丝小枣之乡"。

生产特点

静海地区属暖温带大陆性季节气候，年平均气温 11.9℃，无霜期 182 天，年均降水量 588.9 毫米。静海地区土壤属湿潮土，地势平坦，土壤肥沃，果园土层深厚，有机质含量平均 2.46%，适合小枣的生长。

静海金丝小枣具有耐旱、耐寒、耐瘠薄、耐盐碱等特点。静海金丝小枣在春季枣树萌芽前定植，肥水管理以施有机肥为主。整形修剪为自由纺锤形，定植当年培养 2~3 个主枝，定植第二年每株树培养 5~7 个主枝，定植第三年完成树体整形，第四年后通过修剪调节生长与结果的平衡，达到丰产稳产之目的。小枣属鲜食干制兼用品种，鲜食在半红期采收，制干在完熟期采收，采后及时上市销售或烘干储存。

徐堡大枣

登记证书编号：AGI01050

地域范围

徐堡大枣产地在天津市北辰区双口镇徐堡村、岔房子村、东堤村、线河一村、线河二村、上河头村、中河头村、下河头村，地理坐标为东经116°56′~117°03′，北纬39°10′~39°17′。

品质特色

徐堡大枣属早熟鲜食品种，中秋前就上市，比其他枣上市时间提前1个月。果实长椭圆形，果实横纵径2.20厘米×4.10厘米，平均单果重14.26克；果实色泽鲜艳，果肉酥脆，汁液多，风味酸甜适口，肉厚核小，核纹浅。果皮薄，品质极佳，适于鲜食。

徐堡大枣营养丰富，含人体所需的多种维生素，鲜果中水分含量71.8%~74.6%，可溶性总糖含量20.87%~25.80%，可溶性固形物含量22.4%~25.8%，粗纤维含量1.18%~1.36%，维生素C含量2.560~2.865克/千克，并富含锌、铁等微量元素。

人文历史

徐堡大枣种植历史悠久，据《上河头镇志》记载，康熙年间（1662—1722年），山西佃户郭姓从山西逃荒至郭家房子（后建村徐家堡），郭姓及家人一起搭建窝棚，作为居住之所，并种植几颗枣树，用于日常鲜食，遇灾年青黄不接时可作为充

饥之用。由徐志兴建徐堡村后,开始小规模种植大枣,故俗称徐堡马牙枣。徐堡大枣具有 300 余年的栽培历史,随着时间的推移,已经达到了一村一品的规模。如今,徐堡大枣种植已成为北辰区双口镇经济的支柱产业和农民收入的主要来源。

生产特点

双口镇地区受季风环流影响,属于暖温带季风型半湿润大陆性气候。全年平均气温 12℃,年降水量 581.6 毫米,无霜期 185 天,适宜种植枣树。徐堡大枣产地的土壤为沙壤土,透气性好,保肥保水能力强,pH 值平均为 7.8,有机质平均含量 18.5 克/千克,栽培枣树有着得天独厚的自然优势。

徐堡大枣选择生长健壮、品种纯正、无病虫害的马牙枣丰产树上的一年生枣头为接穗,以酸枣为砧木进行嫁接育苗。整形修剪为小冠疏层形,采用冬季修剪和夏季修剪相结合的修剪模式。冬季修剪采用短截、回缩、疏枝等修剪方法,以利于通风透光;夏季修剪以枣头摘心、环剥为主,以利于提高坐果率。通过修剪达到调节生长和结果的矛盾,有利于丰产稳产。肥水管理以施用有机肥为主。徐堡大枣属于鲜食枣,在脆熟期采收。

桑梓西瓜

登记证书编号：AGI01592

地域范围

桑梓镇位于天津市蓟县县城西南端、沟河东岸，具备土地资源优势和良好的种植传统，是一个典型的农业平原乡镇。桑梓西瓜生产区域为蓟县桑梓镇辛撞村、桑梓村、马坊、归宁屯、河村、顾庄子、金水屯、红旗庄8个行政村，地理坐标为东经117°08′31″~117°24′03″，北纬39°52′45″~40°01′59″。

品质特色

桑梓西瓜大小均匀，整齐一致，圆整端正，外观果面光滑，瓜皮色泽新鲜，绿色覆细齿条，有蜡粉。西瓜切开后，果实剖面无空心、白筋、黄块等；果皮薄而有韧性；西瓜瓤色鲜红一致，有沙感；果肉深红色、水多、质脆，软硬适中，肉质细，纤维少，多汁爽口，口感鲜美。

桑梓西瓜中心糖含量达到11.0%~11.3%，边糖含量8.2%~9.2%，糖酸比为46~47，维生素C含量为65~69毫克/千克，番茄红素含量为40.8~66.3毫克/千克，粗纤维含量为0.1%。

人文历史

桑梓镇靠近京津交界处，土地肥沃，是个人杰地灵的地方。很多年前，桑梓就因萝卜、西瓜、豆片3种独具风味的土特产而远近闻名，被当地人称为"三绝"。据《蓟县志》记载，明嘉靖年间（1522—1566年），当地就有种植西瓜、甜瓜、梢瓜，清代及民

国时期广为种植西瓜，主要分布于平原地区，其中桑梓、马坊、河村、红旗庄、金水屯一带种植的西瓜统称桑梓西瓜。桑梓西瓜凭着特殊的沙土土质，加之水源丰富、水质甘甜，使其品质优良，以含糖量高、清甜爽口闻名于县内外。桑梓西瓜主要销往北京市、天津市、东北地区和内蒙古[①]等地，成为当地一大产业。近年，桑梓镇连续10年成功举办桑梓名优西瓜节，并参加历次在北京举办的全国西瓜擂台赛，多次获得优秀奖杯。

生产特点

桑梓镇位于燕山山脉南麓脚下，其气候特点属暖温带半湿润季风型大陆性气候，四季分明，年平均气温11.5℃，受燕山山脉季风影响，比同纬度地区昼夜温差大2~3℃，平均年降水量678.6毫米，日照充足，全年日照百分率63%，年平均相对湿度60%，无霜期195天，适宜桑梓西瓜的生长。桑梓镇耕地肥沃，土层深厚，土质为沙壤土，富含丰富的微量元素；桑梓镇地处沟河东岸，燕山山脉盘山脚下，属优质盘山水系，水源充足，水质清甜，无工业污染，种植西瓜有着得天独厚的优势。

桑梓西瓜的品种为当地品种"华欣系列"，如华欣863、华欣361等，该系列品种适用于温室、大中小棚、露地地膜覆盖栽培等多种栽培形式。桑梓西瓜的种植选择排灌条件好、土层深厚、疏松肥沃的地块，在西瓜生产过程中，种子处理、育苗移栽、追肥整枝、病虫害防治等环节均依据相关标准执行。

---

① 内蒙古自治区，全书简称内蒙古

河北省

灵寿金针菇

登记证书编号：AGI00446

地域范围

灵寿县位于河北省石家庄市，太行山东麓。灵寿金针菇地理标志保护范围包括灵寿县的灵寿镇、青同镇、塔上镇、慈峪镇、岔头镇、陈庄镇、三圣院乡、北洼乡、南寨乡、牛城乡、狗台乡、谭庄乡、燕川乡，保护面积70 000公顷，地理坐标为东经113°45′~114°28′，北纬38°16′~38°48′。

品质特色

灵寿金针菇产品呈白色，晶莹洁白，菌盖直径约1.0厘米，菌柄长13~15厘米、开伞菇不超过60%。菌盖滑嫩、柄脆、组织脆嫩，菇体完整。灵寿金针菇蛋白质含量2.02%，钾元素含量较高，为3 890毫克/千克，粗纤维含量为0.67%。灵寿金针菇是涮火锅的上等原料，味美适口、营养丰富。

人文历史

据清康熙乙丑年（1685年）《灵寿县志记》提到"苦菜、青蓟、蘑菇（间出，不常有）"。1992年《灵寿县志》记载，灵寿县从20世纪70年代末开始有人培植食用菌，品种有蘑菇、香菇、草菇、木耳、金针菇等，年产量5 000千克左右。由于灵寿县地形以山区为主，有大面积的原始森林，野生食用菌较多，经过时代变迁，由过去零星种植食用菌，逐渐扩大，到20世纪80年代初，灵寿县开始大规模种植金针菇，到2009年，种植面积达600万平方米，产量10万吨，成为灵寿县农村经济的支柱产业。2005年灵寿县被中国食用菌协会命名为"中国金针菇之乡"、全国食用菌行业"标准化示范县"。

生产特点

灵寿县地形狭长，由山区、丘陵、平原组成，地貌特征为"七山二水一分田"。灵寿县有林地近310平方千米，森林覆盖率为38.6%，全县耕地土壤主要是黄土、丘陵土，林地土壤主要是山地暗棕壤和棕色针叶林土，土地自然肥力高，有机质含量高，表层腐殖质含量高，适合金针菇栽植。灵寿县

境内沟谷密布，水系发达，总蓄水量4亿立方米，为金针菇的生长提供了水源保障。灵寿县属于暖温带大陆性季风气候，太阳辐射的季节性变化显著，四季分明，年降水量650毫米，年日照时数平均为2 286.8小时，有利于金针菇营养物质的积累。

灵寿金针菇通常选用适应灵寿地区气候条件、抗逆性强、抗杂菌力强、菌丝生长健壮、原基生长整齐、子实体生长快、速生高产、商品性好的品种，并采用棉籽壳、麸皮等为原料，半地下菇棚栽培。发菌期温度控制在18~25℃，空气相对湿度在70%以下，门窗应尽量进行遮光。当菌丝长满料袋达到生理成熟后，将温度降至15℃左右，使菌丝在低温刺激下尽快转入生殖生长。抑蕾结束后，子实体逐步进入快速生长期，应加强温、湿、氧、光等诸方面的综合管理，温度控制在12~18℃，空气相对湿度80%~90%，弱光培养，同时，为了抑制菌盖生长，促进菌柄伸长，可适当提高袋内二氧化碳浓度。菌盖开伞度30%，菌盖直径1~2厘米，菌柄长度13~15厘米时可以采收。

平泉香菇

登记证书编号：AGI00447

地域范围

平泉香菇农产品地理标志地域保护范围为河北省承德市平泉县的卧龙镇、平泉镇、杨树岭镇、台头山乡、松树台乡、榆树林子镇、茅兰沟乡、平房乡、黄土梁子镇、北五十家子镇、柳溪乡、七家岱乡、七沟镇、王土房乡、党坝镇、郭杖子乡、小寺沟镇、南五十家子镇、道虎沟乡19个乡镇，涉及291个行政村，地理坐标为东经118°21′~119°15′，北纬40°24′~40°40′。

品质特色

平泉香菇外表含水量低、菇香味浓；菌盖表面呈灰白色至浅褐色、花纹明显或表面光滑、菇质紧实、菇盖厚、柄短、不易开伞、保鲜期长；平泉香菇干品用清水作浸泡试验，吸水膨胀后，香菇变软又保持较好的韧性，水质清澈、不破碎、不黏糊。平泉香菇中的氨基酸总量、粗纤维、谷氨酸均明显高于普通香菇，天门冬氨酸等15种氨基酸、维生素B_1、维生素B_2、铁、磷等也高于普通香菇。

人文历史

平泉县位于历史文化名城——承德市的灵山秀水之间。1979年民俗调查，平泉

县农科所的梁希才采集了第一株野生香菇，进行分离驯化，为平泉香菇产业的发展奠定了基础。平泉县香菇产业发展已有30多年的历史。2003年，当地县委、县政府借助机构改革，专门成立了县食用菌办公室，完善了县、乡、村食用菌协会及专业合作组织，建立了较为完整的管理和服务体系。平

泉县有关部门曾在《食用菌市场》杂志出版了《食用菌市场平泉专刊》。2000年在平泉县召开首届中国北方食用菌交易大会，宣传了平泉县食用菌产业。现在，种植香菇已成为平泉县富民强县的主导产业，平泉县先后被国家有关部门命名为"全国食用菌行业先进县""中国食用菌之乡""全国小蘑菇新农村建设优秀示范县"等。

生产特点

平泉香菇地域保护范围位于燕山山脉，境内5条主河都属源流，其中瀑河、青龙河、老牛河属滦河流域，水质良好且呈中性，适合香菇生长的要求。平泉县属大陆性季风气候，由于地貌复杂，高山丘陵交错起伏，川谷纵横，形成许多小气候区，总的特点是寒冷期长，降水集中，日照充足，四季分明，昼夜温差大，10℃以上的年积温为3 000~3 200℃，年降水量550毫米，无霜期135天，非常有利于香菇等变温结实的菌类生长。

平泉香菇生产主要以架式香菇和地栽香菇两种模式进行，其中，架式香菇主要用于花香菇的生产，地栽香菇主要用于光面香菇的生产。架式香菇出菇时不脱袋，保水性好，架式菇棚建造成本低，易于通风和湿度管理，便于花香菇的生产，使用积温期长的菌种，使培养基的营养充分转化，提高了香菇的品质；地栽香菇借助地温低和土壤保湿的特点，在夏秋季反季节出菇；经通风和喷水协调管理，菇体表面干燥，贮藏期长，适合出口。根据平泉香菇地域保护范围的气候特点，种植户一般在3—4月播种，9—11月和翌年的4—6月收获，或者在9—10月播种，翌年4—10月收获，生产过程中充分利用管理技术，确保香菇品质。

威县三白西瓜

登记证书编号：AGI00448

地域范围

威县三白西瓜产于河北省邢台市威县境内老沙河、西沙河沿岸两个适宜种植区，保护面积共482 805亩，常年种植规模可保持在20 000亩。老沙河沿岸种植区包括第什营乡、方家营乡、固献乡、常屯乡4个乡，涉及135个行政村，地理坐标为东经115°32′~115°50′，北纬36°87′~37°09′；西沙河沿岸种植区包括高公庄乡、张营乡、贺营乡、洺州镇4个乡镇，涉及137个行政村，地理坐标为东经115°21′~115°38′，北纬36°86′~37°24′。

品质特色

威县三白西瓜，其皮、瓤、籽皆为白色，外观白中泛绿呈椭圆形。皮厚耐贮运，贮藏期长，瓜瓤爽口，汁液丰富，带有玫瑰蜂蜜幽香。一般单瓜重7~10千克。威县三白西瓜内含有的氨基酸总量和总糖都高出普通西瓜品种。

人文历史

威县三白西瓜因白皮、白瓤、白籽而得名。据《威县志》记载，三白西瓜是县境内古老瓜果品种之一，据说曾被定为明清两代贡品。该品种特征明显，风味独特，为冀南一大特产，经世代传承。据当地群众的生活经验，威县三白西瓜具有较高的

食用、药用价值。威县三白西瓜的瓜皮，去外层表皮后可以做菜吃，凉拌、炖菜、做馅均可，味道清香可口。因独特的地理环境和种植方式，威县三白西瓜享誉四方，在2000—2003年的北方（廊坊）农产品交易会上连年荣获名特优农产品奖。

生产特点

威县三白西瓜生产区域为古黄河、古漳河长期泛滥淤积而成的冲积平原，多为缓岗、沙丘、洼地，土质偏沙，多为沙壤质土，土壤pH值7.2，有机质含量0.55%~0.67%，速效钾、有效铜、有效铁、有效锰等元素丰富，具有得天独厚的自然优势和区位优势。威县地下浅层及深层淡水丰富，水质矿化度1~2克/升，水质优良，适于生产灌溉。威县地处暖温带，为半干旱大陆性季风气候，四季分明，雨热同季，热量充沛，降水量适中，年平均气温13.2℃，10℃以上的年积温4 515.5℃，年平均降水量563毫米，无霜期198天，有利于威县三白西瓜生长。

威县三白西瓜选用威县世代自行留种的三白西瓜品种，品种无引进，也未与其他品种杂交。威县三白西瓜严禁重茬种植，否则会导致该品种生产的重大损失，主要表现在产品个体变小，品质变劣，植株衰落甚至死亡，产量明显降低，一般倒茬间隔期在8年以上。同时，三白西瓜具有特殊的施肥要求，一般底肥主施当地香油酱（小磨香油副产品），也可施用农家土粪肥和腐熟的鸡粪。为了保证威县三白西瓜的品质特色，播种前准备、播种、苗期管理、伸蔓期管理、开花坐瓜期管理等都需要注意，才能确保威县三白西瓜的品质。三白西瓜从坐果到采收需40天左右时间，成熟后要及时采收。采收后一般瓜柄向上放在阴凉干燥室内常温存放，也可用生产地的沙土埋存，一般可放至中秋节到春节，如贮存得当，到翌年清明时节仍可品尝。

崇礼蚕豆

登记证书编号：AGI00587

地域范围

崇礼蚕豆种植区位于河北省崇礼县境内。崇礼蚕豆农产品地理标志保护区域为崇礼县所辖的西湾子、四台嘴、狮子沟、清三营、石窑子、驿马图、红旗营7个乡镇，涉及114个行政村，保护面积6 648公顷，地理坐标为东经114°59′03″~115°33′39″，北纬40°01′52″~41°17′28″。

品质特色

崇礼蚕豆百粒重106克左右，属中粒型。粒形为中方形，皮薄，色泽明亮，饱满性好，豆粒近乳白色。种脐较短，深褐色。籽实熟制后口感绵甜，味香浓，适口性好。

崇礼蚕豆含有丰富的蛋白质、脂肪、淀粉、膳食纤维、矿物质、维生素B_1、维生素B_2等。蛋白质含量不低于24.6%，脂肪含量不低于1.1%，总膳食纤维含量不低于10.9%。其中，蛋白质和淀粉含量既保障了营养平衡，同时也保障了食品的良好口感。

人文历史

据崇礼县志记载，崇礼蚕豆自明末清初开始种植，已有400余年的历史。2002年崇礼县被河北省农业厅命名为"河北蚕豆之乡"。

近年来，崇礼蚕豆产业化经营水平逐年提高。崇礼蚕豆产品不仅在国内

市场享有盛誉，而且远销日本、韩国、新加坡、蒙古等国家，并荣获蒙古精品标志，获得在蒙古常年销售的许可。

生产特点

崇礼县地处冀西北高寒山区，土壤类型以栗钙土和棕壤为主，特别是沿坝头以暗栗钙土为主，土层深厚，质地疏松，土壤团粒结构好，含腐殖质多，耕作层20~40厘米，耕层土壤有机质含量0.56%~11.12%，耕性良好，保水保肥能力强。这里水质洁净，水量充足，水质良好，区域有潮白河和永定河两大水系，蚕豆生长依靠天然降水和河水浇灌。崇礼县为寒温向冷凉、半湿润向半干旱过渡的大陆性季风型山区气候，四季明显，夏季凉爽，冬季寒冷，昼夜温差大，光照充足，雨热同季，年平均气温为3.2℃，无霜期为86~135天，年降水量平均为490毫米，70%降水集中在6—8月，年平均日照数为2 739.2小时，特别适宜崇礼蚕豆生长。

崇礼蚕豆产地选择四周环山的地块，与外界形成天然的隔离区。品种选用抗病、优质丰产、抗逆性强、适宜本县种植的崇礼蚕豆良种冀张蚕1号。生产过程从播种至收获全部采用人工操作，以使用农家肥为主，施少量化肥，不使用农药，与马铃薯、亚麻等作物轮作。中耕、除草、采摘过程中，发现异型杂株及时拔除，进一步确保了产品品质。绿荚采青在8月中下旬籽粒青熟、茎叶尚绿及时采摘，采后鲜食或速冻；籽粒约在9月上中旬，茎叶枯黄、植株停止生长时及时收获，产品收获至脱粒全部采用人工操作。

任县高脚白大葱

登记证书编号：AGI00588

地域范围

任县隶属河北省邢台县。任县高脚白大葱农产品地理标志保护区域为任县任城镇的东县南、西县南、南西、北西、于屯、寺庄、辛留寨，西固城乡的齐村、南留寨、辛益、路村，大屯乡的大屯、小屯、贾村、马坊、前安、后安、温庄、武庄、郑庄，永福庄乡的永二、永五、岭南、冯村等58个村，地理坐标为东经114°37′~114°47′，北纬37°05′~37°12′。

品质特色

任县高脚白大葱，葱白长、筒状、色白如玉，长50厘米左右，最长可达60厘米，直径3~4厘米，个体重0.3~0.7千克。葱叶翠绿，葱香浓郁，辣味足，鲜嫩可口。耐贮藏，窖藏3个月后皮不皱，味不变。任县高脚白大葱富含氨基酸、锌、钾，氨基酸总量不低于1.09%，钾含量不低于168毫克/100克，锌含量不低于0.21毫克/100克。

人文历史

高脚白大葱由我国西北传入任县，并在此生根繁衍。任县高脚白大葱的植株高于国内外所有大葱品种，它的白长一般在50厘米左右，最长达60厘米，而且叶青干白，质地脆嫩，味美甘芳，从而也诠释了"一清二白乃君子之风"的内涵，被世人形象地比喻为君子之躯、雅士之风。相传明朝时赵文炳曾数次将任县的高脚白大葱进献于皇室，隆庆皇帝御封其为"葱中之王"。

2008年,温家宝同志来到河北省考察农业时,曾在任县高脚白大葱区域保护范围内视察农业情况,并鼓励农民搞好蔬菜产业。

生产特点

任县地势平坦,全境都是平原,主要土种是潮土,面积达49.1万亩,占土地总面积的75.8%。土壤有机质平均含量为2.136%,土质肥沃、土层深厚。任县境内有顺水河、沙洺河、澧河、留垒河等9条河流,此外地下水资源丰富,水质甘甜,是理想的农业生产和生活用水。任县气候温和,四季分明,降水集中,雨热同期,年平均气温13℃,寒暑变化显著,年降水量为498.2毫米,年日照时数为2 567.5小时,无霜期197天,可满足大葱的生长需求。

高脚白大葱产地要求清洁卫生、地势平坦、排灌方便、土质疏松。品种通常选用抗病虫、抗寒、耐热、抗逆性强、适应性强、商品性好、高产耐贮的经多年筛选的任县高脚白大葱品种。播种前,种植户应做好种子处理和整地施肥,然后将沟(畦)全部踩一遍,顺沟浇水,水渗下后,将催芽的种子混入2~3倍的细沙或过筛炉灰撒在沟(畦)内,上覆过筛细土,播后立即覆盖地膜或稻(麦)草;等到幼苗长成后,在芒种(6月上旬)至小暑(7月上旬)之间及时定植,加强后期的土水肥管理和病虫害防治等环节。11月上旬收获大葱,刨收时要避免断伤葱白,大葱刨收后,抹去葱白上的土,捆成捆,然后贮藏或外运。

隆尧泽畔藕

登记证书编号：AGI00755

地域范围

隆尧泽畔藕产于河北省邢台市隆尧县东良乡的泽畔村、石村、陈庄村、东霍村、西霍村5个村。东良乡位于隆尧县西南部，隆尧泽畔藕农产品地理标志保护区域面积133.3公顷，地理坐标为东经114°38′33″~114°41′44″，北纬37°15′18″~37°16′47″。

品质特色

隆尧泽畔藕藕身洁白如玉，体型肥大，最长的藕有6~8节，长1.3~1.5米。肉质脆嫩、质地细腻、藕体洁白而细、无纤维、甘甜清脆，藕的横截面藕孔排列极为规则，孔呈扁圆形。

隆尧泽畔藕富含碳水化合物、脂肪、钙、磷、铁、胡萝卜素、硫胺素、核黄素、烟酸等人体必需的营养物质，可制成高级营养品藕脯和藕粉。经检测，隆尧泽畔藕蛋白质含量2.66%，维生素C含量587毫克/千克，比普通藕维生素C含量高8毫克/千克。

人文历史

泽畔村是钟灵毓秀的唐尧大地上的一个古村落，属典型湿地，适合大白莲、小白莲藕生长。隆尧泽畔藕，并非生于坑塘，而是在平地围池而种，全靠井水浇灌。由于水土关系，加之藕农精心培育，此种藕别具一格。

泽畔藕系大白莲藕，藕身似雪如玉，外形瘦而坚实，藕孔排列极为规则，因盛产于隆尧泽畔村，故名隆尧泽畔藕。

隆尧泽畔莲藕于2002年、2005年分别在山东寿光蔬菜展销会和廊坊农展会上获得金奖；2007年在河北省石家庄市特色农产品展销会上荣获金奖；2011年获山东寿光第十二届国际蔬菜博览会金奖。

生产特点

隆尧县东良乡泽畔村以及周围村庄多为黏质土壤保水、保肥能力强。土壤pH值在7.1左右，土壤肥力中等偏上，有机质含量在1.4%，特别适合莲藕的生长。泽畔村及周围村的主要水源为地下水，水质清澈甘甜，是理想的农业生产用水。隆尧县属北亚热带半干旱季风气候，四季分明，阳光充足，雨热同季；年均降水525毫米，降水主要集中在7—8月，该时期降水占全年的80%以上；这里年平均日照时数2 260小时，10℃以上的年积温4 829℃，平均无霜期195天，非常有利于莲藕的生产。

隆尧泽畔藕栽培一般不连作，每年要更换地块，首先在藕地四周用土筑垒，垒高50厘米，形成藕池，藕池内放水，然后赤脚踩踏。踩池人分行列队，一遍遍翻来覆去地踩，人工踩实，做到既能渗水又不能渗得过快，一般以2~3天补一次水为宜，藕池筑好后备用。藕池踩好后上底肥，全采用豆饼、花籽饼和芝麻酱，粉碎后和土拌匀，铺半尺多厚。然后把一块块种藕埋进土里，再浇上半池井水，谷雨前后育秧，5月初往大地移栽，藕种要随挖、随选、随栽。藕田管理主要加强水位控制和适时摘叶，确保莲藕的生长和营养物质积累。

隆尧大葱

登记证书编号：AGI00756

地域范围

隆尧县隶属河北省邢台市。隆尧大葱主要产区为隆尧镇、山口镇、固城镇、东良乡、魏庄镇、尹村镇、双碑乡、张庄乡、牛桥乡、北楼乡、千户营乡11个乡镇，涉及198个村，保护面积共8 000公顷，地理坐标为东经114°30′22″~114°59′27″，北纬37°13′27″~37°21′27″。

品质特色

隆尧大葱葱头肥大，葱白洁白光亮，形状如同倒立的鸡腿，口感辣香味浓厚。基部横径6~8厘米，葱白长30厘米左右，株高1米左右。

经检测，隆尧大葱蛋白质含量3.22%，氨基酸总量达23.77毫克/克，较普通大葱高出2.02毫克/克，其中对人体有健脑作用和促生长作用的天门冬氨酸和亮氨酸，较普通大葱分别高0.41毫克/克和0.19毫克/克。

人文历史

隆尧县历史悠久，隆尧大葱是全国著名特产蔬菜之一，有3 000余年栽培历史，据《尧山县志》（尧山县，今属隆尧县）记载，"葱，味辛、性冷、宜沙，此地种植最多"，可见此地种植大葱之广泛。隆尧大葱最突出的特点就是辣香味浓郁，不论生食或熟食都有特别诱人的辣香味道，还有很高的药用价值，据明代李时珍所著《本草纲目》记载，隆尧大葱能治疗多种疾病。

隆尧鸡腿大葱以葱头肥大辣香味浓郁而著称,早在新中国成立前,"小唐山鸡腿葱"(新中国成立前尧山县曾一度名为唐山县)就在我国北方一带享有盛誉。新中国成立后,1958年隆尧鸡腿大葱就被列为河北省农业名产并参加了华北农业展览会。隆尧大葱1991年4月代表河北省在"全国菜篮子工程成果展览会"展示,荣获农业部[①]、中国科学技术协会颁发的园艺项铜杯奖。2002年3月河北省农业厅命名隆尧县为"大葱之乡"。

生产特点

隆尧大葱优良特性的形成与当地的气候和土壤及水质条件有直接关系。隆尧县属于半干旱性气候,大陆性气候明显,四季分明,光照充足,年平均日照时数2 260小时,10℃以上的年积温4 829℃,平均无霜期195天,年平均降水量524毫米。隆尧县地下水质良好,矿化度小于1克/升,为重碳酸型,适于长期灌溉,土质为石灰性褐土,土壤疏松肥沃,非常适宜隆尧大葱的生长。

隆尧大葱产地选择地下水资源丰富,水质好,排灌方便的地域,土质选择肥沃的石灰性褐土及沙壤土,便于隆尧大葱的栽培管理。隆尧大葱是当地流传的农家品种,无引进,也未与其他品种杂交,留种方式一般按品种特征在田间进行单株选择。大葱种植时地要深耕细耙,肥土混合均匀,葱苗按大、中、小苗分开定植,并注意及时浇水、施肥和培土。隆尧大葱每年11月上旬收获。大葱收获后为了便于贮存,防止水分散失,必须进行分级打捆,根据市场行情进行出售或冬季贮藏到春节上市销售。

---

① 中华人民共和国农业部,全书简称农业部

围场胡萝卜

登记证书编号：AGI00757

地域范围

围场胡萝卜农产品地理标志地域保护范围为河北省围场满族蒙古族自治县（以下简称围场县）所辖行政区域37乡镇的312个自然村，东到内蒙古赤峰市，北至内蒙古克什克腾旗，西与丰宁县接壤，南与隆化县接壤，地理坐标为东经116°32′~118°14′，北纬41°35′~42°40′。

品质特色

围场胡萝卜形似人参，根长18~22厘米，单根重150~300克，整齐一致，皮、肉、心均呈橘红色，表面靓丽，口感香甜。围场胡萝卜营养丰富，其内含蛋白质、维生素C等含量均高于普通胡萝卜。

人文历史

围场因清初设置皇家猎场而得名，这个皇室禁地禁止一般平民进入，只允许一名农夫耕种供士兵狩骑食用的作物。相传，嘉庆年间（1796—1820年），一位名叫赵忠的农夫开始种植胡萝卜，一日御厨在煮羊排时在锅里放了几块胡萝卜，嘉庆皇帝食后感觉其色鲜味佳，从此之后逢煮肉必放入胡萝卜，胡萝卜的种植和食用便开始在当地民间流传开来。

围场县的胡萝卜深加

工企业积极与国内外知名企业合作,进行胡萝卜深加工项目的研制和开发,胡萝卜汁、胡萝卜粉、胡萝卜缨脱水饲料等新产品相继研制成功,走俏市场。2002年,围场县被河北省农业厅命名为"河北蔬菜之乡"。围场胡萝卜在2005年第九届中国(廊坊)农产品交易会暨中国国际农业博览会上荣获"名优农产品"称号。如今,围场县已发展成为河北省最大的胡萝卜集散地。

生产特点

围场县地貌由低山、二高山、高山3种立体地貌类型组成,海拔750~2 067米,整个地势均由平地、缓坡地和陡坡地组成,夹有河谷平坝,四周高山环绕。县内土壤种类较多,土壤质地多轻壤,土壤中性偏酸,有机质含量丰富,适合胡萝卜的种植。围场县地域辽阔,河沟纵横,有小滦河、伊玛吐河、伊逊河、阴河、猞猁嘎河、乌拉岱河六大流域,水资源丰富,水质良好。围场县为中温带向北寒温带过渡、半干旱向半湿度过渡地区,属于大陆季风性高原—山地气候类型,受地形影响很大,形成了季风明显,水热同季,降水集中等气候特点,其年均空气相对湿度57%~68%,年日照时数2 577~2 832小时,无霜期80~135天,有利于胡萝卜的生长。

围场胡萝卜种植于土壤疏松、土层深厚、肥力中等以上、pH值6~7、有水浇条件的轻沙壤地块。种植品种选择适合本地环境条件的红映二号、早春红冠、旭光春红、映山红、明珠珍品、釜山红等良种。上一年秋收完后,种植户应清洁田园,秋翻后进行耙压捞,以蓄水保墒;播种前20天进行春灌,4月上旬播种,采用"二比扔"作床法进行地面覆盖栽培,1片叶时扎眼放风,2~3片叶时疏苗,3~4片叶时结合放苗定苗。胡萝卜单根重300克左右时为起收适期。

安次甜瓜

登记证书编号：AGI00758

地域范围

安次甜瓜产于河北省廊坊市安次区，其农产品地理标志保护范围为杨税务乡的辛其营、北茨平、孟村、西太平庄、柴家务、南固城、东固城、西固城、大北市、小北市、安乐、前南庄、后南庄、小茨乡、小麻村和大堡16个村街，地域保护范围面积2 000公顷，地理坐标为东经116°36′14″~116°40′65″，北纬39°23′17″~39°29′37″。

品质特色

安次甜瓜形状为椭圆形，果皮较厚，果皮纯白色，光滑靓丽，晶莹剔透，单果重1.0~1.5千克；瓜肉呈白色，质地细密，脆爽似梨、甜美多汁、香甜可口。安次甜瓜耐贮运性极强，自然条件下可贮藏30天。

安次甜瓜风味独特，是我国唯一脆梨风味的甜瓜品种，其白如玉、甜如蜜、脆如梨。安次甜瓜营养丰富，富含蛋白质、维生素、钙、铁；总糖含量达7.6%，明显高于普通甜瓜；纤维素含量0.22%，明显低于普通甜瓜。

人文历史

据记载，安次甜瓜的种植最早可追溯到明朝中期。民间传说，清康熙帝微服出游，下榻东安（今安次区），身体不适，食用当地特产甜瓜后大悦，并赐其名为"一品甜瓜"。

自 1987 年开始，安次区引种了厚皮甜瓜品种，大力推广脆梨、久红瑞甜瓜品种。安次区于 1997 年被中国特产研究会命名为"蜜瓜特产之乡"，安次甜瓜在 1999 年昆明世界园艺博览会上获得铜牌。近年来，安次甜瓜多次在中国（廊坊）农产品交易会上被评为名优农产品，产品远销北京、天津、东北、内蒙古等地，以及俄罗斯、新加坡等国家。

生产特点

廊坊市安次区属于典型的冲积平原地段，产区主要地貌类型为永定河冲积形成的缓岗、二坡地，土壤主要是永定河流泛滥淤淀而成，土壤以中性沙壤土为主，土壤质地疏松，适于甜瓜栽培。产区境内有 3 条河道，水量极为充沛；地下水取水层 50~100 米，水质良好；降水主要集中在夏季，降水量占全年的 80%。安次区属于暖温带半干旱半湿润大陆性季风气候，四季分明、寒暑交错、干湿界限明显，年均日照时数 2 660 小时，特别是在甜瓜生长的春季，阳光充足，昼夜温差较大，利于甜瓜糖分的积累。

安次甜瓜基地内全部实行无公害、绿色产品标准化生产与管理，安次区农业局对基地环境、生产过程、产品质量等关键环节进行全程监督管理。安次甜瓜产地选择中等肥力的中性沙壤土，种植品种以具有高产、优质、抗病虫等特点的脆梨厚皮甜瓜品种为主。安次甜瓜采取营养钵育苗，栽培前整地施肥。田间生产要加强水肥管理，定植时浇足水，适时追施腐熟饼肥、喷施沼液；采用单蔓整枝，花果期人工授粉；进入成熟期后，停止浇水，以提高甜瓜的质量。安次甜瓜果实生育期为 38~40 天，成熟的果实皮色光亮纯白，顶部附近微有黄晕。

漫河西瓜

登记证书编号：AGI00759

地域范围

漫河西瓜产于河北省衡水市阜城县的漫河乡、古城镇沿古屯氏河道，农产品地理标志保护区域为环千顷洼附近的漫河乡和古城镇的23个自然村，地理坐标为东经116°07′26″~116°47′55″，北纬37°48′11″~37°50′23″。

品质特色

漫河西瓜果实球形，单瓜重6~7千克，大者可达15千克以上。果实皮色浅绿，上有16~17条明显的深绿色条纹，果皮薄，一般果皮厚度在0.5~1.0厘米，果皮韧性较强，具有很好的抗裂性。瓤色鲜红，肉质脆沙无空洞、纤维少、不倒瓤，口感清脆爽口。漫河西瓜蛋白质含量1.2%，比普通西瓜高0.2个百分点；可溶性固形物含量8.5%，比普通西瓜高0.5个百分点。

人文历史

漫河西瓜种植历史悠久。雍正年间（1722—1735年）《阜城县志》记载："西瓜，味甲于他县，石井所产尤佳于他乡。"石井就是指现在的漫河乡一带。

改革开放后，阜城县西瓜产业得到了快速发展，20世纪90年代开始大棚种植，同时推广了育苗种植，为稳定西瓜面积壮大西瓜产业提供了保障。1999年，温家宝同志来到漫河乡许家铺视察大棚西瓜生产情况，鼓励大家抓住改革开放的良好机遇，充分发挥本地优势，大力发展西瓜产业。2002年3月阜城县被河北省农业厅命名为"河北西瓜之

乡"。漫河西瓜以其优良的品质，连续多年被评为"河北省名优农产品"，已经成为了带动阜城县经济发展的一大农业支柱产业。

生产特点

漫河西瓜生产区域多为沙壤质土，土壤pH值7.0左右，有机质含量0.55%~0.67%，速效钾、有效铜、有效铁、有效锰等元素丰富，具有得天独厚的自然优势和区位优势。区域内浅层及深层淡水丰富，水质矿化度1~2克/升，pH值7~8，是西瓜生长的重要保障。阜城县地处暖温带，为半干旱大陆性季风气候，四季分明，降水少而集中，雨热同季，10℃以上的年积温4 465℃，年平均降水量528.9毫米，无霜期209天，有利于漫河西瓜生长。

漫河西瓜产地选择地势高燥，排灌方便，土质疏松，土壤中富含钾、镁、铁等元素，上年未种过花生和其他瓜类的沙质壤土种植。漫河西瓜品种一般采用杂交品种，以京欣一号为主。为了保证漫河西瓜的品质特色，漫河西瓜种植时采用穴盘育苗，培育优质健壮的嫁接苗；定植前土地耕翻、耙平，开挖瓜沟，施足底肥；定植后整枝，一般采用三蔓整枝或双蔓整枝，第一次压蔓应在蔓长40~50厘米时进行，以后每间隔4~6节压一次，同时注意加强水肥管理。漫河西瓜从坐果到采收需30天左右时间，成熟后要及时采收，中午11时左右为最佳采收时间，采收时每个瓜保留一段绿色瓜柄。采收后一般瓜柄向上放在阴凉干燥室内常温存放，也可用生产地的沙土埋存。

胜芳蟹

登记证书编号：AGI00760

地域范围

霸州市地处河北省中东部。胜芳蟹农产品地理标志地域保护范围为霸州市境内西到霸州镇太保庄，东至杨芬港乡赵家柳的中亭河河道，以及中亭河以南，包括霸州镇、康仙庄乡、胜芳镇、东杨庄乡、煎茶铺镇、王庄子乡、辛章办事处、杨芬港镇8个乡镇（办事处），涉及55个行政村，保护规模为450公顷，地理坐标为东经116°23′~116°55′，北纬39°00′~39°07′。

品质特色

胜芳蟹个大壳薄，附肢有力，体质健壮，贝壳墨绿色，腹面奶白色。清蒸后黄满膏肥，肉质细嫩，清香味甜。胜芳蟹可食部分中蛋白质含量13.0%，脂肪含量7.32%，并富含钙、磷、核黄素、烟酸等。

人文历史

胜芳蟹原产自河北省霸州市的胜芳镇，已有800多年的历史，这里距入海口的距离适当，水质良好，生态环境极适合河蟹生长，因此造就了胜芳蟹皮儿薄、黄满、膏肥的特点，吃起来带有一股清香味，并以"金瓜玉脐"的特征闻名于世，与胜芳蟹齐名的淡水蟹还有阳澄湖的清水蟹和崇明岛的老毛蟹。

明清时北京所售螃蟹皆为胜芳蟹，最有名的当属正阳楼的清蒸胜芳蟹。《旧京琐记》曾

记载："前门之正阳楼，蟹亦出名，蟹自胜芳来，先给正阳楼之挑选，始上市，故独佳。"胜芳蟹肉质鲜嫩，味美鲜香，加之胜芳镇毗邻北京，自然成了明清朝御膳房点名要的贡品，著名的满汉全席当中有24道菜使用了胜芳蟹。

生产特点

在历史上，胜芳蟹农产品地理标志保护区境内河流洼淀星罗棋布，素有"九河下梢"之称。因历经沧桑，洼淀淤积，旧河多废，已构成新的大清河水系。中亭河系大清河支流，东西贯穿霸州南部，全长66.847千米，河蟹产区内水生植物三棱草、夏蒲、芦苇水藻等繁茂，且面积占全水系的1/3以上，利于河蟹脱壳生长。霸州市属于暖温带半湿润半干旱大陆性季风气候，年平均气温12.0℃，年平均降水量为507.7毫米，年均日照时数2 700小时左右，无霜期160天左右，是河蟹生长的理想环境。

胜芳蟹可采用3种养殖方式，分别是围栏养殖、池塘养殖和增殖放流，同时放养的蟹种必须规格整齐，体质健壮，附肢齐全，爬行活跃敏捷的蟹种。蟹种放养时日常管理在胜芳蟹养殖协会的统一安排下，由指定技术人员进行全程技术指导，做到"四统一"，即苗种、饵料统一供应，管理模式统一制定，技术要求统一，统一销售。河蟹一般在9月中下旬至11月间捕捞，一是在池塘中设置地笼、蟹簖等工具进行诱捕；二是采取白天加水，夜晚排水，利用河蟹生殖洄游习性，在出水口设网捕捉；三是利用河蟹夜晚上滩爬行的习性，徒手捕捉；四是排干池水进行捕捉。

滏河贡白菜

登记证书编号：AGI00837

地域范围

平乡县位于河北省邢台市中南部。滏河贡白菜产于平乡县平乡镇、节固乡和油召乡3个乡镇沿滏阳河两岸的部分村，地理坐标为东经114°06′61″~114°54′61″，北纬36°59′58″~37°06′34″。

品质特色

滏河贡白菜结球紧实、叶柄白色、叶色嫩绿、软叶多；色泽新鲜，个头均匀，外形美观。一般净菜单株重5千克左右，味美、鲜嫩、味甜可口、下锅易烂。滏河贡白菜富含维生素C、钙、可溶性糖、食用粗纤维、氨基酸等。

人文历史

平乡县大白菜种植有着悠久的历史，尹村桥、豆庄一带生产的"黄芽白"大白菜是清末著名的贡白菜。嘉庆二年（1797年），嘉庆皇帝微服来到邯郸，喝了张氏小店的白菜疙瘩汤，连声称赞。自此，平乡的"黄芽白"大白菜成为贡菜，一直到八国联军进北京（1900年），慈禧太后慌乱离京方止，其间历时100余年。1991年《大白菜优质抗病品种高产栽培技术》（刘宜生编著）中记载："河北省平乡县的滏河两岸，每年入冬时有大批白菜运往京津两地，并选肖湾村的白菜为贡品，派专船护运，以供宫廷食用。"

生产特点

平乡县地势平坦,土层深厚,土地肥沃,质地适中,土壤以壤质潮土为主,土壤pH值7.5~8.2,耕层土壤有机质平均含量为1.26%,具有得天独厚的生产优质大白菜的自然优势和区位优势。平乡县境内水资源丰富,水利条件好,水质优良,是理想的农业生产和生活用水。平乡县属暖温带大陆性季风气候,光热资源充足,四季分明,年均日照时数2 439.5小时,年平均降水量519.3毫米,无霜期202天,大白菜生长季节昼夜温差明显,适合优质大白菜的生长。

滏河贡白菜种植主要选用滏河贡1号和滏河贡2号两个适合本区域种植的大白菜中晚熟品种。滏河贡白菜生产过程中大量施用农家肥,实行合理轮作,绝不可与十字花科作物连茬。滏河贡白菜采用高畦栽培,便于排灌,减少病虫害。大白菜生长后期,气温逐渐下降,为防霜冻,要及时捆扎,将莲座叶扶起,抱住叶球,然后用浸透的甘薯秧或谷草将叶捆住,使包心更紧实并继续生长。根据天气变化及时收获,要在霜冻前全部收获,刚收获的大白菜需在田间晾晒,待外叶萎蔫,即可贮存。

平泉滑子菇

登记证书编号：AGI00869

地域范围

平泉滑子菇农产品地理标志地域保护范围为河北省承德市平泉县的卧龙镇、平泉镇、杨树岭镇、台头山乡、松树台乡、榆树林子镇、茅兰沟乡、平房乡、黄土梁子镇、北五十家子镇、柳溪乡、七家岱乡、七沟镇、王土房乡、党坝镇、郭杖子乡、小寺沟镇、南五十家子镇、道虎沟乡19个乡镇，涉及291个行政村，其保护面积62万亩，地理坐标为东经118°21′~119°15′，北纬40°24′~40°40′。

品质特色

平泉滑子菇子实体组织致密、个体较大，菇形圆整、颜色黄白，黏液层薄、不易开伞；菇柄较长，少有鳞片，具有特殊的清香味。平泉滑子菇营养丰富，其氨基酸总量、维生素B_2、脂肪、磷等营养成分均高于普通滑子菇。

人文历史

平泉县位于历史文化名城承德市的灵山秀水之间。1979年民俗调查，平泉县农业科学研究所的梁希才采集了第一株野生滑子菇，进行分离驯化，为平泉滑子菇产业的发展奠定了基础。

平泉县滑子菇产业发展已有30多年的历史。2000年，在平泉县召开了首届中国北方食用菌交易大会，极大地宣传了平泉县食用菌产业。现在，种植滑子菇已成为平泉县富民强县的主导产业，平泉县先后被国家有关部门

授予"全国食用菌行业先进县""中国食用菌之乡""全国小蘑菇新农村建设优秀示范县"等称号。

生产特点

平泉滑子菇地域保护范围位于燕山山脉，10℃以上的年积温为3 000~3 200℃，年降水量550毫米，无霜期135天，属大陆性季风气候。由于地貌复杂，高山丘陵交错起伏，川谷纵横，形成许多小气候区，因此寒冷期长，降水集中，日照充足，四季分明，昼夜温差大，非常适合滑子菇等变温结实的菌类生长。平泉县水资源丰富，境内5条主河都属源流，无客水流入，支流多为季节性河流，水质呈中性，适合滑子菇生长的要求。滑子菇生产用水主要为地下水，水质良好，无污染。

平泉滑子菇一般正季栽培选择在2—3月播种，8—10月出菇；反季栽培在10月下旬至11月下旬播种，翌年4—11月出菇。平泉滑子菇生产主要为架式立体出菇和地摆式出菇两种栽培模式。正季架式滑子菇有盘栽和袋栽两种，空间利用率高，出菇期短，产量集中，鲜品市场价格受市场制约较大。架式菇棚建造成本低，易于通风和湿度管理。反季滑子菇发菌季节为冬、春季节，使用暖棚发菌，在春、夏、秋反季节出菇，填补市场空白，出菇时间长，价格相对较高。

磁州白莲藕

登记证书编号：AGI00870

地域范围

磁州白莲藕产区位于河北省邯郸市磁县东北部平原区，其农产品地理标志保护区域包括磁县的磁州镇、花官营乡、辛庄营乡、光录镇、高臾镇5个乡镇，涉及40个行政村，保护面积4.5万亩，地理坐标为东经114°38′~114°48′，北纬36°35′~36°50′。

品质特色

磁州白莲藕皮薄粉白，体型细长，肉质厚重脆嫩，甘甜清脆、味美宜人。横向切开，藕孔排列规则，中间1个小孔，周围9个大孔，洁白无瑕。主茎一般为4段，长80厘米左右，粗6~10厘米，单株重3.5千克。拿一根藕用手掰开，如春蚕吐丝，藕断丝连。鲜藕落地，响声清脆，如玉粉碎。藕节放几天不变色，清水泡1个月不变质。

磁州白莲藕品质优良，风味独特，质地细腻，水分含量高于普通莲藕，富含蛋白质、淀粉、维生素C、钙、铁等营养成分，蛋白质含量1.47%，淀粉含量9.5%，粗纤维含量低于1.2%，总糖含量2.2%，维生素C含量大于440毫克/千克，钙含量约210毫克/千克，铁含量大于14毫克/千克。

人文历史

磁县古称磁州，其特

殊的地理环境，源远流长的历史，构成了古磁州独特的人文景观，其中，"官路荷风"是享誉华夏的"磁州八大景"之一。磁县所产白莲藕甘脆香嫩，昔日为皇宫进贡食品，如今也是远近闻名的美食特产。磁州种植莲藕历史悠久，有"北有白洋淀莲，南有古磁州藕"之说。据《磁州志》记载，磁州白莲藕在三国时就被列入贡品，由藕吏督办，岁岁进贡朝廷。在出土于古磁州窑的陶瓷文物中，常可见到饰有荷花的图案。

生产特点

磁州白莲藕产于磁县东北部低洼易涝区，属滏阳河上游腹地平原，该区土壤属静水沉积母质，或为黏质湖相静水沉积物，表层质地多是中壤和重壤，地势低洼，土层深厚，土地肥沃，是典型的水稻土和沼泽土。种植区平均海拔50米左右，地下水位2~3米，是栽培莲藕的天然场所。磁县境内有岳城、东武仕两大水库，磁州白莲藕栽培区域位于滏阳河流域，这里地势低洼，水质优良，水资源丰富。磁县属温带大陆性季风气候，四季分明，雨热同季，光照充足，季风突出，降水充沛，对生产优良品质的白莲藕十分有利。

磁州白莲藕产地要求光照充足、地势低洼、土层深厚、土地肥沃，最好为水稻土或沼泽土，水源选择含钙离子丰富的滏阳河水和当地地下水，同时选用"勺把藕"等当地优质农家品种为主导品种。种植户可将种藕留在原田内过冬，于春季种植前随挖、随选、随栽。种植莲藕之前整地施肥，将土地耕细耙平，灌入滏阳河水或当地地下水；4月中下旬，当土温稳定上升到12℃以上时定植，出苗后拔除田间杂草，捻入泥中作为肥料，并分期追肥。整个生产过程中注意水层管理，田间保持适宜深度的浅水层。当田间立叶发黄，出现较多终止叶时，新藕已经成熟，此时可根据市场需求采收嫩藕上市销售；霜降后全部叶片变黄，可陆续挖老藕上市。

冀州天鹰椒

登记证书编号：AGI01051

地域范围

冀州天鹰椒产于河北省冀州市所辖的周村镇、冀州镇、午村镇、漳淮乡、徐庄乡、码头李镇6个乡镇，涉及173个行政村，其保护面积共12万亩，地理坐标为东经115°20′26″~115°37′34″，北纬37°23′52″~37°34′56″。

品质特色

冀州天鹰椒是天鹰椒系列，属于簇生椒类型。每簇5~10个椒果，椒长4~5厘米，果径1厘米左右，椒顶端似鹰嘴，其形美、鲜红色、辣味高、香味浓。

冀州天鹰椒营养丰富，富含蛋白质、B族维生素、维生素C、钙、铁、磷等营养成分，其中，维生素C含量大于860毫克/千克，铁含量大于6毫克/千克。

人文历史

冀州天鹰椒生产的发源地和基地中心是周村镇，1998年被国家农业部命名为"中国辣椒之乡"。镇域内生产的冀州小椒以其色泽鲜艳、椒形好、辣度大、香味浓著称。据《冀州志》记载，民国初年，冀州就有了种植辣椒的习惯。

改革开放之前，周村镇辣椒种植并没有形成规模。自1982年，周村镇开始种植天鹰椒以来，辣椒种植面积常年保持在3

万亩以上，亩产量稳定在300千克左右，并辐射带动了冀州市11个乡镇种植辣椒，现在冀州市的辣椒种植面积稳定在15万亩左右，年市场交易量达3万多吨，周村镇的辣椒市场成了华北地区最大的辣椒交易集散地。

生产特点

冀州天鹰椒生产区域地质结构位于冀中坳陷与临清坳陷交界处，地势平坦，土壤质地比较适中，生产区域多为沙质壤土，土壤pH值7.0~7.1，有机质含量在1%~2%，速效钾、有效铜、有效铁、有效锰等元素丰富，具有得天独厚的自然优势和区位优势。冀州县水文地质条件复杂，浅层及深层淡水丰富，水质矿化度1~2克/升，pH值7~8。生产区域内水质良好，有利于天鹰椒的生产灌溉。冀州市处于半干旱大陆性季风气候，春季干燥多风，夏季暖热多雨，秋季天高气爽，冬季寒冷少雪，寒旱同期，雨热同季，四季分明，光照充足，年平均气温12.7℃，年降水量平均482毫米，年平均光照时数为2 571小时，无霜期平均为210天，有利于天鹰椒生长。

冀州天鹰椒品种实行统一供种，品种以丰抗椒王为主，属簇生朝天椒系列。冀州天鹰椒生产要求非常严格，严禁重茬种植，一般倒茬间隔期在3~5年以上。底肥主施农家土粪肥、腐熟的鸡粪和天鹰椒专用肥，并且采用地下水灌溉。为了保证天鹰椒的品质特色，必须选用椒形纯正、辣度高、色泽好、具有典型天鹰椒特征的种子。种子经催芽后在3月上中旬于阳畦或小拱棚内育苗，于4月底至5月初定植，加强定植前后的土水肥管理，预防病虫草害，确保产品品质。

迁西栗蘑

登记证书编号：AGI01052

地域范围

迁西县隶属河北省唐山市。迁西栗蘑农产品地理标志地域保护范围为迁西县所辖的汉儿庄乡、滦阳乡、洒河桥镇、三屯营镇、白庙子乡、渔户寨乡、上营乡、金厂峪镇、太平寨乡、东荒峪乡、旧城乡、罗家屯镇、兴城镇、尹庄乡、新集乡、新庄乡、东莲花院乡17个乡镇，涉及400个行政村，其保护面积约15万亩，常年种植迁西栗蘑面积2 000亩，年产量约1万吨。地理坐标为东经118°06′49″~118°37′19″，北纬39°57′15″~40°27′48″。

品质特色

迁西栗蘑子实体肉质，短柄，呈珊瑚状分枝，末端生扇形至匙形菌盖，重叠成丛，大者丛宽40~60厘米，重3~5千克；菌盖直径2~7厘米，灰色至浅褐色。有反射性条纹，边缘薄，内卷，菌肉白；有菌管，管孔面为白色至淡黄色，管口呈多角形；孢子无色，光滑，卵圆形至椭圆形；菌丝壁薄，分枝，有横隔，无锁状联合。

迁西栗蘑营养丰富，富含蛋白质、铁、硒、维生素B_1、维生素B_2、维生素E等。迁西栗蘑蛋白质含量大于1.06%，维生素B_1含量大于0.6毫克/千克，维生素B_2含量大于4.2毫克/千克，维生素E含量大于7.1毫克/千克，铁含量大于3.8毫克/千克，氨基酸总量大于7.059克/千克，干品中硒元素含量大于12.8毫克/千克。

人文历史

栗蘑在迁西县民间有着悠久的采食历史，公元2世纪的《太上灵宝芝草品》就有记载。1992年，当地创造了栗蘑仿野生栽培法，实现了生物转化率高达128.5%，1996年该技术获得国家专利。1995年，迁西栗蘑获得国际食品及加工技术博览会金奖；1999年在全国栗蘑技术交流专业会议上，迁西县被专家提名为"中国栗蘑之乡"；2009年，迁西

栗蘑在第十三届中国农产品交易会被评为"名优农产品"；2010年，迁西栗蘑在中国特色农业博览会获金奖。据农业部质量检测中心分析，迁西栗蘑的营养和口味都胜过号称菇中之王的香菇，可烹调成多种美味佳肴，是极其珍贵的高档食用蕈菌。

生产特点

迁西县地处燕山南麓，高山丘陵交错起伏，川谷纵横。当地土质多为片麻岩风化土质，富含铁、硒等元素，片麻岩风化后形成土壤土层较厚，结构疏松，具有一定的粒状结构，土壤中腐殖质含量低，黏性小，不易板结，透水、透气、保湿性好。迁西县水资源丰富，除潘家口、大黑汀两座大型水库外，还有几十座中小型水库，以及滦河、长河、洒河、青河、还乡河、沙河6条主要河流，当地地下水丰富，水质呈中性，适合迁西栗蘑生长的要求。迁西县属暖温带大陆性半湿润季风气候，四季分明，干湿季节明显，热量充足，全年降水量在600~800毫米，大部分降水集中在6—8月，该季节正是野生栗蘑生长旺季，有利于迁西栗蘑仿野生栽培。

迁西栗蘑生产应选择腐殖质含量较低的土壤，以山坡土或生地土壤为宜，土壤pH值5.5~6.5，土壤透气性、保湿性较好。根据迁西栗蘑的生长环境及市场消费需求，栽培菌种首选优质、高产、抗逆性强、薄叶片、色偏黑、香味浓的迁西3号，反季节栽培选择喜爱低温的迁西4号。由于迁西栗蘑的地理和气候特点，目前全县形成了冷棚设施栽培、暖棚温室栽培、仿野生栽培3种栽培方式，冷棚设施栽培和仿野生栽培一般为正季栽培，3—4月播种，7—10月出菇；暖棚温室栽培为反季栽培，10月播种，春节前后至次年5月出菇。通过严格的生产管理，3种栽培方式都可以产出品质优良的迁西栗蘑。迁西栗蘑分为鲜品、干品两种。鲜品栗蘑放入保鲜袋内，在1~2℃可保存15~25天；干品栗蘑是通过自然风干或烘干，使产品含水量降到10%~12%，常温贮藏。

曲周小米

登记证书编号：AGI01053

地域范围

曲周县隶属河北省邯郸市。曲周小米产于曲周县所辖的大河道乡、安寨镇、白寨乡、南里岳乡、曲周镇、第四瞳镇6个乡镇，涉及130个自然村，保护面积15万亩，常年种植面积3万亩，年产量1.3万吨。地理坐标为东经114°87′~115°09′，北纬36°64′~36°89′。

品质特色

曲周小米米粒饱满，色泽金黄，表面有光泽，手感光滑沉实，米粒不开不裂。曲周小米饭口感绵软，饭味足，入口绵甜爽滑，粥浆似黄乳，凉饭不回生，食之可口清香，香味浓郁，唇齿留香。

曲周小米品质优良，营养丰富，富含蛋白质、维生素B_1、钙、铁、锌等营养成分，其中钙含量大于80毫克/千克，铁含量大于16毫克/千克，锌含量大于21毫克/千克。

人文历史

曲周县盛产小米，种植历史悠久，最早可追溯到商代。商时，殷纣王（约公元前11世纪）厚赋税而"盈巨桥之粟"，武王伐纣时，发巨桥之粟以赈殷之饥民。汉高祖封郦商为曲周侯，郦商轻徭薄赋，休养生息，由于当时改良的粟种产量高、品

质好、色美味香，饥民食之皆无病色，被人们亲切地称之为"郎公粟"，并有赋为证："嘉皇垂恩，赐我郎公。启蒙教化，贵粟重农。彼苗离离，若公之德。彼节直直，若公之行。彼叶蓁蓁，若公之风。彼穗垂垂，若公之范。彼粒簌簌，若公懿行。爱我郎公，天地同寿，爱我朝庭，日月同光，爱我粟食，泽绵后世，爱我社稷，天佑其祥。"

生产特点

曲周县地势平坦，土层深厚，土地肥沃，质地适中，土壤以壤质潮土为主，土壤pH值7.5~8.2，耕层土壤有机质平均含量为1.26%，具有生产优质谷子的自然优势和区位优势。曲周县水资源丰富，水利条件好，水质优良，是理想的农业生产用水。曲周县位于暖温带，属半干旱半湿润大陆性季风气候区，年降水量平均值566.7毫米，大于10℃的年活动积温4 510℃，年日照时数2 400~2 600小时，日照率为55%~57%，无霜期229天，适宜于谷类作物生长。

种植曲周小米必须选择适合当地栽培、优质、高产、抗病性强的品种。因为谷子连作容易导致病虫草害的发生，一般在种植3年后，与玉米、小麦等作物进行轮作。谷子生长期内灌水遵照"看天、看地、看苗"的原则，掌握"前期少、中期足、后期控"的灌水方式，特别是在开花期防止高温干旱影响谷子开花授粉。曲周小米一般在蜡熟末期或完熟期进行收获，此时谷子下部叶片变黄，上部叶片稍带绿色或呈黄绿色，谷粒已变为坚硬状，颖及稃全部变黄，种子含水量约20%左右。

祁紫菀

登记证书编号：AGI01054

地域范围

祁紫菀主要种植在河北省安国市境内，农产品地理标志保护区域包括祁州镇、郑章镇、大五女镇、西伏落镇、西城乡、明官店乡、北段村乡、祁州药市办事处共8个乡镇（办事处），涉及149个自然行政村，保护面积10万亩，地理坐标为东经115°10′~115°23′，北纬38°18′~38°35′。

品质特色

祁紫菀根茎呈不规则块状，长2~5厘米，直径1~3厘米，表面紫红色或灰红色，顶端残留茎基及叶柄残痕，中下部丛生细根；质坚硬，断面较平坦，显油性；根多数细长，长6~15厘米，直径1~3毫米，多编成辫状；表面紫红色或灰红色，有纵皱纹；质较柔，易折断，断面淡棕色，边缘一圈现紫红色，中央有细小木心；其色似珊瑚，丝如秀发，质柔似棉；气微香，味甜，微苦。

安国祁紫菀根含无羁萜、表无羁萜醇、紫菀酮、紫菀苷A、紫菀苷B及紫菀甙C。其中，紫菀酮含量为0.32%，超过《中华人民共和国药典》规定1倍以上；浸出物为63.3%，超过《中华人民共和国药典》规定的45%。

人文历史

安国市古称祁州，安国药业源于北宋，素有"药都"和"天下第一药市"之称。据明末《祁州志》记载，当时祁州种植的药材已有28种，药市规模达到全国之最，全国各地药商千里迢迢来到祁州，采购以祁紫菀为首的"八大祁药"。

祁紫菀是安国市的道地品种,《中药志》中称"紫菀主产于河北安国,质佳",《神农本草经》中将祁紫菀列为中品。祁紫菀等品种逐渐成为安国的当家品种,被冠以"祁"字并载入《中华人民共和国药典》。1999年祁紫菀被河北省命名为"名优产品",其产量占河北省药材总产量的70%以上。

生产特点

安国地处华北平原腹地,属潮褐土地带,土壤质地较好,肥力高,保肥保水性能良好。安国市水源丰富,耕地全部采用地下水灌溉,并且灌溉设施配套,排灌便利,水质良好,pH值平均为7.4。安国市属于大陆性半干旱季风气候,四季分明,雨热同期;年平均降水量505毫米,6—8月降水占全年的70%;年平均蒸发量为1 823毫米,是降水量的3~4倍;全年日照时数2 628小时,年平均无霜期187天,有利于祁紫菀的生长。

祁紫菀喜温暖湿润气候,耐寒、耐涝、怕干旱,除盐碱地外均可栽种,尤以土层深厚、疏松肥沃、富含腐殖质、排水良好的沙质壤土栽培为宜,黏性土不宜栽培,忌连作。祁紫菀种植选用新鲜、健壮、生长活力强的种苗为佳。春栽于立春至清明进行,秋栽于霜降至立冬进行。一般多采用春栽。春季萌发前挖取根状茎作种,随挖随栽,栽后盖一层薄草,待出苗后,及时揭去盖草。6月为叶片生长旺盛时期,9月为根系发育期。10月下旬至翌年早春,待地上部分枯萎后,挖掘根部,除去枯叶,将细根编成小辫状,晒至全干。

遵化香菇

登记证书编号：AGI01196

地域范围

平安城镇地处河北省遵化市西南，燕山余脉两山之间的平原。遵化香菇地域保护范围包括平安城镇所辖的平安城一村、平安城二村、平安城三村、平安城四村、东门庄村、后所屯村等39个村，保护面积600公顷，常年种植面积550公顷，地理坐标为东经117°43′42″~117°50′37″，北纬40°00′19″~40°05′56″。

品质特色

遵化香菇子实体为半球形，由菌盖、菌褶和菌柄3部分组成，中等大至稍大。菌盖直径4~6厘米，厚度大于2厘米，近半球形或伞形，呈扁平至稍扁平，成品开伞度小于6分，表面淡褐色至褐色至深肉桂色，中部往往有深色鳞片，而边缘常有污白色毛状或絮状鳞片；菌肉白色，稍厚或厚，细密，具香味。菌褶白色，密，弯生，不等长。菌柄长小于菌盖半径，白色、稍弯曲，可鲜食。

遵化香菇营养丰富，富含蛋白质、维生素B_1、维生素B_2、铁等营养成分。

人文历史

遵化香菇已有30余年的生产历史。1983年，当地开始利用人防工事栽培食用菌，由于生产技术、市场等原因，未形成产业化发展。1994年在西留村乡建立了北方食用菌（示范）厂，进入了人工培育食用菌发展的快车道。2004年，遵化市已有

8个乡镇建成了食用菌生产基地，遵化市获得"中国北方最大的食用菌生产基地""河北食用菌之乡""中国香菇之乡"的美誉。2009年，遵化市成功举办"第五届中国国际食用菌烹饪大赛"，中央电视台第七套节目《科技苑》栏目组在报道会议的同时为遵化香菇栽培拍摄了《香菇发菌有绝招》的

专题片，大大提升了遵化香菇的知名度。

生产特点

遵化市位于河北省东北部，为燕山南麓山间盆地，市境内林地面积116万亩，小麦种植面积20万亩，玉米40多万亩、花生15万亩，年产各种作物秸秆30万吨。林业加工下脚料、板栗、苹果、梨等修剪下来的枝条，以及大量的麸皮等为食用菌生产提供了丰富的原辅材料。平安城镇水资源丰富，水质好，黎河、沙河两条河流由东向西穿镇而过，注入蓟县渔桥水库，为农业生产提供了重要的水源保障。平安城镇属暖温带大陆性半湿润季风气候，昼夜温差大，四季分明，干湿季节明显，无霜期一般为183天，最长可达209天，年均日照时数为2 705.9小时，年有效积温4 285.9℃，年均降水量为804.2毫米，有利于香菇的周年生产。

遵化市香菇产地选择通风、避北风、向阳好、水源近、有电源、地面平整、排水畅通的地块，通常选用品种有香菇939（冬季菇）、香菇808（冬季菇）、高温1号（夏季菇）等。遵化香菇采用日光温室进行生产，夏季菇生长期在4—10月，冬季菇生长期在8月至翌年6月。为保障菌棒不被污染，同时又保护环境，当地农业技术人员在长期实践中摸索出了一套适合遵化香菇生产的特定生产方式，从接种、发菌、脱袋转色到催蕾促菇严格注意细节把控，形成菇蕾后，加强温、湿、光、气的管理。当菌盖70%~80%展开、菌盖边缘稍内卷、菌褶已全部伸直时，为采收最适期，采收应在晴天进行，采收前12小时严禁喷水。

南和金米

登记证书编号：AGI01250

地域范围

南和县位于河北省邢台市太行山东麓冲积平原。南和金米农产品地理标志保护范围为三思乡、阎里乡、东三召乡、史召乡、郝桥镇5个乡镇，涉及109个行政村，保护面积共计18 000公顷，地理坐标为东经114°36′23″~114°52′25″，北纬36°55′47″~37°06′51″。

品质特色

南和金米籽粒饱满，米粒圆形，色泽金黄，白粒率2%~5%，小米千粒重2.5克左右。南和金米用以熬粥省火，口感好，一般开锅后10~12分钟就香黏可口、清香宜人。南和金米富含蛋白质、脂肪、钙、铁等营养物质，其蛋白质含量大于8.8%，脂肪含量大于1.9%，钙含量大于89毫克/千克，铁含量大于14毫克/千克。

人文历史

南和金米香黏可口，慈肝养胃，补中益气，强身健体，当地民谚有"一般小米分着走，南和小米手拉手"之说。《南和文史概览》记载，武则天时期，宰相宋璟是南和人，宋璟把家乡小米献给武则天享用，女皇觉得出奇的好吃，就封其为"金米"。为纪念宋璟为南和金米事业做出的突出贡献，南和人民把县城最漂亮的一条大街命名为"宋璟大街"。

南和县城北有个村叫"三官殿"。相传明朝万历年间，南方3位去北京赶考的学子，途中遭劫，身负重伤，借住在

一位老大娘家,以小米为食,伤势奇迹般痊愈,3人后来均金榜题名。为感谢南和金米救命之恩,3位学子回到这个村种了3棵柏树,修建了一座桥,桥拱上雕刻上谷穗。自此,这个小村由"大猪圈"更名为"三官殿",至今还保留着"三柏一拱桥"。

生产特点

南和金米优良特性的形成与当地的气候、土壤及水质条件有着密切联系。南和县属暖温带半干旱大陆性气候,四季分明,光照充足,常年平均日照2 260小时,年有效积温4 829℃,年均降水量523毫米,无霜期196天。南和县地下水质良好,为百泉水系,矿化度小于1克/升,清澈甘甜,适于灌溉。土质以石灰性褐土、沙壤土为主,pH值为7.8,排灌方便,土壤疏松肥沃,非常适宜南和金米的生长。

南和金米的种植选择地下水资源丰富、水质好、排灌方便、周边无污染源的地块,土质要求为肥沃的石灰性褐土及沙壤土,品种采用当地流传下来的农家品种。为了保证南和金米香黏可口的独特品质,种植管理过程中特别注意播种时采用清选谷种精量播种,保证土壤墒情适宜,确保一播全苗;苗期管理中,等到4~6片叶时一次性定苗;谷子生育期间不再施底肥和追肥,可在乳熟期叶面喷一次沼液;孕穗中期遇旱灌溉一次,并深中耕培土,促进气生根生长,防止倒伏;当95%左右籽粒坚硬、多数叶片仍为绿色时为最佳收获期,收获过晚会影响金米质量。

高碑店黄桃

登记证书编号：AGI01457

地域范围

高碑店市隶属河北省保定市。高碑店黄桃农产品地理标志保护范围为高碑店市所辖的北城街道、新城镇、辛立庄镇、张六庄乡、泗庄镇，以及白沟新城，涉及16个自然村，保护区域面积30 000亩，地理坐标为东经115°47′24″~116°12′04″，北纬39°05′53″~39°23′17″。

品质特色

高碑店黄桃单果重160~185克，果形近圆，果顶圆或有小突尖；果皮黄绿色，果肉黄色，丰产性好，硬度大，加工性能好；高碑店黄桃口感好，味酸甜，成熟后甜度增大，桃味浓，肉质纯厚，色味俱佳。高碑店黄桃营养丰富，据检测，高碑店黄桃总膳食纤维含量0.92%~0.99%，可溶性固形物13.5%~13.6%，维生素C含量58.7~61.1毫克/千克。

人文历史

高碑店市历史悠久，民风淳朴，据《高碑店市志》记载，夏朝时，就有易氏部落在此繁衍生息，开疆拓土。高碑店市桃树栽培起于清朝时期，据《高碑店市志》记载，清乾隆十二年（1747年），有王氏几家在此地看管桃园，后定居立庄，冠以姓氏取村名王家庄，后简称王庄，即张六庄乡王庄村。

由于高碑店市自然气候适宜，土质好，地下水矿物质含量高，技术支撑和服务到位，地方政府重视，加工销路畅通，高碑店市黄桃种植面积得到迅速发展，总面积达到6 000亩。

生产特点

高碑店市土壤以沙壤土和壤土为主，pH值7.1~8.0，肥力状况中等，土壤发育较浅，中性和微碱性土壤为主，土壤平均有机质含量为1.06%，适合黄桃生长。高碑店市地下水资源丰富，水质好，矿物质含量高。高碑店市属东部季风暖温带半干旱地区，大陆性季风气候显著，日照充足，温度适宜，年平均气温11.4℃，年平均降水量525.7毫米，6—8月降水量占全年降水量的74%，年平均日照时数2 522.9小时，无霜期183天，雨热同季，非常有利于黄桃的生长与发育。

黄桃园地要求生态环境良好、光照充足、排灌方便、土层深厚、土质为疏松肥沃的壤土。多选择早熟品种金童四、金童五，中熟品种金童七、金童八，晚熟品种金童九，可以早中晚熟品种结合栽培，减轻栽培管理压力，延长加工时间，便于工厂管理，避免果品损耗。生产过程管理重在细节，株行距选择、嫁接、土肥水管理、修剪、病虫害防治等都需要严格管理。黄桃达到七成熟时开始采摘，同一成熟度果品放在一起，及时运到加工厂。

涉县柴胡

登记证书编号：AGI01458

地域范围

涉县位于河北省西南部，隶属邯郸市。涉县柴胡主要分布在涉县境内海拔500~1 500米的中山区和低山区，农产品地理标志保护区域为偏城镇、偏店乡、鹿头乡、辽城乡、索堡镇、河南店镇、固新镇、西达镇、合漳乡、关防乡、更乐镇、井店镇、西戌镇、龙虎乡、木井乡、涉城镇、神头乡17个乡镇，涉及308个村，保护面积30万亩，地理坐标为东经113°26′55″~114°00′16″，北纬36°16′18″~36°54′07″。

品质特色

涉县柴胡的根呈圆柱形或长圆锥形，常有分枝，长8~22厘米，直径0.3~1.2厘米。表面黑褐色或浅棕色，近根头部有横皱纹，渐至下部有不规则纵皱纹及皮孔，并有细小支根痕，根头部残留茎基及叶柄。涉县柴胡质硬而韧，不易折断，断面显纤维性，皮部浅棕色，木部黄白色，气微香，味微苦，单棵干重0.8~1.8克。

人文历史

涉县柴胡家种始于20世纪80年代，现种植面积50 000余亩。据明嘉靖三十七年（1558年）《涉县志》记载，柴胡、荆芥、防风等8种中药材当时就是涉县特产。抗日战争时期，八路军一二九师的卫生工作者成功研制了柴胡注射液，为抗日战争的胜利作出了贡献。历版《中国药典》皆以涉县柴胡为标准药材，作为制定该药国家药品标准的基本药材。2013年6月11日，国家中医药

管理局原副局长、中国中药协会会长房书亭,到涉县检查中药工作时,为涉县题写了"柴胡之根,创新之源"与"天然中药园,当惊世界羡"。

生产特点

涉县地处太行山深山区,境内山峦相接,沟谷纵横,山地、沟谷、盆地相间,森林覆盖率高达51%,被誉为"太行山最绿的地方",是人工种植药材的理想地。涉县境内的土壤多为石灰性褐土,土壤肥力高,保肥保水性能良好,养分丰富,尤其是钾含量丰富,利于柴胡根的形成和柴胡中有效成分的积累。涉县境内主要河流为漳河及其支流,有大小季节性河道58条,地下水资源极为丰富,水质良好。涉县地处太行山丘陵区,属北温带半湿润半干旱大陆性季风气候区,气候特点是四季分明、降水集中、雨热同季、寒旱同期,年平均气温12.4℃,年日照时数平均为2 288.6小时,无霜期186天,年平均降水量590毫米,较适宜涉县柴胡的生长。

柴胡在前茬作物为禾本科(玉米、谷子)或豆类的壤土或沙壤土中种植为佳。涉县柴胡采取秋作物套种柴胡,三年两熟仿野生种植模式,以伏播为主,播种时间一般为6月上旬至8月上旬。第二年6—7月,在非留种田将柴胡的花薹全部割掉,割2~3遍。第三年,如果不是留种田,也同样进行割薹,以减少养分消耗,促进根部快速生长。柴胡种植第三年,于秋季上部茎叶干枯后,到翌年春季返青前收获,挖出根部,留芦头1厘米。产品经晾晒、烘干或阴干后,手感干燥、折之即断,含水量在12%时,即包装储运。

黄粱梦小米

登记证书编号：AGI01498

地域范围

黄粱梦小米产区位于河北省邯郸市邯郸县所辖的黄粱梦镇、户村镇、康庄乡、三陵乡、尚壁镇、代召乡、南堡乡、河沙镇8个乡镇，涉及187个村，地理坐标为东经114°21′18″~114°38′08″，北纬36°29′38″~36°42′36″，保护面积20 764.79公顷，常年谷子种植面积3 500公顷。

品质特色

黄粱梦小米色泽金黄，粒粒饱满，形状正圆形，横径略大于纵径，沿纵径方向有一条深黄色的粒沟，米粒较小，千粒重2.0克左右，其中白粒占2%~5%。熬成粥后，黄而黏稠，口感润滑。黄粱梦小米富含蛋白质、钙、铁等营养物质，其中，蛋白质含量8.9%以上。

人文历史

《枕中记》的故事发生于唐开元年间的719年，讲述了卢生过眼烟云般繁花锦绣之梦，引起了无数人对人生如梦的无限感慨，"一粒粟中藏人生"，故事中未熟的黄粱饭即为小米饭，把黄粱小米的渊源追溯至唐代。历代诗人游黄粱梦，品黄粱梦小米粥，留下了不朽的诗篇。宋朝诗人王安石是最早为黄粱梦题诗的

人,曾有七绝《听人叙黄粱梦》:"邯郸四十余年梦,相对黄粱欲熟时。万事只如空鸟迹,怪君强记尚能追。"

当地习惯将小米装在瓦缸中,能保持其香黏可口的特性,延长其保质期,目前除仍在沿用瓦缸保存小米的习惯外,更是发展为用陶瓷葫芦盛装小米作为馈赠亲友的礼品。

生产特点

邯郸县属温带大陆性季风气候,四季分明,雨热同季,光照充足,季风突出,降水充沛,年平均有效积温4 227.9℃,无霜期202天,年日照时数2 544小时,年平均降水量535毫米。两个种植区分别为丘陵和平原地带,土壤类型分别为次生黄土性壤质褐土和沙质褐土性土,肥力中等,独特的生态条件生产出了独具特色的黄粱梦小米。

为了保证黄粱梦小米香黏可口的独特品质,种植前需要整地施肥,破除地表土坷垃,施肥以有机肥和农家肥为主。春谷4月中下旬、夏谷6月上中旬播种最佳,根据墒情确定播期播量。种植后,进行查苗补苗、间苗定苗、锄划、清垄、中耕和追肥培土等工作,确保小米高产。

柏各庄大米

登记证书编号：AGI01499

地域范围

柏各庄镇地处河北省唐山市滦南县西南方向，地处滦河下游，渤海之滨。柏各庄大米地域保护范围包括柏各庄镇45个村，东到南解庄子，南到张崔各庄，西到小双坨、北到王沟府，保护面积11.94万亩，常年种植水稻面积7万亩，地理坐标为东经118°27′58″~118°37′12″，北纬39°17′04″~39°24′25″。

品质特色

柏各庄大米晶莹透明、光滑，颗粒均匀、整齐、碎米少、杂质少、腹白小，整精米率不小于95%，垩白米率不大于7%，垩白度不大于5%，千粒米重20克左右。蒸煮时饭香四溢、饭粒结构紧密、富有黏性、油亮；入口后滑爽、糯软香喷、口感细腻、软硬适中，有稻米自然香味。柏各庄大米营养丰富，蛋白质含量大于6.4%，脂肪含量大于1.2%。

人文历史

清光绪元年（1875年），提督周盛傅在小站新城一带引流水涤咸水，垦稻田136 500余亩。民国三十年（1941年），日本华北驻军建"华北垦业股份有限公司滦县农场"，投资伪联合券139.65万元，在柏各庄及以南沿海垦荒34.91万亩，开始种植水稻。1967年柏各庄工委技术站进行水稻塑料薄膜育秧试验，1980年普及薄膜

育秧。滦南柏各庄大米以其颗粒匀净、富有黏性、糯软香喷、适口性强而远近闻名，可与天津小站米相媲美。柏各庄大米作为滦南特产在历届唐山市农产品展示交易会等展会上亮相，并被评为"唐山市特色农产品""河北省名优农产品"。

生产特点

滦南县柏各庄镇地处渤海之滨，土地绝大部分是盐碱地，含盐量大多在0.5%~1.0%，海拔高度5~6米，开垦前只能生长芦苇，蓬蒿等耐盐植物。柏各庄大米产区土壤有机质含量达1.9%，保水能力强，富含多种离子，有利于水稻生长，大米食味好。滦南县柏各庄镇水资源丰富，滦柏输水干渠纵穿滦南县，流向有利，水质清澈纯净，是补充水稻灌溉的理想用水。滦南县属暖温带季风大陆性气候区和近海半湿润性气候区，四季分明，春季少雨多风，气候干燥，雨热同季，夏季炎热多雨，秋季温凉，冬季寒冷少雪，适合发展优质水稻。

柏各庄大米是在盐渍型水稻土上连片种植的优质水稻品种，形成规模化生产，通常选用生育期170天左右的津原E28、津稻209等品种。4月1—20日进行播种，5月15—30日插秧，人工插秧采用旱育秧、水育秧、过水育秧、半湿润育秧等形式，机插秧采用隔离层育秧、大棚机械化育秧。在本田管理时注意土水肥管理、病虫害防治等环节。稻蟹混养田水深适当加大，并禁止长期落干。当籽粒的90%以上变黄成熟、穗轴有1/3变黄、基部有很少一部分绿色籽粒存在时为最佳收获期，宜人工收割，在大田中自然风干。

肥乡圆葱

登记证书编号：AGI01593

地域范围

肥乡县隶属河北省邯郸市。肥乡圆葱产区位于肥乡县全境，主要集中于中西部，农产品地理标志保护区域包括肥乡县所辖的大西韩乡、辛安镇镇、天台山镇、肥乡镇、毛演堡乡、旧店乡、屯庄营乡、元固乡8个乡镇，涉及210个行政村，常年种植面积为6万亩，地理坐标为东经114°39′08″~114°52′13″，北纬36°29′51″~36°38′51″。

品质特色

肥乡圆葱葱头呈厚扁圆形，横径一般8~9厘米，纵径6~7厘米，单球重一般250~300克，最大单球重可达400克以上。外表皮深紫红色，有鲜亮光泽。内部肉质白色，鳞片厚实，质地脆嫩，口感微甜，辣味较浓，适宜鲜食。

肥乡圆葱富含蛋白质、糖、钾、钙、硒、粗纤维等营养物质，蛋白质含量大于0.42%，总糖含量大于6.46%，钾含量大于937毫克/千克，钙含量大于154毫克/千克，硒含量大于48微克/千克，粗纤维含量低于0.4%。

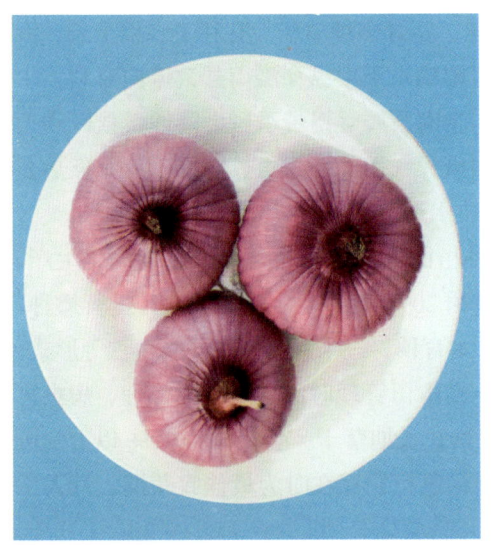

人文历史

用肥乡圆葱加工邑贡酱的历史可追溯到400年前的明代。万历皇帝食用邑贡酱后胃口大开，挥笔写下"邑贡酱坊"，从此肥乡的邑贡酱坊名扬天下。直到清代，乾隆皇帝依然把肥乡的邑贡酱作为皇宫的美味佳肴。

由于圆葱本身特有的保健作用，又

耐贮,可周年供应,适宜规模化种植。肥乡圆葱大规模栽培是在20世纪90年代后期。肥乡县先后被授予"河北省圆葱之乡"和"中国圆葱之乡"称号。

生产特点

肥乡县属暖温带半湿润大陆性季风气候区,四季分明,雨热同季,光照充足,季风突出,4月下旬至6月上旬,适宜圆葱鳞茎膨大的白天气温达到18~27℃的天数一般为30天,日照时数处于10~14小时的天数在35天以上,高温长日照同期的天数较多,非常有利于圆葱夺取高产。肥乡县土壤以轻壤、中壤为主,肥沃疏松,通透性好,有机质含量15克/千克以上,特别适宜圆葱栽培。肥乡县属于民有渠灌区,境内有两条大型灌水系统:中部有民有二干渠,境内长22千米;东部有东风三干渠,境内长12千米,是肥乡县地上灌溉的骨干渠道。较好的灌溉条件能够充分满足圆葱在发芽期、幼苗生长盛期和鳞茎膨大期对水分要求较多的需求。

肥乡圆葱产地要求地势平坦、土层深厚、土地肥沃,选择"紫星"系列紫皮圆葱优良品种进行种植。肥乡圆葱9月上旬播种,不可随意提前,否则,会导致先期抽薹和双头增多。苗期管理期间注意浇水、除草,确保幼苗良好生长,定植以后加强田间管理,把握好土水肥管理、病虫害预防等环节。假茎变软、植株倒伏后,为圆葱正常收获期,覆膜圆葱一般在5月20日后就可以开始收获,圆葱采收后,要在田间晾晒2~3天,叶子晒至七八成干时,编辫或装筐贮藏。

黑沿子毛蚶

登记证书编号：AGI01735

地域范围

黑沿子镇位于河北省唐山市丰南区最南端，是镶嵌在渤海之滨的一颗璀璨明珠。黑沿子镇下辖9个行政村，是以海洋捕捞和海淡水养殖为主的渔业大镇，毛蚶就是当地的地理标志农产品。毛蚶的农产品地理标志地域保护范围为东经118°00′32″~118°11′25″，北纬39°05′03″~39°13′40″。

品质特色

黑沿子毛蚶双壳膨凸呈卵圆形，壳面白色，壳顶呈黄褐色，壳面放射肋明显，密布褐色毛刺，壳内肌肉及内脏团饱满，色泽赤红。毛蚶的营养成分丰富，富含蛋白质、碳水化合物、B族维生素及多种微量元素，营养价值较高，具有提高人体免疫力、祛脂降压等功效。

人文历史

唐山市丰南县海域处于渤海湾中，历史上有"九河下梢"之称，该海域曾是毛

蚶和蓝蛤主要产区。丰南县海洋捕捞生产主要集中在黑沿子镇，20世纪70—80年代，黑沿子镇的渔船主要以捕捞毛蚶为主，在计划经济时期，每个生产队均有1~2个半个足球场那么大的晒货场，蚶子堆积成山，在那个物资匮乏的年代，队里将一部分毛蚶晾晒成干，储到仓库中，以备冬天食用，剩下的毛蚶壳就用于铺路，过去黑沿子一带的乡村小路基本上都是由毛蚶壳铺就的，蜿蜒的乡间小路上整齐的铺着毛蚶壳，晴天不扬土，雨天不粘脚。

随着经济的发展和人们生活水平的提高，黑沿子毛蚶因质好味美越来越受到人们的喜爱和追捧，一跃成为了地区标志性特色海产品，在丰南的餐饮业，无论高低档饭店，摆在海产品最显著位置的都是黑沿子毛蚶，它已成为名副其实的地方特色优质食品。

生产特点

丰南区位于华北地层区的燕山分区，地形复杂，黑沿子毛蚶农产品标志保护区为河口型地貌，为淤泥质，水体盐度、含氧量适中，适合毛蚶的生长，具备毛蚶生产育肥的最佳生态环境和理化因子。当地属于暖温带半湿润大陆性季风气候，四季分明，年平均气温11.0℃，年平均降水量为573.5毫米，年日照时数2 713小时左右，气候条件极利于毛蚶生长。

当地的毛蚶养殖主要有3种养殖方式，浅海养殖、池塘养殖和增殖放流，根据不同的地理环境采取不同的养殖方式。浅海养殖主要集中在10米水深以内的浅海区域，底部为软泥或含沙的泥质，水质清洁、理化条件稳定；池塘养殖中采用单养或混养，具有投资少、风险小、效益好、操作简便等优点；增殖放流的养殖方式主要凭借当地优越的天然条件进行养殖。毛蚶以滤食方式获取饵料，通过过滤海水，摄取海水中的底栖和浮游生物，以及相应大小的有机碎屑。混养条件下，不需单独给毛蚶投喂饵料。毛蚶采捕时间一般在10月下旬到11月上旬。

山西省

黎城核桃

登记证书编号：AGI00001

地域范围

黎城县位于山西省长治市东北部，辖黎侯、东阳关、西井、上遥等9个乡镇，地理坐标为东经113°11′~113°35′，北纬36°23′~36°53′。黎城核桃农产品地理标志保护地域为黎城县，保护范围面积8 000公顷。

品质特色

黎城核桃果实较大，圆形，平均单果重15.8克，最大单果重18.2克，三径平均3.74厘米；缝合线紧、平、窄，壳厚1.1毫米，壳皮光滑美观。黎城核桃出仁率高达56.7%，果仁饱满，风味香甜，品质上等。

人文历史

黎城核桃被誉为"黎城四大宝"之首。据史料考证，黎城核桃发展历史悠久，已有400多年的栽培历史。因其具有卓著的健脑效果和丰富的营养价值，被百姓视为干果中的珍品，常用来招待贵客，并在重大节日食用（例如，当地群众在中秋节时有烤"桃仁月饼"的习惯）。

生产特点

黎城县属于山西高原的一部分，以中等构造剥蚀侵蚀山地为主，西北多山，东部丘陵，中南部地势较平坦，境内土壤主要为褐土、草甸土，土壤有机质含量1.8%，土壤pH值6.5~8.2，呈中性至微碱性，特别适宜发展核桃经济林。黎城县境内拥有清漳河、浊漳河、漳北渠、勇进渠、漳

南渠，有水库池塘38座，水资源十分丰富。黎城县属于暖温带大陆性气候，冬季寒冷少雪，春季干旱多风，夏季热而多雨，秋季有时涝有时旱，10℃以上年积温为3 567.8℃，无霜期182天，全年日照时数2 533.1小时，年均蒸发量为1 756.9毫米，年平均降水量为554.9毫米，7—8月降水占全年降水量的一半以上，与核桃的生长期相适应。黎城县优越的气候条件和自然资源有利于核桃种植发展。

核桃种植区选择土层深厚，保水和透气性良好的沙壤土、轻壤土和中壤土，土壤含盐量低于0.25%的地块。栽培品种以当地的优良品种为主，如晋龙1号、晋龙2号、辽核4号、中林3号、绵核桃等。果园采取南北行向，丘陵土地依地势而定，定植时间春栽或秋栽；果树需防寒，主要采取压倒埋土的措施。果实总苞变成黄绿色，部分果实顶部出现裂缝，容易剥离时进行采收。果实成熟期多在9月上中旬，果实成熟后用棍棒击落。

交城骏枣

登记证书编号：AGI00002

地域范围

交城骏枣分布于山西省交城县中南部，吕梁山东侧，晋中盆地西部边缘，涉及交城县天宁镇、夏家营镇、西营镇、洪相乡、岭底乡、西社镇等地，保护范围面积3 500公顷，地理坐标为东经111°17′~111°24′，北纬37°28′~37°54′。

品质特色

交城骏枣果大肉厚、质脆味甜、品质优良，干鲜皆宜，既能鲜食，又能制干、加工。该产品营养丰富，含有蛋白质、多糖、维生素C、B族维生素、维生素E、维生素D、钾、钠、铁、钙、镁、铜、锰、锌等对人体有益的营养成分，具有活血化淤、软化血管、降压降脂、降低肠胃道恶性肿瘤的发生率、保持毛细血管畅通、防止血管壁脆性的功效，对冠心病、动脉硬化等症均有良好的保健功能与药用价值，被人们誉为"枣后"。

人文历史

交城骏枣是山西省四大名枣之一，也是中国十大名枣之一，素有"八个一尺，十个一斤"之称。历史记载，交城骏枣已有2 000多年的栽培历史，古代曾是皇家贡品。1962年，交城骏枣曾参加过西欧十二国果品博览盛展，在国际上享有很高的盛誉。1990年，交城骏枣被指定为北京第十一届亚运会特供果品。2000年，交城骏枣在全国杨凌红枣交易会上被评为金奖。

改革开放以来，山西省委、省政府特别重视交城骏枣的良种开发与推广，

种植骏枣已经给农民带来了实实在在的经济效益。当地的枣树"早密丰"栽培技术已经在全国各地枣区得到广泛应用,并取得了显著的经济效益。目前,骏枣产业已成为交城县振兴农村经济、实现小康目标的支柱产业。

生产特点

交城骏枣产区内主要土体性状有耕种洪积浅色草甸土、耕种洪积褐土性土和淡褐土,土层深厚,土壤肥力高,有机质含量在1.4%~2.0%,有利于枣树生长。枣树有抗旱、耐涝的特点,交城骏枣分布范围属文峪河流域,水质清洁无污染,灌溉条件良好,土壤持水量60%~80%,适宜骏枣栽培。交城骏枣分布范围属黄土高原大陆性气候,多旱少雨,年降水量400~690毫米,主要集中在7—9月,与枣树的生长期相适应;全年日照时数2 741.8小时,光照充足,热量丰富,有利于骏枣生长发育;山区昼夜气温变化明显,温差较大,有利于骏枣有效物质的积累。

交城骏枣种植区选择在生态环境良好、土壤质地适合枣树生长、有灌溉条件、有机肥料来源充足的地区。当地采用的枣树"早密丰"生产是一项技术性较强的工作,管理人员要具有一定文化水平与丰富的生产实践经验。枣园在秋季枣果采收后至土壤封冻前,要深翻改土,改善土壤理化性状,提高土壤吸水和保水能力,同时,也有利于冬季积雪,减少和消灭部分土壤中的越冬害虫。枣园要及时的追水追肥、整形修剪,提高产品的质量和产量。交城骏枣成熟后采用人工无伤采摘的方法,如保鲜贮藏的枣果要采用逆采方法带果柄采摘。

芮城花椒

登记证书编号：AGI00029

地域范围

芮城花椒产于山西省运城市芮城县境内，主要涉及风陵渡镇、阳城镇、大王镇、学张乡4个沿山乡镇，地理坐标为东经112°58′~113°37′，北纬37°17′~38°45′。

品质特色

花椒是一种重要的食品调味原料，果皮富含芳香油，椒油有涩味，种子含油量25%~30%，果皮、种子可入药。

芮城花椒含有多种微量元素，营养丰富。花椒中含有蛋白质25.7%，脂肪7.1%，矿物质0.018%，碳水化合物35.1%。长期食用芮城花椒，不仅可润滑肌肤、驻留青春，还能强身壮骨、补脾益气，是深受大众喜爱的一种调味品。

人文历史

芮城花椒具有悠久的历史，几千年来就在特殊的自然环境下形成，而且发挥了医疗保健作用，人称贵妃花椒。唐代大文学家韩愈路过风陵渡，看到风陵胜景，不禁赞道："条山苍，河水黄，浪波纷纷去，芮城花椒在山冈。"清代大诗人吉怀登高望远，留下诗篇："雨后湿云过岭低，秦山遥共条山齐，花椒十里飞香远，直到风陵渡口西。"

新中国成立后，芮城县大红袍花椒在继承传统种植的基础上，引用现代科学技术，不断改进栽培工艺，品种质量进一步提高，并享有"天下第一椒"之美称。芮城县人民把种植芮城花椒作为致富奔小康的主导产业，不断扩大种植面积，全县芮城花椒种植面积达9万多亩，年产芮城花椒8 000吨。每年7月

中旬，来自广东、湖南、湖北、河南、山东等省的货车涌进县内，收购芮城花椒。芮城花椒跨过长江，运到广州市、上海市、深圳市、海南省等地，并转口至新加坡、马来西亚、越南、泰国等国家，以及我国香港、澳门地区，在国内外市场上一展风采。

生产特点

芮城县大部分土壤为黄沙壤土，土层深厚肥沃，有利于花椒生长。芮城县地处黄河冲积扇面，全县地表水总流量0.7亿立方米，地下水可开采量1.3亿立方米，水资源极为丰富，且水质优良。芮城县属温带大陆性气候，受季节影响，四季分明，年平均气温9.1℃，年平均降水量680毫米左右，一般集中在7—9月，与花椒生长季相符合；霜冻期一般在9月下旬开始，解冻期一般在次年4月下旬，山区无霜期90~110天，优越的气候条件有利于花椒生长。

花椒喜光，喜温，对土壤适应性强。花椒种植区选择在山坡下部的阳坡或半阳坡，土壤以疏松、排水良好的沙质壤土最好，也可四旁零星种植。种植区的山坡上实行等高线带状整地，以防冲刷。花椒植苗造林以冬春栽植较好，有条件时应浇水；花椒在移栽时宜窝大底平，深挖浅栽，重施基肥，肥土填窝，切忌捶打。花椒成片造林的当年应除草松土，天旱时要及时浇水，也可间种豆类、绿肥作物，结合间种作物抚育幼林；花椒结实后，每年要松土、除草、施肥、合理整形修剪、预防病虫害。

红山荞麦

登记证书编号：AGI00030

地域范围

红山荞麦主要分布在山西省西北部山区及部分丘陵地区，包括朔州市平鲁区所辖的阻虎乡、高石庄乡、双碾乡、西水界乡、凤凰城镇、下水头乡、下木角乡、榆岭乡8个乡镇，涉及232个行政村，地理坐标为东经111°52′~112°41′，北纬39°21′~39°56′。

品质特色

红山荞麦植株茎直立，茎秆高大，棱角明显，少分枝，质软；叶阔戟形，绿色到深绿色，翰叶较圆；总状花序，不集生，有疏花，花小，白色和粉红色，无香味，异花授粉。红山荞麦粒大皮薄，呈三棱形，棱角钝分明，表面光滑，呈褐色，千粒重38.8克。荞麦粉所制食品颜色发白。

红山荞麦的蛋白质、脂肪含量都高于小麦粉和大米，维生素B_2含量高于大米、玉米粉2~10倍，荞麦中的芦丁和叶绿素是其他禾谷类粮食所没有的，至于无机盐、微量元素等，也都不同程度的高于其他粮食。荞麦粉的蛋白质既有水溶性蛋白，

又有盐溶性球蛋白，这两种蛋白质占总蛋白质的50%以上，这与一般谷类粮食的蛋白质组成不大相同，相反却接近于豆类。荞麦中所含的人体必需氨基酸配比适当，与鸡蛋的必需氨基酸配比最为接近。特别是红山荞麦中的苦味素、赖氨酸、色氨酸、精氨酸等都高于小麦粉、大米、玉米和黄豆，营养价值较高。

人文历史

红山荞麦种植历史悠久，据历史资料记载，平鲁地区红山荞麦种植历史已有800多年，以粒大、皮薄、质优、色好而闻名于世。20世纪70年代初，日本首相田中角荣、法国总统蓬皮杜访华时，指名要食用红山荞麦面。

目前红山荞麦加工的食品有10余个品种，其中"煮窝窝""猫耳朵"造型别致，栩栩如生，老百姓称之为民间美食工艺品，当地已形成了独特的荞麦饮食文化。

生产特点

平鲁区地处晋西北黄土高原，平均海拔1 400~1 600米，境内土壤主要有山地草甸土、灰褐土、栗钙土，pH值在8.0~8.5，土壤有机质平均0.895克/千克，适宜种植红山荞麦。平鲁区位于黄河、海河分水岭，拥有沧头河、汤溪河、关河、七里河等大小河流，水资源丰富，且水质优良无污染；全区年平均降水量为410毫米，且集中在7—9月，与荞麦生长期相符合。平鲁区属温带半干旱大陆性气候，四季分明，夏季凉爽，最热的7月平均气温为20.3℃，高温危害少，适宜作物生长；产区内白天温度高，光照充足，有利于作物光合作用，夜间温度低，减少了作物呼吸消耗，有利于有机物质的积累。

荞麦耐旱耐瘠、适应性强、地力消耗大，应选择中等肥力以上土地种植，但不宜连作，忌碱性较重的土壤，以土质疏松、透气性好的沙壤土为宜，前茬最好选择豆类、马铃薯和中耕作物。当地种植品种以红山荞麦和日本早早黑为主。播种时间为夏至前后，采用机播或犁开沟、手撒籽；产地施肥以有机肥为主，并适时的追肥、浇水、中耕。在荞麦盛花期人工辅助授粉。荞麦全株籽实有2/3变黑，1/3处在乳熟期时，应及时收割。

长子大青椒

登记证书编号：AGI00031

地域范围

长子大青椒产于山西省长治市长子县境内。长子县地处山西省东南部、上党盆地西侧，全县辖7镇5乡2个街道，399个行政村，地理坐标为东经112°27′~113°00′，北纬35°53′~36°15′。

品质特色

长子大青椒果色浓绿，果形好，个头大，果面有光泽，肉厚味甜，耐贮运，单果重90~180克，肉厚0.6~0.8厘米，亩产4 000千克以上。长子大青椒分大、中、小3个等级，大等级的青椒150~180克/个，中等级的青椒120~150克/个，小等级的青椒90~120克/个。长子青椒含有多种微量元素，营养丰富，富含维生素C、胡萝卜素、矿物质、碳水化合物和蛋白质等人体所必需的营养物质。

人文历史

长子大青椒种植历史悠久，早在尧舜时期，便有"尧传子耕"之说。新中国成立后，长子大青椒在继承传统种植的基础上，引用现代科学技术，不断改进栽培工艺，品种质量进一步提高，以其个大肉厚、色泽鲜艳、耐贮易运的独特品质备受国人青睐。长子大青椒可当水果生吃；可烹、炒、煎、炸、煮、蒸、拌馅、腌渍食之，香美可口；加工成青椒酱，可常年尝鲜。长子大青椒享有"天下第一甜椒"之美称，已成为闻名海内外的重要的土特产品，长子县也因此被中国特产之乡委员会命名为"中国青椒之乡"。

党的十一届三中全会以来，长子县农民把种植青椒作为致富奔小康的主导产业，不断扩大种植面积，实现区域化种植，规模化经营，长子县已成为全国最大的青椒生产基地。每年长子大青椒不仅会运往全国各大城市，并且会转口至新加坡、马来西亚、越南、泰国等国家，以及我国香港、澳门地区。

生产特点

长子青椒之所以有丰富的营养价值和较高的食疗功效，取决于特殊的气候、土壤和水质条件。长子县大部分土壤为褐土类型，土壤肥沃，含有丰富的有机物质和微量元素，有机质含量1.552%，并富含氮、磷、钾等。长子县地下水存储量为0.67亿立方米，地表水径流量常年为1.136亿立方米，水资源较为丰富。发源于发鸠山的浊漳河、诸多泉水和地下水，多数是矿泉水，为长子大青椒种植提供了充足优质的灌溉水源。长子县属大陆性半干旱气候，高温多雨，四季分明，年平均降水量586毫米，年平均气温9.2℃，平均无霜期165天，年平均日照时数为2 556.5小时，光照充足，水热丰富，且日温差较大，有利于青椒有效物质的积累。

长子大青椒种植在土壤肥沃、灌溉方便的地块，不宜连作。种植品种以富丽一号、富丽二号、维多利亚等优质青椒品种为主。播种育苗时间以惊蛰前后2~3天为宜，苗床追肥要掌握少施、勤施、看苗追肥的原则，并且要及时通风，控水控肥，进行蹲苗。大田移栽后定植浇水，及时中耕，破除板结；田间管理要及时追水追肥，满足其生长需求。青椒开花后35~38天，果色墨绿色即可收获。

孝义核桃

登记证书编号：AGI00032

地域范围

孝义核桃产地地处山西省吕梁山中段东麓，汾河中游西岸，晋中盆地之西南隅，种植区域涉及孝义市境内11个山区乡镇（街道）所属的自然村，包括西辛庄镇、兑镇镇、阳泉曲镇、柱濮镇、高阳镇、下堡镇、南阳乡、杜村乡、下栅乡、驿马乡、东许街道的山地和丘陵地，地理坐标为东经111°21′~115°55′，北纬36°56′~37°18′。

品质特色

孝义核桃形状为圆形和卵圆形，个大，皮薄，夹少，整齐端正，果面光或较麻；缝合线平或低；平均单果重不小于9克；桃仁饱满，为黄白色，味道香，品质佳，易取仁，出仁率大于58%，成品核仁含水率不超过6.5%，有"中华核桃王"之美称。孝义核桃坚果按直径大小分为3个等级，一等为30毫米以上，二等为28~30毫米，三等为小于28毫米。

人文历史

孝义核桃种植历史悠久。据核桃自然和人工选择的进程估测，孝义核桃的生产历史少则有2500年。孝义市是山西省核桃名特优产品基地，据历史资料记载，孝义核桃在晚清时就已进入国际市场。孝义核桃在旧社会

发展缓慢，新中国成立以来，各级政府开始重视核桃的发展，核桃产业得以迅速发展。在1990年，孝义县人民政府把核桃树定为孝义县县树。2000年以来，随着产业结构调整，孝义核桃发展更为迅速，更为集中。

生产特点

孝义核桃产区地形为西北向东南倾斜，呈舒缓起伏地形，产区内土壤以褐土分布最广、面积最大，土壤土层深厚疏松，排水良好，有机质含量高，pH值6.5~8.0，特别适宜孝义核桃生长。孝义市属温带半干燥气候，年平均气温10.6℃，年平均降水量464毫米，无霜期190天，年平均日照时数2 734.6小时，气候条件十分优越，有利于孝义核桃生长。

孝义核桃种植在生态环境良好的丘陵、山地，产区要求为土层深厚、排水良好、腐殖质多、含钙的微碱性土壤。种植品种选择适应当地环境条件、丰产性好、树势强壮、经济寿命长、抗逆性好、较耐干旱的品种，如晋龙系列和辽核系列。果园在生产过程中加强园地规划、砧木培育、平衡施肥与配方施肥相结合、节水灌溉、整形修剪、病虫害防治等生产环节的管理。采取施腐熟有机肥为主、复合肥为辅的施肥原则。核桃必须完全成熟才能采收，当果皮由青变黄、顶部出现裂缝、总苞自然开裂时进行采收。

灵丘苦荞

登记证书编号：AGI00071

地域范围

灵丘荞麦地理标志地域保护范围位于山西省大同市灵丘县北部山区及部分丘陵地区，包括白崖台乡、东河南镇、赵北乡、史庄乡、武灵镇、石家田乡、柳科乡、落水河乡8个乡镇，涉及188个行政村，地理坐标为东经113°51′~114°33′，北纬39°33′~39°38′。

品质特色

灵丘苦荞属蓼科荞麦属。茎直立，茎秆高大，棱角明显，少分枝，质软；叶阔戟形，子叶小，绿色到深绿色，翰叶较圆；总状花序，不集生，有疏花，花小，多黄绿色，无香味，自花授粉；瘦果较小，呈三棱短圆形，棱角钝而作波状，表面粗糙，呈色灰褐色，千粒重19.5克。

灵丘苦荞营养丰富，具有很高的营养价值和保健功能，素有"五谷之王"的美誉。苦荞作为一种药食同源的小宗粮食作物，不仅富含蛋白质、脂肪、淀粉、纤维素、维生素、微量元素等营养成分，还含有许多禾本科粮食作物所不具有的生物黄酮类活性成分。苦荞及其制品具有预防和治疗高血压、冠心病、糖尿病、肥胖症等功效，还有增强机体免疫力、抗氧化、防衰老以及改善亚健康状态等特效。尤其难能可贵的是灵丘县土壤中富含硒元素，使灵丘苦荞成为我国的名优农产品资源。近年来，随着人们生活水平的提高与健康观念的加强，苦荞及其加工制品越来越受到人们的喜爱，已逐渐成为重要的营养保健食品。

人文历史

据传春秋战国时赵武灵王发现了苦荞,并用苦荞治好了消渴症,从此苦荞就成了灵丘人必不可少的食品,尤其是苦荞凉粉更是灵丘人喜欢吃的美食,灵丘人还将苦荞做成了面条、饺子、馍馍等食品。苦荞还是灵丘人的救命粮食,过去灵丘十年九旱,人们只好种生长期短的苦荞,帮助灵丘人度过荒年。同时,灵丘人把苦荞作为一种清热泻火的药物,用其防治感冒,消除疲劳。清代灵丘县令宋起凤编撰的《灵丘县志》对苦荞有翔实的记载,当时称为苦莜。

生产特点

灵丘县境内地貌为沟壑纵横、支离破碎的黄土丘陵景观,有大小山峰230余座,沟壑2 000多条,海拔938~2 083米。灵丘县境内有唐河水系、三楼河水系,以及10余条河流,这些河流多属山溪性河流,但水带泥沙少,可引洪灌溉。唐河两岸平川区及黄土丘陵区地下水较为丰富,为苦荞种植提供了可靠保证。灵丘县地处暖温带向中温带过渡的中间地带,四季分明,冬长夏短,季风强盛,雨热同期,夏季凉爽,气候条件优越,非常适合种植苦荞。灵丘县无霜期为150天左右,稳定通过10℃的年积温为2 887.3℃,昼夜温差大,有利于荞麦有机物质的积累。

灵丘苦荞种植在生态环境良好、土质疏松且透气性好的沙壤土地区,苦荞不宜连作,前茬最好选择豆类、马铃薯和中耕作物,种植品种以黑丰一号为主。荞麦幼苗顶土能力差,根系发育弱,要对土地进行精细翻整;产地在施足基肥的基础上,再加入适量优质有机肥作种肥,并适时的浇水追肥。荞麦最适宜的收获期一般以植株全株子实有2/3变黑、1/3处在乳熟期时,收获应在清晨至上午11时之前进行,种子水分含量14%以下时及时入库。

天镇唐杏

登记证书编号：AGI00072

地域范围

天镇唐杏生产区域位于山西省大同市天镇县西部平川区，以东沙河村为主的南河堡全乡范围，地理坐标为东经114°02′12″~114°02′53″，北纬40°22′22″~40°23′01″。

品质特色

天镇唐杏果形圆润，果面黄色，硬脆爽口，口感细嫩，果实肉厚，丰味甘美，酸甜适口。天镇唐杏营养丰富，并有较高的药用价值。杏肉中含糖、蛋白质、钙、磷、胡萝卜素、B族维生素、维生素C、核黄素、烟酸等，营养丰富，并有较高的药用价值，深受人们喜爱。天镇唐杏按单果重量分级，单果重170克以上为一级，单果重150~170克为二级，单果重150克以下为三级。

人文历史

东沙河村有栽种果树的习惯，早在清末民初就有种植槟、沙果、杏、李子、葡萄等，种植杏树历史悠久。唐杏从20世纪80年代初开始在天镇县零星引进种植，以庭院种植为主；到20世纪末开始大面积种植，截至2014年，种植面积已发展到666.7公顷，成为晋北远近闻名的唐杏种植区。

生产特点

天镇县地处天阳盆地东部，南洋河南岸二级阶地上，北有马鞍山，南有孤峰山，东有丘陵区，形成北、东、南高，中间低的地形特征，地理环境独特。天镇唐杏种植区内土地平整，质地适中，土层深厚，土壤肥沃，土壤有机质在0.8%~1.1%，农民施肥水平也比较高，土壤养分能够满足唐杏生长发育的需求。该村地处季冯窑洪积扇中下游和三沙河古河道区域，属平川区松散岩类孔隙水区中冲积平原的浅埋弱中等富水区，地下水源丰富。天镇县属于半干旱温带大

陆性季风气候，10℃以上的年活动积温为2 829℃，无霜期为125天左右，年降水量为401毫米，6—9月降水量占全年降水量81%，气候特点是雨热同期，昼夜温差大（10~15℃），非常有利于唐杏的生长与糖分的积累。

天镇唐杏种植区选择在空气清新、光照充足、土层深厚、土壤肥沃，且能灌能排的地方。果园建在背风向阳，避开风口和山坡的凹地和槽谷地，以免花期受到晚霜危害。果树生长期间，适时灌溉，并根据其需要平衡施肥，以有机肥为主，辅以其他肥料，以施基肥为主，追肥为辅。天镇县地处高寒冷凉地区，病虫害发生极少，当地应用先进实用技术，加上当地老百姓积累的土防土治经验，多采用农业防治、生物防治、物理防治、设施防护等方式控制病虫害发生。杏果采收时要在采果篮垫上衬纸，同一棵树由上而下、由外而内、轻拿轻放、分期采收。

应县胡萝卜

登记证书编号：AGI00073

地域范围

应县胡萝卜产于山西省朔州市应县境内。应县位于山西省北部，东邻浑源县，西向平朔邻山阴县，北邻怀仁县，南毗繁峙县、代县，全县总面积1 708平方千米，地理坐标为东经112°58′~113°37′，北纬39°17′~39°45′。

品质特色

应县胡萝卜根型整齐均匀，尾部钝圆，光滑无分杈，色泽鲜艳，口感甜脆，品质佳，深受广大消费者青睐。

胡萝卜含有多种微量元素和蛋白质等人体所必需的大量物质，营养丰富，长期食用可以强身健体。

人文历史

应县胡萝卜发展历史悠久，党的十一届三中全会以来，应县人民深入开发了这一具有传统优势的产品，把种植胡萝卜作为农民致富奔小康的主导产业，不断发展生产条件，扩大种植面积，使胡萝卜生产实现了区域化种植，规模化经营。应县胡萝卜种植面积达30多万亩，年产胡萝卜约13亿千克，成为全国最大的胡萝卜生产基地。2001年，应县建成集食宿、娱乐、代办长途降温运输与包装、蔬菜检疫为一体的华北最大的蔬菜

批发市场——南河种蔬菜批发市场，被农业部指定为全国定点蔬菜批发市场之一。每年7月中旬，来自广东、湖南、湖北、河南、山东等省的货车涌进应县，收购应县胡萝卜。应县胡萝卜跨过长江，运到广州、上海、深圳、海南等地，并转口至新加坡、日本等国家，以及我国香港、澳门地区，在国内外市场上一展风采。

生产特点

应县大部分土壤为沙壤土，土层深厚肥沃，有利于胡萝卜生长。应县境内地表水总流量0.6亿立方米，地下水可开采量0.9亿立方米，地表径流主要来源于雨季洪水，

应县现有灌溉机井12 000眼，为农业生产提供了可靠保证。应县属北温带大陆性气候，受季节影响，四季分明，季风主要集中于冬春两季。年平均气温7.1℃，年平均降水量380毫米左右，一般7—9月降水量占全年总降水量的65%，年平均蒸发量为1 858.5毫米，霜冻期一般在9月下旬开始，解冻期一般在翌年4月下旬。优越的自然条件和地理环境极有利于胡萝卜的生长。

应县胡萝卜主栽品种有日本新黑田改良五寸人参、宝畸五寸人参，播种前土地要早耕多翻，碎土耙平，一般耕作深度在25~30厘米。产地施肥一般以基肥为主，基肥以腐熟的农家肥为主，并根据土壤肥力和生长状况及时追肥、浇水。产地实行轮作倒茬，清洁田园，加强中耕，降低病虫源数量，以提高产品的质量和产量。

交城梨枣

登记证书编号：AGI00074

地域范围

交城县隶属山西省吕梁市。交城犁枣分布于交城县中南部，吕梁山东侧，晋中盆地西部边缘地区，主要涉及交城县天宁镇、夏家营镇、西营镇、洪相乡、岭底乡、西社镇等地，地理坐标为东经111°17′~111°24′，北纬37°28′~37°54′。

品质特色

交城梨枣是中国稀有名贵鲜食优良枣品种，该产品营养丰富、肉厚质脆，汁多味甜、品质上乘、风味独特，平均单果重30克左右，最大单果可达85克，被世人誉为"天下第一枣"。

交城梨枣营养丰富，具有较高滋补药用价值和保健功能。梨枣中含有两种抗癌物质——硒和环磷酸腺苷，维生素C含量高，并含有能活血化瘀、软化血管、降脂、降压的芦丁，以及对人体有益的多种氨基酸，被誉为"枣中之王"，深受广大消费者的喜爱。

人文历史

交城梨枣享有盛誉，曾是国宴上的佳果，1990年为北京第十一届亚运会特供果品。交城梨枣在首届国际医药、营养、保健产品博览会上被评为"国际最高金奖"，并在多届中国国际农业博览会上被认定为"名牌产品"。

改革开放以来，山西省委、省政府特别重视交城梨枣的良种开发，李瑞环、宋平、宋健、陈俊生、邓楠等同志曾亲临交城县视察，都为开发梨枣作过批示，并把交城梨枣命名为"国枣"，宋平同志题词"开发国枣，大有

可为"。种植梨枣给农民带来了实实在在的经济效益，梨枣产业已成为交城县振兴农村经济，实现小康目标的支柱产业。

生产特点

交城县土壤表层有机质平均为1.37%，土壤肥力高，非常适合进行梨枣种植。梨枣树有抗旱、耐涝的特点，交城梨枣分布范围属文峪河流域，水质清洁无污染，灌溉条件良

好，土壤持水量60%~80%，适宜梨枣栽培。交城县属黄土高原大陆性气候，多旱少雨，年降水量400~680毫米，主要集中在7—9月，与梨枣生长季相符合；全年日照时数2741.8小时，10℃以上的年积温3700℃，光热充足；当地热量资源由东南向西北递降，山区温差较大，昼夜气温变化明显，有利于果树有效物质的积累。

交城梨枣种植区选择在土层深厚肥沃、通透性好、土壤有机质含量1%以上、pH值6.5~8.2的沙壤土地区，以地下水位3米以下、海拔高度1 200米以下的地区为宜。微风、小风可改变枣园温湿度，有利于结果和果实发育，但风力过大时，会造成风害，因此，建园时必须进行防风林带的营造，采用乔木和灌木结合的方式进行。建园时采用宽行密株方式，并营造防护林，适时调节枣园的温度和湿度。果树在春季和秋季均可栽植，以适当晚栽为宜，根据枣树生长需求适时浇水追肥。

鲜枣成熟期一般分为白熟期、半红期、脆熟期3个时期。白熟期果实的大小和形态基本形成，果皮颜色由绿转为绿白色，此时果实的糖分积累最快，维生素C的含量也不断增加，蜜枣加工原料适宜在该期采收。果皮着色面积达到50%以上，即进入半红期，此时糖分积累逐渐缓慢，风味和口感基本体现出该品种应有的特性，作为鲜枣贮藏，该期为适宜采收期。果面全部着色，并逐渐由浅红色变为深红色，糖分积累基本完成，维生素C的含量基本达到最大值，且果皮光滑、硬度、风味品质达到最佳状态，此时为鲜食枣和加工酒枣的适宜采收期。

孝义柿子

登记证书编号：AGI00106

地域范围

孝义柿子农产品地理标志地域保护范围为山西省孝义市境内5个乡镇（街道）所辖的11个自然村，包括高阳镇的寺家庄、崇原头，下栅乡的兴跃、坛果，东许街道的宜兴、真兴，兑镇镇新民、梁家原、南营、产树原，振兴街道的中辛安，地理坐标为东经111°21′~115°55′，北纬36°56′~37°18′。

品质特色

孝义柿子果形扁圆形，平均单果重大于89克，果皮光滑、洁净，呈橙黄和橙红色；果梗完整或统一剪除，果蒂和宿存萼片完整；果实汁多、味甜，含糖量大于11%，无籽。

人文历史

孝义柿子是孝义市的林业品牌，种植历史悠久，孝义市有关柿树种植记载始于明代。据记载，民国二十五年（1936年），孝义县有柿树10 947株。1963年，孝义县掀起大种柿树的热潮，主栽品种为牛心柿，产品畅销省内外。

生产特点

孝义柿子产地地形舒缓起伏，

土壤主要为沙壤土，土层深厚、肥沃、排水透气性良好，pH值6.5~7.8，有机质含量高，有利于柿树生长发育。孝义市属温带半干燥气候，年平均气温10.6℃，年平均降水量464毫米，无霜期190天，年平均日照时数2 734.6小时，光热充足，温度适宜，气候条件十分优越，是种植柿树的理想区域。

孝义柿子种植区选择在生态环境良好、土层深厚的沙壤土或轻黏土的平地，或向阳坡地（坡度小于10°）。种植品种选择适应当地环境条件、抗逆性好、较耐干旱的品种。生产过程中加强园地选择、栽植、栽培管理、科学施肥、节水灌溉、整形修剪、病虫害综合防治、果实采收、贮藏、脱涩等环节的管理。施肥以腐熟有机肥为主，复合肥为辅；病虫害防治以营林防治和物理防治为基础，生物防治为核心，科学合理综合应用营林、生物、物理、化学防治等措施。当果实已充分发育成熟，果皮呈品种特征颜色时，用采果剪自果梗部剪下，轻采轻放，防止损伤果实和母树。

应县青椒

登记证书编号：AGI00107

地域范围

应县青椒产于山西省朔州市应县境内。应县位于山西省北部，东邻浑源县，西邻山阴县，北邻怀仁县，南毗繁峙县、代县，地理坐标为东经112°58′~113°37′，北纬39°17′~39°45′。

品质特色

应县青椒个大肉厚、色泽鲜艳、清脆味美、营养丰富、耐贮易运、品质优，备受广大消费者的青睐，已成为闻名海内外的土特产品。应县青椒品种中，灯笼型中晚熟品种有中椒4号、中椒7号、屯玉9号、翠龙216号等；牛角型品种有谷雨大牛椒、凤凰城、星光118等；羊角型中晚熟品种有保加利亚羊角椒等。

人文历史

应县农业具有悠久的发展历史，早在尧舜时期，便有"尧传子耕"之说。尧王让其长子丹朱带着五谷、蔬菜种子从平阳来到长子这片沃土上开垦种植，精心栽培出了粮食、蔬菜，特别是收获的青椒（当时叫尖辣椒），口味奇特，嚼时"针扎"，

含时"锥刺",长期食用,健脾胃,增食欲,强身健脑,成为当时人们非常喜欢的一种蔬菜。

新中国成立后,应县青椒在继承传统种植的基础上,引用现代科学技术,不断改进栽培方法。党的十一届三中全会以来,应县人民把种植青椒作为农民致富奔小康的主导产业,不断改善生产条件,扩大种植面积,全县种植面积达20多万亩,年产青椒9亿多千克。每年7月中旬,应县青椒除了销往中国各大中城市,还销往新加坡、马来西亚、越南、泰国等国外市场。

生产特点

应县地处大同盆地南端,一分山二分川,境内南高北低,大部分土壤为沙壤土,土层深厚肥沃。应县属北温带大陆性气候,受季节影响,四季分明,年平均气温7.1℃,年平均降水量380毫米左右,7—9月降水量占全年总降水量的65%,年平均蒸发量为1858.5毫米,霜冻期一般在9月下旬开始,解冻期一般在次年4月下旬。独特的自然地理状况和气候条件形成了应县青椒独特的风味特征。

应县青椒产地要选择在地势高燥、交通方便、排灌好的地块建立苗床,采用改良阳畦,塑料小棚育苗设施,苗床施肥以腐熟有机肥为主。苗期以控水控肥为主,结合苗情追促苗肥,秧苗6~7片叶时即可定植。当果皮变绿色,较坚硬且皮色光亮时,即可采收,尤其是门椒采摘应早,防止影响上层果实膨大。露地栽培必须在初霜前采收完毕。

柳林红枣

登记证书编号：AGI00212

地域范围

柳林红枣产于山西省吕梁市柳林县，产区主要涉及柳林县王家沟乡、孟门镇、成家庄镇、贾家垣乡、石西乡、薛村镇、穆村镇、柳林镇、庄上镇、李家湾乡、陈家湾乡、高家沟乡、三交镇、金家庄乡、留誉镇的257个行政村，地理坐标为东经110°39′45″~111°05′33″，北纬37°08′00″~37°37′28″。

品质特色

柳林红枣色鲜、肉厚、核小、糖分大、味甘美、耐贮藏。鲜果脆而可口，甜中含酸，肉如油，糖丝长亮，醇香沁心。柳林红枣分4个等级，特等枣的标准单果重在28克以上，果实纵横径5.2厘米×3.6厘米；一等枣单果重量23~27.9克，果实纵横径4.5厘米×3.1厘米；二等枣单果重量18~22.9克，果实纵横径4.4厘米×2.7厘米；三等枣单果重量13~17.9克，果实纵横径4.1厘米×2.6厘米。单果重不足13克的柳林红枣为等外枣。

柳林红枣营养丰富，富含人体所需要的氨基酸和多种矿物质、维生素，有保健美容、滋补养生的天然功效，深受人们的欢迎。

人文历史

柳林红枣发展历史悠久，据《永宁州志》记载，明万历年间（1573—1620年）"青龙枣交易甚广，以其个大、核小、肉厚、色鲜、味美、汁甜而闻名遐迩"。柳林素称"红枣之乡"，主产品种木枣名列全国八大名枣之一。

1981年秋，山西省红枣会议在柳林县召开。以李连昌、张沛生为首的70多位专家学者、工程师、农艺师对山西省

近百个红枣品种进行密封不记名评定,考核了色泽、果型、风味、肉质、枣核5个项目,总分为500分。柳林木枣得分466分,与稷山板枣并列全省第一;柳林牙枣得分442.25分,列第16名。

生产特点

柳林县属黄土高原地形特征,平均海拔815米,其海拔高度随基岩倾斜方向由东向西递减,基岩东北高西南低,柳林红枣种植区土壤表层有机质平均为1.37%,土壤肥沃。柳林县地表径流由东向西递增,地下水多以泉水出露,通过河沟排出,为柳林红枣生长提供了水源。柳林县属暖温带大陆性季风气候区,年均日照时数2 449.5小时,年平均气温10.5℃,年平均降水量为472.3毫米,无霜期平均为199天,光照充足,水热丰富,气候条件优越,是种植柳林红枣的理想区域。

柳林红枣种植基地选择在土层深厚、富含矿物养分、pH值7.5~8.2、排水良好、地势向阳的地块。种植品种以柳林优质木母枣、优质木枣、柳林牙枣为主,其次为相枣、金昌一号、柳林团枣等。根据枣树生育规律,每年春秋两季耕翻土地,结合施肥,基肥品种以优质有机肥、化肥、复混肥等为主。有浇水条件的枣园一般年份应进行4次灌水,分别在萌芽前、盛花期、果实膨大期、土壤封冻前。果树修剪分冬剪和夏剪,有利于保证树形结构、提高产品数量和质量。果实采收期以70%~80%半红为宜,以人工手摘为主,轻拿轻放。采高处枣果时,可振动枣树使其落下,用布包、床单等接果。

晋祠大米

登记证书编号：AGI00213

地域范围

晋祠大米产于山西省太原市晋源区，地域范围包括晋源区晋祠镇的王郭村、小站村、小站营村、南大寺村、北大寺村、长巷村、晋祠村、南张村、新庄村、东庄村、三家村、万花堡村、五府营村、古城营村、东街村、南街村、西街村、庞家寨村、南瓦窑村、北瓦窑村、北庄头村，共21个行政村，地理坐标为东经112°25′54″~112°28′16″，北纬37°38′57″~37°45′11″。

品质特色

晋祠大米颗粒大而饱满，质色稍褐而透明，性软而韧，做出的米饭颗粒分明，香气扑鼻，吃起来清香爽口，味香甜，有韧性，有黏性，有嚼头，做饭时即使连蒸几次，仍然粒粒分明。

晋祠大米营养价值高，含有丰富的对人体有利的成分，其蛋白质含量8.99%，磷含量0.15%，硒含量4毫克/千克，维生素B_1含量1.6毫克/千克，深受广大消费者的欢迎。

人文历史

晋祠大米栽培历史悠久，至今已有1 400多年的发展历史，是晋祠镇生产的独特品种，素有"七蒸不烂"之说。晋祠大米在清代曾长期作为贡品，古人曾描述晋祠大米"米洁白纤长，味殊精美"。宋代范仲淹的诗句"神哉叔虞庙，地胜出佳泉。千家溉禾稻，满目江乡田"，描绘了晋祠稻田当年生产的盛大景象；北宋诗人欧阳修也用"晋水今人并州里，稻花漠漠浇平田"的诗句盛赞晋水之美、稻米之佳；清代许荣赞美晋祠大米"晋水源流汾水曲，荷花世界稻花香"。

生产特点

晋源区位于太原盆地的西部边缘，北为晋阳湖，西为山前冲洪积扇，东为汾河一级阶地，地貌类型为冲积平原，地形平坦开阔，属井水灌溉区。晋祠大米产区内土壤90%为褐土或潮土，土壤pH

值7.0~7.8，能排能灌。晋源区境内河流只有汾河，地下水为孔隙潜水，地下水位埋深0.8~2.8米，地下水的补给主要以天然降水为主，同时接受西部山前洪积扇地下水的侧向补给，地下水量充沛，水质优良。晋源区位于干旱半干旱地区，四季分明，属典型的大陆性季风气候，年降水量500毫米左右，多集中于7—9月，年平均气温6.9℃，年平均日照时数2 792.4小时，无霜期186天左右，初霜期出现在9月下旬，水稻始穗期—齐穗期—成熟期昼夜温差较大，有利于水稻有效物质的积累。

晋祠大米适宜种植于能排能灌的褐土或潮土地区，以晋稻7号、晋稻8号、晋稻9号为主栽品种。产地施肥以无公害肥料为主，辅以其他肥料；以施基肥为主，追肥为辅，满足晋祠大米生长需求。

隆化小米

登记证书编号：AGI00214

地域范围

隆化小米农产品地理标志保护区域为山西省临汾市翼城县隆化镇。隆化镇地处临汾市翼城县东部，东与晋城市沁水县相连，南与本县的桥上镇相望，北与本县浇底乡接壤，全镇共辖28个行政村，地理坐标为东经110°33′58″~112°03′09″，北纬35°23′12″~35°51′42″。

品质特色

隆化小米生产周期长，利于干物质积累，形成了其色泽金亮、浆大醇香、入口柔润、米汁香浓黏稠、口味醇香的独特品质。隆化小米富含人体极易吸收的营养成分，其中，维生素C含量27.5毫克/千克，维生素E含量29.54毫克/千克，蛋白质含量10.5%，深受消费者喜爱。

人文历史

隆化小米历史悠久，品质优良，久负盛名。相传尧帝东渡，曾在隆化地区的石门河岸边（今尧都村）建立行都，御厨用当地的薄皮砂锅和小米煮制贡膳小米粥，尧食后赞不绝口，之后便把隆化小米列为贡品，声誉久传不衰。到了明朝，因孝定皇太后李氏（1546—1614年）是翼城人，一生喜食隆化小米粥，也使隆化小米在宫廷的美誉度达到了鼎盛，并

名扬三晋，乃至全国和东南亚一带。

生产特点

隆化镇位于翼城县佛爷山脚下的半山区丘陵地带，属太行山脉中条山麓，平均海拔800~1 300米，主要地形地貌可分为山水、沟壑和丘陵3种，土质多为深褐色黏性，土壤pH值为6.5~7.5，土质有机质养分较高，保水保肥性能好，宜植性广，加上当地群众素有使用农家肥作底肥的耕作习惯，所以该区域已被山西省列入太岳山优势小米生产带。隆化镇境内拥有辽寨河、中王河、卫家河和石门河等河流，地下水源存储深度在180米以上，水

资源较为丰富。隆化镇属于亚热带季风气候，无霜期在180天以上，0℃以上的年积温3 500~4 000℃，农作物生长期昼夜温差大于10℃，年日照时数大于2 400小时，年降水量为400~570毫米，空气相对湿度为58%。

谷子耐瘠薄、耐干旱，适应性广，对地块的要求不高，坡地或梯田均可，对土壤要求不严，一般选择地势平坦、保水保肥、排水良好、肥力中等的地块，避免选择重茬地块。隆化小米品种采用外观品质好、内在营养含量高的晋谷21号、晋谷34号、晋谷35号、晋谷36号。生产过程严格执行相关技术规程，当谷壳变为品种固有色泽，籽粒变硬，成熟"断青"就要及时收获、晾晒，经筛选—碾米—精选—包装等工艺流程加工成隆化小米成品。

古县核桃

登记证书编号：AGI00215

地域范围

古县位于山西省临汾市东北部霍山脚下，辖岳阳、北平、古阳、旧县等7个乡镇。古县核桃地域保护区域面积20 000公顷，地理坐标为东经111°48′~112°12′，北纬36°02′~36°36′。

品质特色

古县核桃个大、性绵、仁肥、味香、品质好、壳薄；平均单果重9克，最大15.1克，壳厚1.22毫米以下；易取整仁，出仁率56.7%以上；果仁饱满，色黄白，涩味淡；壳面洁净，缝合线紧密，无露仁。

古县核桃富含磷、钙、镁、铁、锌等矿物质元素及多种维生素，核桃仁含脂肪60%~70%，多为不饱合脂肪酸，蛋白质含量在15%以上，营养丰富，深受广大消费者喜爱。

人文历史

古县核桃种植历史悠久，始于西汉，盛于当代，迄今已有2 000多年的历史。据清雍正辛亥年（1731年）知县赵温主编的《岳阳县志》记载："邑西北诸乡晋产（核桃）……每当秋成，他乡自贩者，往来不绝焉。"久远的栽培历史，也积累了丰富的文化，古县用核

桃命名的村庄多达 8 个。古县境内山西省闻名的核桃王树高 21.8 米，树龄 300 多岁，如今仍枝繁叶茂，每年核桃产量 100 千克左右。

新中国成立以后，古县各级政府开始重视核桃的发展，在全县发展核桃林。核桃生产在县域经济中占重要地位，发展极为迅速。目前古县核桃人均种植面积、株数、产量位于山西省第一名。

生产特点

古县土壤主要为棕壤、褐土、草甸土，全县土壤有机质含量 1.3%，土壤 pH 值 7.5~8.3，特别适宜发展核桃经济林。古县境内河流按集水区域划分，可分涧河、蔺河、蔡子河和刘垣河 4 条水系，水资源十分丰富。古县属于暖温带大陆性季风气候，冬季寒冷少雪，春季干旱多风，夏季炎热多雨，秋季秋高气爽，10℃以上年积温为 3 567.8℃，无霜期 163 天，全年日照时数 2 535.1 小时，年均降水量为 558.5 毫米，7—8 月降水量占全年降水量的一半以上。优越的自然条件和地理环境极有利于古县核桃发展。

古县核桃种植区主要选择在土层深厚、保水和透气良好、土壤含盐量低于 0.25% 的沙壤土、轻壤土和中壤土地块。种植品种以晋龙 1 号、晋龙 2 号、辽核 4 号、中林 3 号、绵核桃等为主。果园管理过程中注意园地规划、砧木培育、平衡施肥与配方施肥相结合、节水灌溉、整形修剪、病虫害防治、果实采收、贮藏等环节。果实成熟期多在 9 月上中旬，当核桃的总苞（青皮）变成黄绿色、部分果实顶部出现裂缝、容易剥离时，进行采收。

吉县苹果

登记证书编号：AGI00216

地域范围

吉县苹果地理标志保护范围为山西省临汾市吉县所辖的吉昌镇、壶口镇、屯里镇、中垛乡、车城乡、东城乡、文城乡、柏山寺乡共8个乡镇，涉及79个行政村，地理坐标为东经110°07′20″~110°27′30″，北纬35°53′10″~36°23′02″，保护区域总面积177 726公顷。

品质特色

吉县苹果为大型果，平均单果重200~280克，最大单果重可达500克；果实多为圆形，果形指数0.8左右；果形端正高桩、果实大、底色黄、着色鲜艳浓红、果肉白色、口感香脆甜爽、汁液多、甜酸适口、果面光洁细腻。果实大小一等品率80%以上，果实表面颜色一等品率90%以上。

吉县苹果品质佳，营养丰富，果实可溶性固形物含量为15.3%~16.0%，酸含量为0.2%~0.4%，果实硬度84~107牛顿/平方厘米。

人文历史

吉县历史悠久，人杰地灵，2万年前就留下了我们祖先农耕的足迹，2 600年前就有了建制。吉县是传统的苹果种植县，据《吉县县志》记载，远在商代以前，这里就栽植果树。

新中国成立以后，吉县引进优种苹果开展生产，产品远销国内外。

1989年，吉县苹果在山西省优质苹果鉴评会及农业部优质水果鉴评会上获得苹果唯一金奖；1993年在山西省首届农业博览会上获得金奖。

生产特点

吉县位于黄河中游的黄土残垣沟壑地区，除西部黄河岸海拔在440米左右外，大部分地区海拔在800~1 400米，最高海拔为1 820米。土壤为沙质土壤，土层深厚，富含有机质，土壤pH值为7.8左右，有机含量在1%~2.3%，非常适合苹果生长。吉县境内有大小河流35条，泉眼294处，水质好。吉县地处我国中纬度温带大陆性气候区，

四季分明，昼夜温差大，平均气温介于6.0~11.4℃，无霜期172天，年平均日照时数2 563.8小时，年平均降水量579毫米，且集中在夏季，雨热同期，对苹果生产十分有利。

吉县苹果种植以红富士、藤牧一号、美国八号、嘎拉优系、凉香、红王将等中早熟品种为主。果园管理过程中以秋施基肥为主，结合花前、花后、幼果膨大期等物候期灌水时适量追肥，根据树体营养诊断适量施用微量元素。果树花期采用蜜蜂、壁蜂和人工授粉，谢花后10天开始疏果，1个月内结束；苹果谢花后30~40天开始套用纸袋，果实采收前7~10天去袋，摘袋后立即在树冠下铺设反光膜，增强冠内下层反射光照，提高果实着色度。适期采收，采摘时轻拿轻放，避免碰压刺伤。

官滩枣

登记证书编号：AGI00217

地域范围

官滩枣产地位于山西省临汾市襄汾县东南角的汾河下游两岸，主要涉及新城镇的官滩村、柴庄村、蒙亨村、伯玉村、伯社村、曲里村、丁村、敬村、柴寺村、陈郭村，南贾镇的万王村、裴村、苍头村、下鲁村、上鲁村、东刘村、下尉村、大柴村，共2个镇18个行政村，地理坐标为东经111°21′~115°55′，北纬35°56′~37°18′。

品质特色

官滩枣鲜枣长圆柱形，干枣深红色，有亮光；果肉厚，绿白色，肉质致密，味甜、汁少，果肉拉开可见糖丝，平均果重11克。

干枣含糖65%以上，肉质金黄，拉开可见糖丝，丝长不易断，有糖香味，品质上等。

人文历史

官滩枣是襄汾县的农业三大品牌之一，因其原产地在襄汾县官滩村而得名，该村位于汾河下游东岸，古为镇守汾河官员居住地之一，故有此村名。民间称枣为铁秆庄稼，历代镇守官兵为应灾年所需，连年栽植枣树，形成了枣林。官滩枣的栽培距今已有800年的历史，据道光五年（1825年）《太平县志》记载："枣，有晋枣之名，多食易齿黄，旧志，太平宜枣，其树盈野，居人有半年粮之谣。"

1997年，在山西省首届

干果经济林产品评奖展销会上,官滩枣被认定为"山西省十大名枣"之一;2001年,临汾市启动平川"121"工程后,襄汾县委、县政府抓住有利时机,掀起种植官滩枣的热潮,截至2008年,全县适宜官滩枣生长的乡村有枣树15万株,年产量达到1 500吨。

生产特点

官滩枣产地地形为中间低、向东西两侧呈阶梯状排列,自然条件优越,土壤主要为沙壤土,土层深厚肥沃,排水透气性良好,pH值6.8~7.5,表层有机质含量7.12克/千克,微量元素丰富,有利于枣树生长。境内气候属暖温带大陆型气候,年均气温12.4℃,年平均降水量550毫米,无霜期205天,年平均日照时数2 397小时以上,优越的气候条件十分适宜官滩枣的生长。

枣树园地宜选择生态环境良好的平地或坡度小于10°的阳坡。在秋季枣果采收后至土壤封冻前,枣园行间和树盘要进行耕翻,使土壤疏松和熟化,改善土壤理化性状,提高土壤吸水和保水能力,有利于冬季积雪,减少和消灭部分土壤中的越冬害虫。在枣树生长期间,降水和灌溉以后,要及时中耕松土保墒和清除杂草,一般全年中耕除草4~5次,使土壤经常保持疏松和无杂草状态。此外,根据枣树的生长规律,及时合理地灌水和施肥,施肥以腐熟有机肥为主,以保证枣树健康成长。9月中下旬,当果实已充分发育成熟,果皮呈品种特有深红色时,用竹竿人工振落或手工采摘方式采收。

寿阳小米

登记证书编号：AGI00218

地域范围

寿阳小米产于山西省晋中市寿阳县，寿阳县地处山西省东部，太行山西麓，晋中腹地，潇河中上游。寿阳小米农产品地理标志保护范围为寿阳县的尹灵芝镇、朝阳镇、马首乡、景尚乡、上湖乡、羊头崖乡、西洛镇、松塔镇一带山区8个乡镇，涉及104个自然村，地理坐标为东经112°46′~113°28′，北纬37°32′~38°05′。

品质特色

寿阳小米的主要原料品种是晋谷21号，该品种单秆穗大，中晚熟，穗长34.6厘米，长立锤形，小穗较长，刺毛短，单穗重21.72克，千粒重3.54克；可抗粟瘟病，对白发病免疫。晋谷21号系白谷黄米，其米黄度大，适口性好。

寿阳小米金黄透亮，圆润饱满，口感绵甜，黏糯爽口，清香四溢，蒸煮皆宜，酿酒清香；寿阳小米煮粥，熟前满屋飘香，熟后黏碗挂锅，上面漂油，品之滑腻味甘，舒心润腹。寿阳小米品质优良，营养丰富，富含蛋白质、多种维生素，以及锌、锰等矿物质元素，有利于人体健康，深受广大消费者欢迎。

人文历史

清朝年间，官居军机大臣的寿阳籍三代帝王师祁寯藻陪同咸丰皇帝出游，一路暑热难耐，行路坎坷。来到寿阳神蝠山，顿觉清爽宜人，夜间，祁寯藻吩咐当地乡民用神

蝠山黄龙泉水、寿阳小米、方山绿豆,为皇上煮粥消暑。侍者将粥奉上,咸丰皇帝见米粒金黄透亮,绿豆晶莹鲜嫩,米汁清香可口,品尝之后,通体舒畅,脑清神爽,连声称赞,遂赐诗一首,并将寿阳小米定为"祁乡贡米",每年敬献皇宫。

寿阳县是一个农业大县,其中以谷子为主的杂粮种植面积占全县耕地面积的1/3,农村人口占全县总人口的70%以上。近年来,寿阳小米产业在政府的支持下发展迅速,产品逐渐占据华北市场,并逐步向南方城市延伸。寿阳小米产品曾荣获第三届、第四届中国国际农产品交易会畅销产品奖。

生产特点

寿阳县属晋中盆地东北边缘的一个黄土丘陵山地,四周石山环绕,东北部偏高,西南部倾斜偏低,平均海拔1 300米,基本地形为丘陵山地。土壤以山地褐土、草甸土两种类型为主,土层深厚,富含有机质,非常适宜谷子生长。寿阳县各河流分属黄河流域和海河流域,拥有水资源总量11 928万立方米,水资源较充足。寿阳县属于温带大陆性季风气候,冬寒干旱而漫长,夏短而凉爽,春秋不太明显,春季多风沙天气,年平均气温7.6℃,年平均降水量为475.6毫米,雨热同季,全年日照时数平均为2 606.9小时,无霜期平均为143天,独特的气候条件有利于谷子生长。

寿阳小米品种以晋谷21号、晋谷29号为主。生产过程严格执行相关标准。一般在4月下旬适期播种,采用条播。生产中注意平衡施肥、适期间苗、结合定苗中耕除草、加强病虫害防治。谷子在蜡熟末期或晚熟初期籽粒变硬,成熟"断青"时及时收获、脱粒、晾晒、入库。

沁水黑木耳

登记证书编号：AGI00219

地域范围

沁水黑木耳农产品地理标志保护区域为山西省晋城市沁水县的中村镇、土沃乡、张村乡、龙港镇、樊村河乡、苏庄乡、郑庄镇、端氏镇、加丰镇、郑村镇、胡底乡、固县乡、十里乡、柿庄镇14个乡镇，涉及251个行政村，地理坐标为东经112°47′~115°55′，北纬35°24′~36°04′，保护范围面积1 170平方千米。

品质特色

沁水黑木耳正面黑褐色，有光泽，耳背面暗灰色；形如"燕"、状如"飞"，耳片完整，不能通过直径3厘米的筛眼；耳片厚度不小于1毫米，具有该区域黑木耳特有的气味。

沁水黑木耳是一种高级胶质食用菌，含有较为全面的营养成分，富含蛋白质、多种维生素，以及钾、镁、钙、铁等，尤其是铁的含量比其他菌类高很多，可作为贫血的辅助治疗食品，具有补气益智、补血活血、护肤美容、滋阴润燥、养胃润肠等功效，深受广大消费者的喜爱。

人文历史

沁水县是黄河中下游农耕文化的发祥地之一，黑木耳采收历史悠久，自古以来被人们称为"山珍"。沁水黑木耳的采收和产区的保护早已受到当地政府的高度重视，并对产地进行持续、保护性开发，当地人民也把产地环境保护、资源保护作为自己义不容辞的责任。林业管理部门还把该区域划为国家原始森林自然保护区来重点保护。2007年，沁水野生黑木耳被山西省列为"山西省名优农产品"。

生产特点

沁水县地势西北高，东南低，四周群山环绕，境内山多林密，山峦重叠，沟壑纵横，高低悬殊，丘陵平川相间。全县水资源总量高达9.88亿立方米，是山西省的富水区，森林也储藏了丰富的水源，为调节气候、保持水土、保护植被、增加森林自繁能力提供了得天独厚的条件。沁河为沁水县的主要河流，河水流量较大，河两岸地势平坦，土壤肥沃，为全县主要农作区，宜林区遍布全县，为黑木耳提供了良好的生长环境。沁水县属典型的暖温带半干旱大陆季风气候，年气温平均在10.3℃左右，年平均日照时数2 629.9小时，年均降水量643.7毫米，霜冻期为10月上旬至翌年4月上旬，无霜期173天，日照充足，空气优良，是森林生长的风水宝地，为黑木耳生长提供了优越的环境。

黑木耳生于朽木上，树种选择有壳斗科的栓皮栎、柞栎、麻栎、青冈，金缕梅科的枫树等，通常树龄5~15年、直径在6~14厘米的朽木较适合黑木耳生长。黑木耳对营养、温度、水分、空气、光线和pH值等的生长条件均有严格的要求。沁水黑木耳品种选择上海市农业科学院食用菌研究所培育的沪耳3号、沪耳5号，黑木耳产地选择在空气流通速度较慢、靠近水源、湿度大、杂草少、群山环绕的山坳地区，坡度以30°以下的缓坡为宜，地表要求为沙石土地面；若气候干旱、不具备浇水条件的地方，地表最好选择沙壤土，这种土壤能保持水分，提高环境的相对湿度，有利于木耳生长。沁水黑木耳接种时间一般在2—3月，此时气温通常是8~10℃。接种方法有木块菌种和木屑菌种两个类型。

木耳的耳片充分展开，开始收边，颜色由深变浅，腹面产生白色的孢子粉，肉质肥厚，耳根收缩、变细，触动木耳时可看出耳片颤动，就说明已成熟，要及时采收。采收下来的黑木耳，必须及时放在晒席上或铺有塑料窗纱的木框内，置烈日下1~2天即可晒干，雨天采收的黑木耳必须及时烘干。

右玉羊肉

登记证书编号：AGI00344

地域范围

右玉羊肉地理标志产品保护范围为山西省朔州市右玉县境内的新城镇、右卫镇、威远镇、李达窑乡、杨千河乡、牛心乡、高家堡乡、白头里乡、元堡镇、丁家窑乡10个乡镇，涉及321个行政村，地理坐标为东经112°06′~112°38′，北纬39°41′~40°17′。

品质特色

右玉肉羊分布广、数量多，具有生命力强、善游牧、耐旱、耐寒等特点，并具有较好的产肉脂性能。右玉羊肉品质佳，肌肉细致柔嫩，肉块紧凑美观，肌肉间的脂肪含量高，脂肪分布均匀，呈大理石状。胴体倒挂起来，后腿之间呈"U"形，肌肉丰满，眼肌面积大，体表脂肪覆盖不厚但较均匀。右玉羊肉煮沸后肉汤透明澄清，脂肪具有清香味，食之不腻。

右玉羊肉pH值为5.5，水分含量为63.6%，粗蛋白质、钾、镁、锌等营养成分含量较高，具有很高的营养价值。

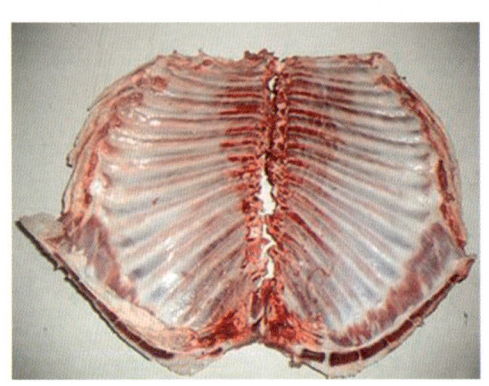

人文历史

右玉羊肉始于秦汉，距今至少有2 000年的历史。据《史记》记载，早在秦汉之际，班婕妤的先祖班壹就迁居到这一带，牛羊数以千群，是举国闻名的富豪。清初，康熙皇帝亲率八路大军平叛准噶尔部首领噶尔丹，以右玉县杀虎口作为大本营。一次战役中，因时间紧

迫,厨师用刀把右玉羊肉削片,水煮蘸盐就食,康熙及西路军大饱口福,赞不绝口。康熙西征大捷,右玉羊肉功不可没,后人据此发明了羊肉火锅。

新中国成立以来,右玉肉羊一直是右玉县固有优势畜种,是当地农民收入的重要来源。2000年,右玉县被山西省委、省政府确定为雁门关生态畜牧经济区30县之一,近年来右玉县又成为山西省优势农产品(肉羊)示范基地县之一,右玉肉羊进入了全新快速发展时期。

生产特点

右玉羊肉产区土壤类型为山地草甸土、栗钙土、草甸土、风沙土四大类,地貌以黄土丘陵缓坡区为主。右玉县野生牧草有菊科牧草、豆科牧草、禾本科牧草,优质牧草主要有醋柳、小叶锦鸡儿、蒲公英、知母、山野豌豆、甘草、黄芪、野柴胡等,为右玉肉羊养殖提供了充足的饲料。右玉羊肉产区内常年性河流主要有苍头河和元子河,水资源丰富,水质好。右玉县属于中温带季风环流控制范围,具有半干旱气候的特征,无霜期110~130天,年平均日照时数为2 929.6小时,年平均降水量为437.2毫米,年平均相对湿度59%,优越的地理环境和气候条件非常适合肉羊养殖业发展。

右玉羊为耐寒、耐粗、宜牧、小脂尾型、肉质优良的绵羊品种。当地农民重视肉羊的选种选育,坚持自繁自养,不近亲杂交,确保了本品种特有遗传性能的稳定。右玉肉羊饲养保持着纯天然的牧羊方式,确保原材料的纯正;冬春季节,酌情对羊进行补饲,补饲饲料以当地农副产品为主。4月龄以上羔羊体重达25千克以上,成年公羊体重65千克以上,成年母羊体重50千克以上,即达到屠宰标准。

榆社洋槐蜜

登记证书编号：AGI00345

地域范围

榆社县地处太行山西麓，位于山西省晋中市东南部，辖4镇5乡，涉及182个自然村。榆社洋槐蜜产地范围几乎遍及全县，东到箕城镇红崖头，西到河峪乡雾云山，南到郝北镇吴家庄，北到社城镇大牛村，地理坐标为东经112°08′~113°12′，北纬36°51′~37°24′。

品质特色

榆社洋槐蜜在常温下呈水白色、流体状，清澈透明，半结晶、结晶后为乳白状，色泽鲜亮、别具一格、口感甜润、清香可口、有洋槐花淡雅香味。

洋槐花含有丰富的蛋白质、脂肪、糖、维生素、矿物质、刀豆酸、黄酮类等；槐花可鲜食、炒菜、做馅，民间还以槐花制作药膳，理疗多种疑难杂症；槐花入肝经，具有消炎抗菌、消水肿、抗溃疡、降血压、防止动脉硬化的作用，还可预防中风。而洋槐蜜是槐花中的精品，营养成分非常丰富，深受人们的喜爱。

人文历史

榆社县作为"华夏文明之巢"，早在100万年前旧石器时代就有人类活动。商朝时榆社是商纣王叔父太师箕子的城邑，名箕城。据县志记载，当时榆社四周梁峁连绵，古树参天，郁郁葱葱，其中就有洋槐。我们的先人不仅在这里劳作，还学会养蜂采蜜，殷墟中出土的甲骨文中就有"蜂""蜜"二字，"太师献蜜"典故就发生在这一时期。相传公元前1067年春夏之交，箕子在古榆州游猎

（榆社县当时叫榆州），将得来的半陶盆甜液献给纣王，纣王吃后称赞道：榆州这种蜜清澈透明，色鲜味美，真是人间神液啊！榆社洋槐蜜从此就成为历代皇宫贡品。

近年来榆社县大力实施退耕还林、荒山绿化，种植洋槐20万亩，不仅保护了生态平衡，而且为养蜂业发展创造了条件。目前，榆社县养蜂户达到200多户，蜂箱总数2 600余箱，年产榆社洋槐蜜500多吨。榆社洋槐蜜已占领了山西省大部分市场，并远销广州、上海、北京等地。

生产特点

榆社县属典型的土石山区，91%的地形为丘陵山地，四面环山，土壤为山地褐土、草甸土两种类型，土壤呈弱碱性，土层深厚，养分较高，非常适宜洋槐生长。榆社县境内水资源总量达1.42亿立方米，水资源比较丰富。榆社县属暖温带大陆性季风气候，春季多风少雨，降水集中在夏季，雨热同季，光照充足，季度温差、昼夜温差较大，有利于洋槐营养的积聚。

榆社洋槐蜜的蜜蜂采蜜区域是云竹湖海金山，讲堂乡杨家脑、河峪乡悟云山、社城镇石源山、箕城镇黑神山、云竹镇和平宁家沟山、郝北镇东方山。严禁非有机养蜂户进入区域放蜂，严禁采蜜区周围施用农药、化肥，保证榆社洋槐蜜源区不受任何污染。榆社洋槐蜜加工以过滤为主，一般经粗滤、细滤、精滤3个工段在全封闭下一次性完成，然后进入无菌灌装车间进行灌装、包装。

西回小米

登记证书编号：AGI00437

地域范围

西回小米产区位于山西省阳泉市平定县东部，地处艾山山脉，农产品地理标志保护范围为平定县东回镇的42个村，保护面积22 356公顷，地理坐标为东经113°47′05″~114°02′41″，北纬37°39′59″~37°50′53″。

品质特色

西回小米米粒饱满，颗粒圆润，色泽金黄，光鲜如珠，千粒重3.1克。西回小米用来熬粥，粥色泽金黄、清香可口、营养丰富、老少咸宜。

西回小米品质优良、营养丰富，富含蛋白质、膳食纤维，以及锌、锰等矿物质元素，有益于人们的身体健康，深受广大消费者的欢迎。

人文历史

西回古名西丹廻，位于平定县东部，土地肥沃，是典型的农业耕作区，西回小米种植历史悠久。相传北宋年间，西丹廻村崔氏成为皇后，使西回小米成为皇家的必备食品，皇帝品尝过西回小米粥后称为佳品，赐名"金皇后贡米"。中国北方历来将皇室贡品称为"皇纲"，从此西丹廻村在正月就有了"抬皇纲"的民间表演，由彪悍后生声势浩大地抬着贡品西回小米向皇家进献，这

一风俗延续至今。明清两朝，西回小米也作为秋粮进贡朝廷，《平定州志》有清光绪年因灾"恩诏蠲免本年秋粮、来年春粮"的记载。

生产特点

西回小米生产地域地处山区，地净田洁，南部为耕作、非耕作黄土质山地褐土，北部为耕作黄土质淡褐土性土及部分耕作红黄土质淡褐土性土，土壤有机质含量平均在1.78%，自然肥力较高，特别适合谷子生长。西回小米生产地域属平定县岭南河流域，岭南河为季节性河流，流域降水均匀，年降水量600毫米左右，为谷子生长提供了可靠的保证。当地属暖温带大陆性季风气候，冬冷夏热，四季分明，干旱缺水，光照充足，10℃以上的年积温4 500℃，无霜期130~186天，降水主要集中于7—9月，雨热同季，非常适合谷子生长。

谷子适应性广，对土壤要求不严，对光温条件反应敏感，属于短日照喜温作物。西回小米产地选择在地势平坦、排水良好、保水保肥、肥力中等的地块，避免选择重迎茬地块。种植品种以适合当地栽培的晋谷21号、长谷5号等为主。一般4月25日至5月10日，当土壤5~10厘米耕层温度稳定通过10℃时，为最佳播种期；产地施肥以有机肥为主，并适时追水追肥，满足其生长需求。西回小米一般在蜡熟末期或完熟期收获。

沁州南瓜籽

登记证书编号：AGI00438

地域范围

沁县（古称沁州）位于山西省长治市北部、太行山和太岳山之间。沁州南瓜籽产于沁县，保护范围包括新店镇、定昌镇、郭村镇、漳源镇、牛寺乡、松村乡6个乡镇，涉及162个村，地理坐标为东经112°26′06″~112°41′10″，北纬36°35′20″~36°42′34″。

品质特色

南瓜籽呈扁椭圆形，一端较长，外表浅黄、淡白色，边缘稍有棱，长约1.2~2.0厘米，宽0.6~1.2厘米，表面稍有茸毛；种仁整体肉厚，味道鲜美，色灰绿，清香味浓，回味绵长。

沁州南瓜籽品质优良，营养丰富，其中，蛋白质含量35.5%，钾含量6 430毫克/千克，镁含量4 680毫克/千克，铁含量83.2毫克/千克，锌含量65.7毫克/千克，铜元素含量14.7毫克/千克，硒含量0.097毫克/千克。

人文历史

沁州南瓜籽发展历史悠久，相传，清朝大学士兼刑部尚书吴典回家探亲返京时，挑选上好的沁州南瓜籽进贡康熙，康熙吃后十分高兴，便欣然写道："沁州三件宝：核桃、瓜籽、吴阁老。"从此，沁州南瓜籽就成了沁县的三大宝之一。沁县人喜欢每天吃上50克左右的南瓜籽。由于前列腺的分泌激素功能要依靠脂肪酸，而沁州南瓜籽就富含脂肪酸，吃南瓜籽可使前列腺保持良好功能；

另外，它所含的活性成分可消除前列腺炎初期的肿胀，同时还有预防前列腺癌的作用。

生产特点

沁县地貌属丘陵山区，县境土壤可划分为褐土和草甸土两个土类，褐土是境内主要土壤类型，土壤有机质含量在2.4%以上，土壤pH值7.5~9.3，特别适宜独具特色的沁州南瓜籽的生长。沁县境内拥有大小河流17条，中小型水库14座，以及漳河泉、王后泉、元王泉、申则泉等泉水，全是源头活水，没有过境水，水源十分丰富，且水质优良。沁县属于暖

温带大陆性气候，冬季寒冷少雪，春季干旱多风，夏季热而多雨，秋季有时涝有时旱。10℃以上年积温为3 567.8℃，全年日照时数2 478.9小时，无霜期182天，年平均降水量为554.9毫米，7—8月的降水量占全年降水量的一半以上，有利于南瓜籽营养成分的积累。

沁州南瓜籽种植在地势通风向阳、排水良好、土壤肥沃、日照时间长的地块。沁州南瓜为传统品种，不用改良优种。每年百姓挑选个大、味美的南瓜做种瓜，翌年下种时节才剖瓜取籽。以腐熟的农家肥做基肥，当南瓜苗长至4片叶时，用圊肥加水浇灌一次，到6片叶时，顺地堰向阳方向挖壕纳秧，结瓜至直径5厘米时，用圊肥拌水透浇一次，支秧一出立即抹掉。到结瓜3个时，抹去秧头。适时采收是确保南瓜籽籽粒饱满、高产优质的重要环节，采收一般在9月中旬为宜。切瓜取籽后，将南瓜籽晾干或用温火锅烘干。

大同小明绿豆

登记证书编号：AGI00508

地域范围

大同县隶属山西省大同市。大同小明绿豆农产品地理标志保护范围为大同县辖区内周士庄镇19个村，巨乐乡15个村，许堡乡20个村，峰峪乡17个村，吉家庄乡23个村，杜庄乡4个村，西坪镇6个村，瓜园乡11个村，共计115个村，保护区域总面积6 666.6公顷，地理坐标为东经113°20′~113°35′，北纬39°43′~40°16′。

品质特色

大同小明绿豆颗粒饱满、均匀，色泽鲜绿，手感柔绵，有黄土高原特有的清新气味。大同小明绿豆富含营养，其中，蛋白质含量25.6%，脂肪含量0.8%，维生素A、维生素D、维生素B_2含量丰富；绿豆芽中维生素C含量为60毫克/千克，深受广大消费者喜爱。

人文历史

大同县传统上是个农业县，1040年元朝设大同县至今已有970多年的历史，绿豆发展历程悠久。近几年，大同县积极开拓市场，不断做大小明绿豆产业，生产的

小明绿豆产品多次参加国际与国内展会,起到了巨大的宣传作用。

生产特点

大同县地势为南北两山夹一川槽形,西部平坦,东部有火山锥点缀,山地丘陵面积占37%,实有耕地达79万亩,其中保护性耕地62万亩。土壤有褐土、黄绵土、栗钙土、草甸土、风沙土、盐碱土6种类型,其中,栗钙土、风沙土交织成的沙壤土面积大,是历史上绿豆种植的主要区域。大同县所有河流属海河水系,桑干河自西向东横贯全境,地下水源丰富,有21处泉眼,水质优,适于农业生产,绿豆灌溉依靠天

然水。大同县温带大陆性气候特征明显,年均有效积温2 846.5℃,无霜期为135天左右,年均日照时数为2 987.8小时,日照时间较长,年均降水量为386毫米,在绿豆收获期间雨水较少,利于晾晒和脱粒。

大同小明绿豆种植基地选择在干燥通风、光照时间较长的坡梁地块,海拔高度1 000米左右,雨水易排不易积,有利于根系发育,减少病虫为害。绿豆种子选择第一茬结荚豆角,以粒大饱满为前提,小而呈方形的种子不选用。种植时不宜施用化肥,施肥应以有机肥为主,化肥为辅。产品收获全部采用人工采摘的方法,防止籽粒破碎、霉烂。

沁水黄小米

登记证书编号：AGI00509

地域范围

沁水县位于山西省东南部，晋城市西北部。沁水黄小米产地范围为包含沁水县的中村镇、土沃乡、张村乡、龙港镇、樊村河乡、苏庄乡、郑庄镇、端氏镇、加丰镇、郑村镇、胡底乡、固县乡、十里乡、柿庄镇14个乡镇，涉及251个行政村，地理坐标为东经112°47′~115°55′，北纬35°24′~36°04′。

品质特色

沁水黄小米色泽金黄，颗粒饱满，食之米饭香味浓郁，软而不黏结。沁水黄小米营养丰富，内含有丰富的蛋白质、脂肪、糖类、钙、磷、铁、淀粉、维生素B_1、维生素B_2和维生素C等，其中，维生素B_1的含量为粳米的5~6倍，居各类粮食之首。沁水黄小米有和中、益肾、除热、解毒、消渴、止泻等的作用。

人文历史

我国北方盛产谷子，尤以太行山、太岳山、中条山交界的历山脚下沁水盆地米

质最佳，传说《康熙字典》的总阅官陈廷敬是康熙皇帝的老师，康熙皇帝为了表达对老师母亲的尊敬，前来探望，陈母用小米粥款待了康熙帝，康熙帝食后龙颜大悦，就指定要带沁水黄小米回宫食用，并提笔在石壁上挥毫写下了"玉质龙鳞"4个大字，现碑文尚存，从此，沁水黄小米就成了宫廷贡品。

沁水县谷子品种优良，米质上乘，目前种植面积10万亩，年总产可达3万吨。沁水黄小米产业已成为沁水县山区农民致富奔小康的一条重要途径。

生产特点

沁水县四周群山环绕，境内山多林密，沟壑纵横，丘陵平川相间。县境内土壤有机质含量1.8%，钾、氮、磷养分充足，土壤pH值6.8~8.2，有利于谷子生长。沁水县属黄河流域，常年清水不断，沁河为主干河流，水源丰富，水质优良，为谷子生长提供了充足的灌溉用水。产区属典型的温暖带季风气候，年气温平均在10.3℃左右，全年平均日照时数2 610.6小时，年均降水量643.7毫米，霜冻期为10月上旬至翌年4月上旬，无霜期173天，四季分明，冬长夏短，雨热同期，光照充足，有利于作物光合作用，减少了作物呼吸消耗，有利于有机物质的积累，是发展优质黄小米的最佳区域。

沁水黄小米种植在耕层深厚、肥力较高、保水保肥及排水良好的地块，避免重茬和迎茬，前茬为大豆、小麦、玉米、高粱等。品种采用经生产实践认可的、高产优质、抗倒伏能力和抗逆能力强、适合于当地积温条件的优良品种晋谷21号、晋谷40号、晋谷41号、晋谷42号。生产过程中须中耕除草，病虫害防治以预防为主，综合防治。收获时间一般在每年9月下旬至10月上中旬，蜡熟末期或完熟期收获。加工过程要精益求精，经过清杂、除尘、排瘪、砻谷、扒壳、碾米、抛光、色选、金属探测、分级、计量、包装、检验等工序。

沁州核桃

登记证书编号：AGI00510

地域范围

沁县位于太行、太岳两山之间的山西省长治市北部，属丘陵半丘陵区。沁州核桃农产品地理标志保护范围在沁县的东北部，辖6个乡镇132个村，东至松村乡松村，西至郭村镇石板上村，南至新店镇栋村，北至牛寺乡王泉村。地理坐标为东经112°26′06″~112°41′12″，北纬36°35′25″~36°42′32″。

品质特色

沁州核桃缝合线紧、平、窄，壳厚1.1毫米，壳皮光滑美观；出仁率高，达56.7%；仁饱满，风味香甜，品质上等。沁州核桃具有较高的营养价值，核桃中的磷脂，对脑神经有良好保健作用；核桃油含有不饱和脂肪酸，有防治动脉硬化的功效；核桃仁中含有锌、锰、铬等人体不可缺少的微量元素，有促进葡萄糖利用、胆固醇代谢和保护心血管的功能。

人文历史

沁县核桃发展历史悠久，有史书记载，清朝时沁县故县镇徐村有个人叫吴典，1698年担任了保和殿大学士兼刑部尚书。任职后的1703年，他回家探亲，返京时挑选了沁县营养丰富、口感好的南瓜籽、核桃、小米带回京城，进贡给康熙皇帝，康熙皇帝吃后十分高兴，欣然吟道："沁州三件宝：核桃、瓜籽、吴阁老。"自此，沁州核桃就成了"沁县三宝"之一，并每年作为贡品进贡皇宫，是远近闻名的地方名产。

生产特点

沁州核桃产区地势多为丘陵、半丘陵，背风向阳，土质为褐土、草甸土，土壤有机质含量在1.8%以上，土壤pH值6.5~8.2，土壤肥沃。沁县境内全是源头活水，没有过境水，拥有17处泉水，地表水年径流量1.316亿立方米，可保持丘陵区湿润，空气清新，冬无严寒，夏无酷暑。沁州核桃产区属于暖温带大陆性气候，四季分明，全年日照时数2 533.1小时，年均蒸发量1 756.9毫米，年平均降水量606毫米，核桃树生长旺盛期的7—8月降水量占全年降水量的一半以上，为核桃生长提供了优越的条件。

沁州核桃种植在海拔700~1 000米的丘陵缓坡、平地、凹地、立地，土壤为褐土和草甸土，在背风向阳的南北行向地域栽培。核桃树栽种时用牛、马、羊等草食动物粪便及人的粪便做肥料，后期根据果树生长需要适时追水追肥。冬春栽植树苗，品种选择沁州核桃、晋龙1号、晋龙2号、中林1号、中林3号等。栽植5年后，即进入成树管理期。9—10月收获核桃，当核桃总苞变成黄绿色，部分果实顶部出现裂缝，容易剥离时进行采收。收获后避免日晒堆放，促进后熟，3~4天后去青皮，晾晒7天后方可入库。

义井甜瓜

登记证书编号：AGI00511

地域范围

义井甜瓜分布在山西省忻州市忻府区北义井乡的南义井、北义井、北湖、安邑、真檀、曹家庄、高家庄、张庄8个行政村，地理坐标为东经112°47′94″~112°50′24″，北纬38°26′00″~38°28′45″。

品质特色

义井甜瓜个体均匀，含糖量高，色鲜、味美，香甜爽口，并有香、脆、沙的独特口味，食用品质好。与普通甜瓜比较，义井甜瓜营养丰富，所含的维生素、钾、碳水化合物均高于普通甜瓜，深受广大消费者喜爱。

人文历史

义井甜瓜生产历史悠久。据《忻县志》记载，义井甜瓜"俗称甜瓜、小瓜。忻县甜瓜品种甚多，主要品种有灯笼红、绿节翠、梨翠、蛤蟆皮、柳叶青、黑皮瓜、白兰瓜等，种植面积较大，产量多，香甜可口，以曹村滩上、高城、义井所产的灯笼红，逯家庄的绿节翠等瓜品质较佳"。

忻州市素以盛产香瓜闻名，北义井乡更是忻州市香瓜的中心产区，有"碱地香瓜，瓜中极品"之称。义井甜瓜上市季节在7月，走在田间即可

闻到浓郁的瓜香,当地有"游五台山圣境,吃北义井甜瓜"之说。近年来,每到甜瓜收获的季节,忻台线义井段公路两旁瓜棚林立,随着飘逸的瓜香,义井甜瓜的名气也传到了四面八方。

生产特点

义井乡境内全部为平川地带,属二级阶地,90%为壤土和黏土,有10%为沙壤土,土壤pH值6.5~7.5,土地肥沃。义井乡境内有牧马河、云中河两大河系贯穿东西,地下水资源比较丰富,水质优良,排灌系统发达。义井甜瓜产地属大陆性季风气候,气候温和,四季分明,无霜期140天左右,年有效积温3 051.3~3 490.2℃,雨量适中,年降水量462.5毫米,产区光照充足,年平均日照时数为2 677.7小时,5—6月的月平均日照时数在270小时以上,正是甜瓜生长积累糖分的最佳时期。

义井甜瓜一般种植在平川上土地肥沃、土质疏松、能排能灌、水利条件较好的沙土或壤土地块。种植品种一般选用真香蜜、白沙蜜、田妃、黄帝等高糖优良品种。种植形式以前期甜瓜后期蔬菜、甜瓜套玉米与大棚种植方式为主。前期甜瓜后期蔬菜,在甜瓜收获后种植白菜、萝卜等蔬菜;甜瓜套玉米,在4月上旬播种甜瓜,5月上旬在畦埂两侧穴播玉米;大棚甜瓜,3月1日营养钵育苗,4月初移栽,6月上旬甜瓜可上市。

永济大樱桃

登记证书编号：AGI00512

地域范围

永济大樱桃产区位于山西省永济市，包括栲栳镇、蒲州镇、张营镇、开张镇、城西街道、城北街道6个镇（街道），涉及23个行政村，地理坐标为东经110°15′~110°45′，北纬34°44′~35°04′。

品质特色

永济大樱桃果实硕大，平均单果重量为10克，最大果重达16克；成熟时其外观鲜红艳丽，玲珑剔透，味美形娇，营养丰富。永济大樱桃中碳水化合物含量13.5%，脂肪含量0.11%，维生素C含量185毫克/千克，镁含量105毫克/千克，钙含量157毫克/千克，多种营养物质均高于普通品种，深受人们喜爱。

人文历史

永济大樱桃栽培历史悠久，始于唐，盛于清，后随时代变迁而几经兴衰，但其栽培技术却得以传承和发扬。唐代有大量描写樱桃的诗句，李世民形容它"朱颜含远日"，孙逖赞美它"色绕佩珠明"，杜牧夸奖它"圆疑窃龙颔"，白居易大概是唐朝咏及樱桃诗句最多的诗人。

永济农业历史悠久，是中华民族祖先聚居繁衍、从事原始农业生产活动的中心区域之一，自古农业发达。大樱桃主要生长在永济市北部，成熟早，上市早，效益好，是一个地方特色明显的稀

有水果品种，通过项目开发，带动了周边地区200公顷大樱桃基地健康发展，形成具有地域特色的优势水果带，为全市产业结构调整带来新的亮点。

生产特点

永济市海拔高差较大，土壤形成和分布因受垂直性、地带性和地域性的气候和地理环境作用，造成土壤类型多样化。永济大樱桃适合种植于当地的中性土壤，土壤深厚、肥沃，通透性好，以沙壤土和黄绵土最好。黄河是永济市的一大优质水源，永济水系属于山西浅水富水区，地下水属于深埋浅水区，特殊的水质有助于形成永济大樱桃特殊的品质。永济市属暖温带大陆性季风气候，表现出"冬长寒冷而雪少，春季干旱大风多，夏季多雨且集中，秋季晴和日照长"等特点，是山西省气温较高的地区，光热资源丰富，昼夜温差较大，自然条件独特，是大樱桃生长的优势区域。

永济大樱桃在平地或坡度在6°以下缓坡地栽植，栽植行为南北向；在坡度6°~20°的山地、丘陵地栽植，栽植行沿等高线延长。园地土壤以沙壤土为好，不在重茬地建园。栽植苗木时在栽植穴或栽植沟内施入有机肥，每年秋季果实采收后结合秋施基肥深翻改土，追肥以腐熟土杂肥为主，以保持或增加土壤肥力及土壤微生物活性。果园覆草在春季进行，覆盖材料可以用麦秸、麦糠、玉米秸、干草等，提高土壤肥力和蓄水能力。果实采收后追施腐熟土杂肥，以保持或增加土壤肥力及土壤微生物活性。合理修剪，保持树冠通风透光良好；合理负载，保持树体健壮。

长凝大蒜

登记证书编号：AGI00513

地域范围

长凝大蒜的农产品地理标志保护范围为山西省晋中市榆次区长凝镇境内，包括东长凝村、西长凝村、壁达村、相立村、西沟村、辉举村6个行政村，地理坐标为东经112°85′~112°94′，北纬37°60′~37°65′。

品质特色

长凝大蒜果形高桩，蒜瓣肥大，横径4~5厘米，高5~6厘米，每头4~6瓣；外皮浅紫红色，圆锥形，单头重15克左右。蒜汁黏浓，辣味强烈、香浓，营养丰富，干物质含量高。

长凝大蒜含有丰富的维生素、碳水化合物和无机盐，还有人体所需的氨基酸。大蒜具有极高的保健和医用价值，为抗癌食品之首，并具有行气、暖胃、消痞积、治腹泻、解毒、杀菌、降血压和血脂等功效，可预防动脉硬化、冠心病、脑血栓，提高免疫力，保护肝脏，延缓衰老。

人文历史

长凝大蒜已有600余年的栽培历史，优质高产、经久不衰，相传曾为皇家贡品。

党的十一届三中全会后，长凝大蒜的生产有了很大的发展，特别是近年来，随着榆次区农业标准化推广力度的逐年加大，长凝大蒜的标准化生产、

规范化管理、产业化经营、品牌化运作已渐成规模。榆次区创建了长凝大蒜标准化示范基地，在基地范围内先后示范、推广应用了增施有机肥、频振式杀虫灯、性诱剂、防虫网、色板诱杀等新技术和新方法，使长凝大蒜的标准化生产模式得到进一步提升。

生产特点

榆次区位于山西省晋中盆地的东北部，东部为丘陵山区，西部地势平坦，境内土地肥沃，气候温和，河渠纵横，是山西省较发达的农业县区之一。长凝大蒜主要在沟壑区和平川区种植，呈梯状分布，土壤类型为沙壤土，土壤pH值为7.2左右，非常适合种植长凝大蒜。榆次区内水利条件优越，地下水源充足，农田排灌设施配套，水质清澈，旱能浇、涝能排。榆次区境内属温带大陆性季风气候，冬冷夏热，春旱秋涝，年平均气温10℃，无霜期158天，年降水量500毫米以上，年蒸发量2 226毫米，独特的自然地理条件形成了长凝大蒜独特的风味特征。

榆次长凝大蒜的产地宜选择土质疏松、排灌方便、3年内未种过葱蒜类的肥沃壤土或沙壤土，结合整地施足基肥，基肥以腐熟的厩肥为主。播种期在3月，大蒜齐苗稳苗后及时施肥、松土、除草。6月初采收大蒜，就地摊晒2~4天，然后贮存。

河峪小米

登记证书编号：AGI00514

地域范围

榆社县地处山西省晋中市东南部，东与左权县、和顺县为邻，北与榆次区接壤，西与太谷县、祁县相依，南与武乡县毗邻，是海河支流漳河的发源地。河峪小米产农产品地理标志保护范围为榆社县的河峪乡、云竹镇、兰峪乡、讲堂乡，以及郝北镇、箕城镇的部分村，涉及142村，地理坐标为东经112°05′~112°57′，北纬36°51′~37°24′。

品质特色

河峪小米的米粒大小均匀适中，颗粒饱满、色泽金黄发亮，蒸煮皆宜；米饭口感绵滑，米香浓郁，黏糊性强，其味道纯正，口味悠长。

河峪小米营养丰富，氨基酸总量11.77%，脂肪含量3.55%，碳水化合物含量74.9%，总膳食纤维含量8.24%，维生素C含量105毫克/千克，维生素E含量22.01毫克/千克，富含磷、钾、钠、镁、钙、铁、锌、铜、锰、碘等，品质优良，受到广大消费者的喜爱。

人文历史

河峪小米发展历史悠久。商朝时，榆社是商纣王叔父太师箕子的城邑，名箕城，据记载，当时箕城的主食就有小米。相传五胡十六国时，后赵皇帝石勒（榆社人）野外游猎，至榆社悟云山（今榆社县河峪乡四县垴），人困马乏,当地百姓为皇帝煮粥解暑,他见米粒金黄,味道浓香可口,品尝之后,顿感脑清神爽,欣然赋《食乡米》诗:"南方食稻北食谷,春谷作米饮易熟;色黄味甘壮士气,粱月乡箕胜麦菽。"明清时,河峪小米和沁县生产的沁州黄小米均曾作为贡米进献皇宫。

改革开放以来,河峪小米形成规模化生产,年种植谷子2万亩,年总产量5 000吨,远销我国北京、上海、香港等地。河峪小米生产区域已被山西省列入东西两山谷子优势区域。

生产特点

榆社县属典型的土石丘陵山区,四面环山,海拔在1 000~2 000米,基本地形地貌分石山、土石山和丘陵阶地3类。土壤类型有褐土、草甸土两个土类,其中褐土面积占94%,多分布在丘陵山区,其土壤pH值7.1~8.3,土层深厚,有机质、微量元素含量较高,非常适宜优质谷子的生长。榆社县境内水资源丰富,水资源总量1.42亿立方米,为谷子生长提供了充足的灌溉用水。榆社县属温带大陆性季风气候,10℃以上年有效积温3 160℃,无霜期130~178天,季度温差、昼夜温差较大,有利于植物有效物质积累;年平均日照2 605小时,光照充足;年平均降水量560毫米,年平均蒸发量为1 692毫米,降水多集中在夏季,雨热同期,有利于谷子生长发育。

河峪小米产地选择在地势平坦,保水保肥,排水良好,肥力中等的地块,避免选择重茬地块,品种以晋谷21号为主。播种前将种子晾晒一番,并将土地深翻20~25厘米,冬季土壤上冻后镇压1~2次,春季土壤开始化冻时,及时顶凌耙地,达到春谷保苗的作用。当谷壳变成品种固有色泽,籽粒变硬,成熟"断青"就要及时收获。

襄陵莲藕

登记证书编号：AGI00537

地域范围

襄汾县位于山西省临汾盆地南部，襄陵莲藕农产品地理标志保护区域为襄陵镇的李村、屯南村、屯大村、河北村、东院村、西院村，南辛店乡的刘庄村、北陈村、东徐村、西徐村、中陈村、北靳村、西靳村、大陈村、南靳村、文臣村、无姨村，邓庄镇的上靳村、东邓村、鱼池村、温泉村、燕村，新城镇的梁坡村、张槐村、赵曲村、赵店村、邓曲村，南贾镇的大柴村、下尉村、西尉村、东刘村、南贾村、阜宁村，西贾乡的西贾村、西张村、柴家庄村、东毛村，永固乡的西吉村、东吉村、南五村、永固村、南姚村42个行政村，保护区域面积1 460公顷，地理坐标为东经111°18′50″~111°27′33″，北纬35°40′29″~36°00′46″。

品质特色

莲藕是肥大的地下茎，根据其表皮颜色分为白莲藕和黄莲藕，襄陵莲藕为白莲藕。襄陵莲藕纺锤形，大小均匀；成熟鲜莲藕肥大，皮白肉脆，味甘多液，折断可拉丝且有独特清香味，商品性好。按照上市季节不同，襄陵莲藕有果藕、鲜藕和老藕之分。果藕7月中旬后上市，生食最佳；鲜藕中秋节前后上市，生熟皆宜；老藕可以全年上市，以熟食为宜。

襄陵莲藕营养丰富，其中，碳水化合物含量在12.2%以上，蛋白质含量在1.51%以上，脂肪含量在0.4%以上，总膳食纤维含量不低于27.5%，维生素

C含量不低于407毫克/千克，维生素B_1含量不低于0.46毫克/千克，维生素B_2含量不低于0.18毫克/千克，钙含量不低于261毫克/千克，与普通莲藕相比有较大优势。

人文历史

莲藕，别名莲菜、藕、莲，原产于亚洲南部，在我国作为食品已有3 000余年，有着悠久历史，是国人最喜食的常见水生蔬菜之一，《诗经》中已有描述莲菜的诗句。据《襄陵县志》的记载，莲菜在襄汾县已经有600余年种植历史。在其《沟洫略》篇中，记有"藕池泉在庄头村西每昼夜所出水，均可灌田"；在其《方言略》篇中，记有"莲菜谓之藕"；在其《亭楼》篇中，记有"清风亭在察院莲花池上"等。在今襄汾县（原襄陵县）一带，民间至今流传有河西三大宝"龙祠的韭芽、平阳的女娃、襄陵的藕瓜"。

生产特点

襄汾县地处黄河以北地区，海拔390~1 493米，襄陵莲藕种植区域地处汾河冲积平原和一级、二级阶地区域，土壤以壤土、沙壤土为主，土壤pH值6.8~7.5，适宜水生蔬菜生长。襄汾县气候属温带大陆性气候，四季分明，无霜期200天左右，年均气温12.4℃，年均日照时数为2 337.2小时，降水多集中在6—9月，与莲藕最佳生长期吻合，利于发展莲藕产业。该区域内年均降水量500~550毫米，地下水位高，为富水区，且水质优良，为襄陵莲藕提供了独一无二的自然生长环境。

襄陵莲藕产地选择在土壤含盐量不高于0.3%，pH值6.8~7.5的地块；种植品种有白莲藕、鄂莲6号、鄂莲5号等，以白皮品种为主。莲藕是多年生宿根植物，1年完成一个年生长发育期，一般分为5个时期，即幼苗期、成苗期、花果期、结藕期和休眠期。莲藕在幼苗期保持8~10厘米水位，提高地温，利于萌发；成苗期要保持15~20厘米水位；在花果期加强水肥管理，莲藕花期一般延续2个月左右；结藕期为莲藕的根状茎开始膨大形成藕的关键时期，应重视追肥与补充水分；在休眠期及时挖出商品藕，采收鲜食藕应在7—8月休眠期进行。

大宁西瓜

登记证书编号：AGI00538

地域范围

大宁县位于山西省吕梁山南端，临汾市西部，下辖2镇4乡，共84个村民委员会，有309个自然村。大宁西瓜农产品地理标志保护范围为大宁县，保护区域面积1.63万公顷，地理坐标为东经110°27′55″~111°00′40″，北纬36°16′40″~36°36′25″。

品质特色

大宁西瓜个大浑圆，瓜纹呈青绿色，具有皮薄、瓤沙、味甜、瓜瓤松脆适口、汁多色鲜、含纤维少、糖度高等特点，糖度平均在10%以上，高者可达13%，微量元素含量高于其他普通产品，深受人们喜爱。

人文历史

大宁西瓜在大宁县种植已有600多年的历史，品质优良，久负盛名。按有据可考的记载推算，大宁西瓜早在元代就已闻名遐迩，作为贡品向皇室进贡；明万历二十一年（1543年），大宁县令沈榜编著的《宛署杂记》中记有"农历六月宛平县为太庙（今劳动人民文化宫）荐新供西瓜15个……"，说明大宁西瓜在明代被列为必供祭品。到了清代沿袭旧制，大宁西瓜更是名声大噪。

1995年，在山西省农业厅举办的西

瓜大赛上，大宁西瓜单个重量达23.5千克，荣获"瓜王"称号。2005年，在临汾市首届农业新技术新产品展销会上，大宁西瓜荣获优质农产品奖。

生产特点

大宁县境内沟壑密布，种植区土壤肥沃，有机质含量在0.25%~1.91%，氮、磷、钾水平高，保水保肥性能好，宜植性广，加上当地群众素有使用农家肥作底肥的耕作习惯，所以该区域是生产优质西瓜的最佳区域。大宁县西临黄河，境内有昕水河、义亭河和岔口河3条河流，河流水质pH值为8.0左右，地下水水质为中性，水质优良。大宁县属于暖温带大陆性半干旱气候，气候温和，四季分明，春季干旱多风，夏季炎热多雨，秋季阴雨连绵，冬季干燥寒冷，光照充足，昼夜温差大，这种独特的气候条件，决定了该区域所生产的西瓜，具有生产周期长，利于干物质积累的特点。

大宁西瓜种植在阳光充足、地势较高、排水方便的沙壤土或壤土地块上，不与瓜类、黄豆等连作，与玉米、花生连作最理想。西瓜品种选择考虑气候、不同栽培方式、土壤条件、栽培条件等方面的适应性，同时还要考虑早、中、晚品种的搭配和形成具有特色的品种，适销对路。生产中使用充分腐熟的农家肥作底肥，不用或少用化肥。早熟品种一般在授粉后25~30天成熟，中熟品种在授粉后30~35天成熟。

熬脑大葱

登记证书编号：AGI00539

地域范围

熬脑大葱原产于山西省潞城市西北方向的合室乡熬脑村，该大葱农产品地理标志保护区域包括合室乡、店上镇、翟店镇、黄牛蹄乡4个乡镇，涉及50多个自然村，地理坐标为东经113°00′~113°17′，北纬36°15′~36°28′。

品质特色

熬脑大葱有肥大的假茎和嫩叶，假茎坚挺如木，一般株高1.2米，葱白长0.35米，直径0.035米，单株重0.4千克以上，脆嫩多汁，有特殊的辛辣味。

熬脑大葱的营养成分比较全面，葱白中蛋白质、碳水化合物、钾、钙的含量均高于普通产品均值，尤以微量元素含量较高，营养丰富。熬脑大葱含有特殊的辛辣味，去腥解毒作用很强，有助消化。大葱中的蒜素含量很高，具有强大的杀菌能力，可药用，有明显的食疗保健作用。

人文历史

大葱，古代称芤、菜伯、鹿胎、事草、汉葱、才葱等。中国关于葱的记载始见于《尔雅》《山海经》，此后《礼记》《齐民要术》《清异录》等古籍均有详细记载，发展历史悠久。清朝末期，熬脑村人民便开始种植大葱。当地老百姓素有施用农家肥料种植旱地大葱的丰富经验，古有"菜肴葱姜蒜，香味占大半，葱数哪里好，熬脑美名传"的赞语。改革开放以后，元文周同志担任熬脑村支

部书记,全村开始大规模种植大葱。2004年开始,熬脑大葱种植逐年向周边地区扩展,效益显著。

2000年,熬脑大葱在昆明绿色产品博览会上荣获畅销奖;2002年,在太原市举办的优质水果、蔬菜展销会上,熬脑大葱获银奖;2006年,熬脑大葱被山西省工商行政管理局认定为山西省著名商标;国家质量监督检验检疫总局把大葱种植列入国家农业标准化示范项目,熬脑村被命名为"标准化大葱种植示范基地"。

生产特点

熬脑大葱产区位于太行山复式背斜隆地带的一部分,产区内主要土壤类型为山地褐土,土壤为红黄土质,土层深厚,质地适中,pH值为6.7~7.3。该地区水源丰富,地下500米深井水,水位均在5米以上,水质良好,属于辛安泉水系,无任何污染。潞城市属温带半湿润大陆性季风气候,年10℃以上有效积温3 300~3 500℃,昼夜温差大,有利于大葱有效物质的积累;年降水量550~650毫米,年日照时数2 418~2 616小时,全年无霜期平均为150~180天,年均相对湿度65%,优越的气候条件有利于大葱生长。

熬脑大葱的生产遵照《大葱种植技术规程》和《熬脑大葱》两个农业地方标准。品种选择适于当地生长、符合市场需求的优良品种。定植选择在3年内未种植葱蒜类作物、质地疏松、排灌方便、土壤肥沃的地块。一般5月中旬定植,10月中旬至11月上旬收获,培植过程中加强田间管理,及时浇水,适时追肥,培土软化,加强病虫害防治。

大宁红皮小米

登记证书编号：AGI00540

地域范围

大宁红皮小米的种植区域主要为山西省临汾市大宁县境内太德乡、昕水镇所属的15个行政村，该区域共有耕地1 000余公顷，地理坐标为东经110°74′82″~110°83′11″，北纬36°43′36″~36°57′98″。

品质特色

大宁红皮小米的原料为红壳谷子，小米色泽金黄，粒度整齐均匀，糊化速度快，浆大醇香，米汁香稠，入口柔润；小米加工精度不低于90%，不完善粒不超过1.0%，杂质不超过0.5%，碎米不超过4.0%。

大宁红皮小米营养丰富，其中，水分含量不超过13.0%，蛋白质含量不低于8.0%，粗脂肪含量不低于2.5%，深受广大消费者的欢迎。

人文历史

小米原产于中国北方黄河流域，是中国古代的主要粮食作物，种植历史悠久，春秋时期就有种植。大宁红皮小米为清代全国四大贡米之一，被誉为"龙米"。相传乾隆皇帝出巡，路经章丘，西关高如恂接驾献"龙米金汤"，甚得乾隆称赞，被封为贡米。

大宁红皮小米谷壳成大红色，熬粥营养价值丰富，有"代参汤"之美称。它不但有滋养肾气、清热解渴、健胃除湿、和胃安眠的功效，还具有滋阴养血的功能，可以使产妇虚寒的体质得到调养，帮助她们恢复体力。

生产特点

大宁县地处山西省吕梁山南端,黄河水东岸,境内垣坡连绵,南北高山对峙,形如盆地。小米种植区域地形平坦,土壤类型为栗褐土,pH 值 8.23~8.25,土壤肥沃,有机质含量 0.25%~1.91%,富含多种微量元素。大宁县境内有昕水河、义亭河、岔口河 3 条河流,河水呈弱碱性,地下水水质为中性,水质优良。大宁县属于暖温带大陆性半干旱气候,气候温和,四季分明,春季干旱多风,夏季炎热多雨,秋季阴雨连绵,冬季寒冷干燥,独特的气候条件,使得此区域的谷子生产周期长,利于干物质积累。

红皮小米种植区选择在土壤肥沃、通风良好、光照充足、排水性强的阳坡地,并年年轮作倒茬。生产中使用外观品质好、内在营养含量高的传统红谷小米做种子,施肥以充分腐熟的农家肥做底肥,谷子收获时,先在田间除去病、残、杂穗,将整株收割后连秆寄养 2~3 天,再切穗脱粒。谷子经筛选—碾米—精选—包装等工艺加工而成大宁红皮小米,经抽样检测合格后方可上市销售。

梧桐山药

登记证书编号：AGI00541

地域范围

梧桐山药产于山西省孝义市梧桐镇，主要涉及中梧桐、南梧桐、北梧桐、东梧桐、仁顺、西王屯、东王屯，共7个行政村，保护规模是80公顷，地理坐标为东经112°25′54″~112°28′16″，北纬37°38′57″~37°45′11″。

品质特色

梧桐山药肉质极白、质脆、易熟、黏质多，黏丝不易拉断，入口甜绵，品质优良。梧桐山药中维生素C、蛋白质、磷、钾、镁、钙、硒等含量均超过普通产品，营养价值较高，受到广大消费者的喜爱。

人文历史

梧桐山药栽培历史悠久，以其独特的地理环境，独特的优良品种，独特的栽培技术，形成了独特的魅力和独特的梧桐山药文化。相传，战国时期军事家吴起在梧桐一带屯兵，为弥补粮草不足，吴起带领士兵并动员乡民广种山药，因此在这一时

期，梧桐山药获得大面积种植。据说吴起常用山药做成菜肴，招待当地的官员、名流及往来的客人，其中以清蒸山药和拔丝山药最为出名，一直流传至今，现在仍是梧桐一带有名的美味佳肴。

据史料记载，明清时期梧桐镇一带就已大面积种植山药，在清代曾长期作为朝廷贡品。据清乾隆三十五年（1770年）《孝义县志》记载："山药谷雨时种于园地，霜降后掘地而取，南乡民多种如艺禾麦焉。"明清时期，古怀庆府一带药商经常到梧桐镇收购加工山药，并在当地建起了加工作坊，清光绪年间梧桐山药被加工成山药片出口到荷兰、日本等地，梧桐山药还走进了荷兰王室。

生产特点

梧桐镇属平川区，地势平坦，土地肥沃，水利条件较好，是生产山药的理想区域。梧桐水系属于汾河流域，梧桐镇属富水区，地下水资源比较丰富，为山药生长提供了充足的水源。梧桐山药产区气候属温带大陆性半干旱气候，四季分明，光照充足，雨热同期，年平均气温9~10℃，多年平均无霜期为175天，年平均降水量450~500毫米，多集中在7—9月，优越的气候条件有利于山药生长。

梧桐山药种植多选择抗病、优质、丰产、商品性好、适应市场的品种，如梧桐长山药、汾阳长山药、平遥长山药等。梧桐山药的生产过程必须严格按照地方标准《孝义市优质无公害山药生产技术规程》执行。山药出苗后每株留一个强壮的苗，适时支架，并及时扶蔓上架、中耕松土、追水追肥，促进块茎增长。山药生长期长，多实行一年一茬栽培，一般土壤解冻后即可定植，霜降后地上部分枯死，即可收获。收获后的梧桐山药采用沟藏、堆藏和窖贮等方式进行贮藏，贮藏温度4~5℃。

平顺潞党参

登记证书编号：AGI00542

地域范围

平顺县位于山西省东南部，长治市东部。平顺潞党参主要生长在平顺县的虹梯关乡、东寺头乡、杏城镇、龙溪镇、西沟乡5个乡镇，涉及62个行政村，地理坐标为东经113°23′~113°41′，北纬35°57′~36°08′。

品质特色

党参是多年生草本植物，根圆柱形，表面浅灰色，内有菊花心；茎缠绕，断面有白色乳汁，长而多分枝，常带暗紫色，下部有短糙毛，上部光滑；叶对生或互生，有柄，叶片卵形或广卵形，全缘。党参的抗寒性、抗旱性、适生性都很强，全国各地都已引种栽培。

平顺潞党参的根长8~22厘米，直径7~10毫米，亦有较长大者，根头无明显"狮子盘头"；根表面浅灰棕色，有深而不规则的纵皱沟，近根头处有较稀横纹；质较轻，易折断，断面不规则；气微，无香气，味甜；以独支不分叉、色白、肥壮粗大者为佳。

人文历史

党参在古代称为人参，当时将其看作地之精灵。平顺潞党参发展历史悠久，明代医学家李时珍《本草纲目》也把党参列入"人参"条目之内，并把平顺县出产的党参与辽东、高丽所产诸参列为上品。据记载，唐、宋、元

时期，野生或栽培的党参曾做贡品。目前，野生党参已很少，主要靠栽培品供应市场，供需基本平衡。

生产特点

平顺潞党参主要生长在平顺县阳光充足的阳坡，适宜在土质疏松、土层深厚、富含腐殖质的黑壤土或沙壤土上种植。平顺县东南山地区，包括虹梯关乡、东寺头乡、杏城镇、龙溪镇、西沟乡5乡镇，即平顺党参的主要产区，海拔1 200~1 800米，1月气温最低，平均气温在-10.0℃以下，最高气温在7月，平均气温为20.0~22.0℃，无霜期181天左右。

平顺潞党参育苗地选择半阴半阳、土壤肥沃、离水源近、无地下害虫和宿根草的山坡地和二荒地。党参繁殖要用新种子，播种期分春、夏、秋，其中以夏秋播为好，播种方法分撒播和条播两种。清除杂草是保证党参产量主要因素之一，特别是早春和苗期更要注意除草，一般除草常与松土结合进行。在党参生长初期追施农家肥，以后因藤叶蔓生就不便施肥了；定植后要灌水，成活后可以不灌或少灌水，雨季注意排水。当苗高30厘米时设立支架，以使茎蔓顺架攀缘，否则通风采光不良易染病害，并影响参根和种子产量，搭架方法可就地取材，因地而异。党参开花结果后，果实变褐色时采种，逐次采收产量高，一次性采收产量低。

永和条枣

登记证书编号：AGI00543

地域范围

永和条枣产于山西省临汾市永和县所辖的打石腰、南庄、阁底3个乡，涉及31个行政村，北到南庄乡的前北头村，西到打石腰乡的河浍里村，东至芝河镇，南至阁底乡佛堂村，地理坐标为东经110°20′~110°40′，北纬36°30′~36°55′。

品质特色

永和条枣果实较大，顶部稍细，呈长柱形，核小肉厚，单果重18~20克；成熟时鲜枣皮为深红色，有光泽，可食率高达96.6%；果肉拉开可见糖丝，丝长不易断，有糖香味。

永和条枣营养丰富，富含维生素、蛋白质、脂肪、钙、钾、镁、铁、磷等，深受人们喜爱。

人文历史

红枣是永和县内栽培最多、分布最广、产量最大的果树品种，枣树栽培历史至少有3 000多年。据史籍记载，红枣起源于黄河中下游、晋陕河谷一带，初为野生，逐渐发展为人工栽培。永和条枣种植在永和县境内西面沿黄河一带，这里地形多为坡地，永和条枣是介于野生和人工栽培之间的过渡枣树品种。永和县境内的老枣树群中，直径在2米以上的枣树有100多株，树龄皆在千年以上。

生产特点

永和条枣种植在永和县境内西面，地形多为坡地，海拔在550~800米，土

壤多为沙壤土，表层土壤有机质含量平均1.04%，富含氮、磷、钾，含水量适中，枣的主要害虫食心虫在这一地域无法生存。永和县属温暖带大陆性气候，10℃以上年积温3 074~3 648.5℃，热量资源较丰富，无霜期平均为190天；10月果实成熟期，昼夜温差大，使得枣果糖分转化期长、积累多、含糖量高、着色红、肉质厚。永和县年均降水量为525毫米，多集中在7—9月，枣着色期、成熟期在10月上中旬，与雨期相错，有效减少了条枣裂果，保证了条枣的品相。枣树是喜光树种，永和县年平均日照总时数2 541.8小时，可以充分满足优质红枣对光照的需求。

枣园应建在空气清新、水源无污染、土层深厚、排水透气良好、pH值6.8~7.5的沙壤土地区，选择适合种植在滩涂地和沿河流域的条枣品种。在果树的生长季，及时对枣沟进行松土除草以提高土壤的透气性，促进苗木生长；秋末在树体1~3米范围内，结合施基肥，深翻土壤，深度10~30厘米，增厚活土层，改良土壤，消灭地下越冬害虫。基肥以腐熟农家肥为主，可适量加入速效肥，提高产品的质量和产量。

永和条枣收获后选择新鲜成熟、果大核小、皮薄肉厚、含糖量高的原料进行加工。首先，将鲜枣装入篮内，浸于沸水中热烫5分钟，以果皮稍软为度，用冷水冷却。然后，进行自然干燥或人工干燥。自然干燥一般需1个月左右，并在晒制过程中每天翻动几次；人工干燥一般将鲜枣放置于烘盘上烘干，需20~24小时。最后，将干燥后的枣堆积12~15天，使其内部水分重新转移，分布平衡。

乡宁翅果

登记证书编号：AGI00589

地域范围

乡宁县隶属山西省临汾市。乡宁翅果地理标志的保护范围主要为乡宁县双鹤乡的红凹、崖下村、双风淹村、张元村、蝉峪河村，关王庙乡的小碑村、贾庄村、后野头村、太儿凹村及云丘山地区，西交口乡的原头村、支家庄村、屯子窑村、西交口村，枣岭乡的刘岭村、谭坪村、孟庄村、长咀湾村，西坡镇的韩咀村、西坡村、硬家沟村，昌宁镇的张马村，保护规模总面积为3 000公顷，地理坐标为东经110°30′18″~111°16′57″，北纬35°41′30″~36°09′07″。

品质特色

乡宁翅果坚果为核果状，近圆形或阔椭圆形，长1.5~2.2厘米，直径1.2~1.5厘米，果柄长3~5厘米；外部干棉质，稍软，有8个翅状棱脊，上部萼筒宿存；核（中果皮）坚硬，有8条钝纵脊，纺锤形、柱形或倒卵形；内果皮纸质，种皮革质，子叶肥厚，含丰富油脂，有核桃仁香味。

乡宁翅果含有丰富的蛋白质、维生素E及微量元素，且脂肪酸含量十分突出，其中，蛋白质含量约36.51%，脂肪含量约45.34%，脂肪酸中油酸约占41.16%、亚油酸约占45.53%、亚麻酸约占6.66%。

人文历史

乡宁翅果为翅果油树的果实。翅果油树是我国所特有的二级重点保护植物，是木本油料植物，因翅果形有8棱，故有"八卦果"之称，相传曾为伏羲创造八卦提供灵感，是现存第四纪冰川期后的孑遗植物之一，在我国民间已有千余年的栽植历史，集中分布于山西南部乡宁县及周边地区。

1965年4月，李大章在乡宁县发现该植物，后经郑万钧先生鉴定，正式定名为翅果。当地老百姓食用翅果油非常普遍，千百年来，当地百姓采用熬油和机械榨油的方法，提取乡宁翅果中的植物油。当地谁家生了小孩，都会烙翅果油面饼让产妇吃，以补充元气，强健身体。抗日战争时期，当地军民采食翅果油，并且用来擦拭枪炮。20世纪70年代，乡宁翅果在山西省得到推广种植，民间有"山有翅果油、致富不发愁"的说法。

生产特点

乡宁县是翅果油树的分布中心，位于吕梁山南端，境内山峦起伏，沟壑纵横，海拔900~1 500米，褐土为保护区域内主要土种，广泛分布在翅果油树生长的山地、丘陵、沟谷、川地、塬地上，土壤疏松多孔，风化作用强烈，矿质养分较丰富，pH值5~8。乡宁县地表水主要分为黄河水系和汾河水系，地下水源比较贫乏。乡宁县属于暖温带大陆性气候，一般年日照时数为2 400~2 500小时，年平均气温8~12℃，年降水量400~500毫米，初霜期10月中旬，终霜期4月中旬，优越的气候条件有利于翅果生长。从植物区系来看，乡宁西临黄河，东临临汾盆地，是华北区系的边缘，也是华北区系和西北区系的交混处，独特的生态、地理环境是翅果油树生长和发育的基础。

乡宁翅果适宜种植于靠阴坡或半阴坡的山地褐土，产品全部自然生长。乡宁翅果的繁育分有性繁殖（种子育苗）和无性繁殖（扦插繁殖、嫁接繁殖）两种，无性繁殖产品性状稳定，品质较为优良，随着技术的发展，无性繁殖成为乡宁翅果的主要育苗手段。造林分直播、栽种两种。造林后要及时除草、松土、施肥，有条件的要灌水。植株生长高度达到150厘米时及时摘除顶芽，使其成为矮树，方便采收种子。经过4~5年的精心管理后即可获得产量。大树着重修剪、清膛，使其通风透光，促进丰产结实。乡宁翅果成熟期在9月上旬，成熟的种子外皮初为灰白色，待变为灰黄色时，用手指一捏，外果皮与坚果基本分离，此时种子已成熟，即可采收。

平遥长山药

登记证书编号：AGI00590

地域范围

平遥长山药农产品地理标志地域保护范围包括山西省晋中市平遥县的岳壁乡、东泉镇、宁固镇辖区内13个行政村，保护面积为1 000公顷，地理坐标为东经112°12′~112°31′，北纬37°12′~37°21′。

品质特色

平遥长山药块根为圆柱形，条长茎粗，肉质白嫩，黄褐色并有多条须根，可食药两用。

平遥长山药品质优良、营养丰富，蛋白质含量约9.92%，淀粉含量约22.43%，富含钙、镁、锌、锰、铁、磷等，有益健康，深受消费者喜爱。

人文历史

长山药的特性和药用价值，早在莫高窟出土的《敦煌遗书》中就记载，我们的祖先以长山药为主制成具有重要养生食疗价值的"神仙粥"，长山药实属祖国医药宝库中不可缺少的一味健身健脾养胃的滋补品。

平遥长山药种植历史悠久，已跨越2个多世纪。据《平遥县志》《平遥古城志》记载，早在19世纪80年代，平遥县岳北村一带就在种植长山药；据《平遥资源》记载，平遥县岳北村长山药种植历史悠久，1923年全村产量已超65吨。20世纪40年代，平遥长山药产品大部分加工外销出口，经上海市出口远

销马来群岛、日本、美国旧金山等地,并被西方国家称为"中国小人参"。

生产特点

平遥长山药种植于平遥县境内汾河西平川汾灌区和城南丘陵井灌区,海拔745~800米,面积约1 000亩。平川丘陵土质多为淡褐土,耕作时间长,熟化程度高,土壤含有机质1.05%,偏碱性,是当地较为理想的高产土壤。平遥县位于黄土高原的黄河流域,拥有汾河、惠济河、璎涧河、柳根河、昌沉河5条河流,它们连接大小支流10余条,在全县构成保浇田水道网,水质清洁无污染。平遥县属于晋中盆地温带大陆性季风半干旱气候,冬季寒冷、多西北风,少雪;春季气温回升较快,昼夜温差较大,雨少风大;夏季炎热,多雨;秋季降水量较少,温凉宜人,多晴朗天气,光照比较充足。独特的气候条件形成了平遥长山药独特的品质。

平遥长山药实行专业规模化无公害生产,专业化监控种植,规范化管理,产业化经营,社会化服务。平遥长山药种植基地在海拔750~850米,集中连片种植。平遥长山药采用芦头或山药豆繁殖。芦头繁殖收效快,山药豆繁殖慢。芦头繁殖是在寒露至霜降时节,将地下块根挖出后,把芦头折下,第二年清明至谷雨栽种,30天可出苗,1年后刨出芦头移栽大棚。出苗后插架使茎蔓向上缠绕生长,寒露时叶片枯黄后开始收刨。

洪井三皇小米

登记证书编号：AGI00591

地域范围

洪井三皇小米生产基地主要分布在山西省长治市黎城县三皇脑区域的烟子、白云、洪河、山窑头、吴家峧、横岭、刘家、石桥背、程家、长畛背等10余个山区村，区域内耕地总面积670公顷，地理坐标为东经113°35′83″~113°39′93″，北纬36°56′77″~36°62′07″。

品质特色

洪井三皇小米色泽金黄、米粒较大、圆润饱满、质地绵软，食之口感绵甜、黏糯爽口、清香怡人，熬粥有"代参汤"之美称。洪井三皇小米营养丰富，蛋白质、维生素等含量均高于普通产品，品质优良。

洪井三皇小米主要品种为晋谷21号，该品种单秆穗大，中晚熟，穗长34.6厘米，长立锤形，小穗较长，刺毛短，单穗重21.72克，千粒重3.54克。该产品具有抗粟瘟病、对白发病免疫的功效。

人文历史

洪井三皇小米被人类食用可追溯到炎帝时期，在黎城县存有一隋碑，即重营九级浮图碑记载"炎帝获佳禾之地"，可见黎城县乃农耕文明的发源地之一。三皇脑的地名，不仅与"三皇"有关，而且当地还供奉着尧、舜、禹的牌位。洪井三皇小米与尧帝有着不可分割的关系。当地群众传说，尧帝出生后，其母亲庆都奶水不够，就用当地产的香小米熬成米汤喂养他。长大后的尧帝一直不

忘这里的小米，在临汾称帝后，这里产的小米就成为了贡米。

生产特点

洪井三皇小米生产基地位于丘陵山区，土质以红土为主，土壤pH值为8，保水、保肥力强，磷、钾等矿物质含量丰富，非常适宜种植谷子。洪井三皇小米种植区域位于山区丘陵地带，农业生产以雨养为主，无河流渠系，且地下水位深，农田完全属自然雨养农业。黎城县属典型的温带大陆性气候，年降水量450毫米左右，年平均气温8.5℃左右，无霜期170天左右，年平均相对湿度60%，年日照数平均为2 500小时左右，农作物生长期昼夜温差大于11℃，这种独特的气候条件，决定了该区域所生产的谷子，具有生产周期长、利于干物质积累的特点，形成了三皇小米色泽金黄、米质绵软、清香怡人的独特品质。

洪井三皇小米种植基地选择在海拔800~900米、地势平坦、保水保肥、排水良好、肥力中等的地块，避免选择重茬地块。种植品种以晋谷21号、晋谷35号或沁州黄为主，一般气温稳定在17℃，10厘米地温稳定在14℃，5月15—20日较为适宜进行播种。产地底肥使用充分腐熟的农家肥，并适时追水追肥，满足其生长过程中的营养需求；谷子长至3~5叶时间苗最适宜；孕穗期锄草高培土，深度5厘米左右。谷子成熟"断青"后，及时收获。

神池莜麦

登记证书编号：AGI00592

地域范围

神池县隶属山西省忻州市，位于晋西北黄土高原，地处管涔山西北麓。神池莜麦地理标志保护范围为神池县境内的龙泉镇、义井镇、八角镇、东湖乡、太平庄乡、虎北乡、贺职乡、烈堡乡、长畛乡、大严备乡 10 个乡镇，涉及 241 个行政村，地理坐标为东经 111° 42′ ~112° 18′，北纬 38° 56′ ~39° 24′。

品质特色

神池莜麦为大裸粒型燕麦，籽粒呈纺锤形，有腹沟，长 0.8~1.3 厘米，宽 0.2~0.4 厘米，千粒重 31~33.5 克；籽粒白黄色，整齐且饱满，含水量低于 5.02%，出粉率达 96% 以上，蛋白质含量高于 14.9%，脂肪含量约 6.8%，淀粉含量约 41.1%，总膳食纤维含量高于 13.98%，营养丰富。

人文历史

神池莜麦种植历史悠久，据说莜麦最早起源于我国华北一带的高寒山区，神池县可能就是莜麦的最早发源地区之一。据《山西省统计年编》记载，民国二十四年（1935 年），神池莜麦种植面积 36.2 万亩，占到粮食作物总播种面积的 56.9%，年总产量 1 303.2 吨。新中国成立后的统计数据显示，1949—1970 年，神池县的莜麦播种面积一直稳定在 25 万亩左右，1964 年达到 27.53 万亩。1971—1990 年，神池县的莜麦播种面积有所减少，但神池莜麦远近闻名。2003 年，山西省政府把神池县列为建设优质小杂粮产区重点县，全县莜麦播种面积又逐年回升。

生产特点

神池县地处黄土丘陵区，山丘起伏、沟壑纵横，平均海拔在1 500米，地形地貌复杂。全县耕地土壤主要为栗褐土，有机质含量6.6~8.5克/千克，非常适宜莜麦生长。全县有4条大的季节性河流，径流多集中7—9月，雨季的洪水流量占到全年径流量的70%。神池县水资源十分贫乏，地下水埋深在100米左右，且分布不均，多集中于朱家川河和县川河两河流域。神池县属大陆季风气候，干旱、高寒、温差大、无霜期短，平均无霜期114天，年均降水量487.7毫米，主要集中在7—9月，年平均蒸发量1 921.1毫米，全年光照时数为2 816.7小时，10℃以上的年积温为2 300~2 600℃，气候凉爽、降水集中、西北风长年不断、光照充足、昼夜温差大的气候条件正好符合莜麦的生产发育。

莜麦最忌连作，所以要采取轮作方式，一般山药、豌豆、油料作物等都是莜麦的好前茬。神池莜麦种植时通过三墒整地等旱作措施，保证莜麦苗齐、苗全。为改善莜麦的营养状况，要及时增施肥料，以优质腐熟的农家肥为主。一般5月15—20日适期播种较为适宜。"谷间寸、顶上粪"，谷子长至3~5叶时间苗最宜。结合定苗时进行中耕除草，中耕浅培土，孕穗期锄草高培土，深度5厘米左右。莜麦是无限花序，籽粒成熟很不一致，当穗部已有3/4的小穗籽粒进入蜡熟期时即可收割。将整株收割后连秆寄养2~3天，再切穗脱粒、晾晒、入库。

神池胡麻

登记证书编号：AGI00593

地域范围

神池县隶属山西省忻州市，位于晋西北黄土高原，地处管涔山西北麓。神池胡麻地理标志保护范围为神池县境内的龙泉镇、义井镇、八角镇、东湖乡、太平庄乡、虎北乡、贺职乡、烈堡乡、长畛乡、大严备乡10个乡镇，涉及241个行政村，地理坐标为东经111°42′~112°18′，北纬38°56′~39°24′，全县总面积1 472平方千米。

品质特色

神池胡麻籽粒扁平，前端鸟嘴状，表面平滑，色泽紫黑光亮，较肥大，长3~5毫米，千粒重6.8~7.0克，耐贮藏，脱水快，抗虫蛀，出油率高，品质独特。

神池胡麻含水分低于13.9%，亚油酸含量不低于1.38%，含α-亚麻酸含量高于4.01%，含油量在40.2%以上，其加工出油率高达35%~40%，而异地胡麻出油率最高为33%。

人文历史

神池胡麻始种于东汉年间，发展历史悠久。清道光年间，兵部尚书祁寯藻《马首农言》中记载："油出神池、利民等处，每斤钱一百上下，贱至七十以上。"清光绪《神池县志》载："胡麻，子肥大，其色紫黑，榨油最多、甚佳。"《中国实业志·山西卷》载："民国二十四年（1935年），全县有46家油坊，榨油工人316人。资本3 972万元，年加工胡麻118.1万千克，产油35.5万千克，产值9.12万元。"

目前，神池县胡麻种植面积达20万亩左右，年总产量2.5万吨左右。神池胡麻特殊的产地环境，形成了独特的品质，神池

胡麻油被誉为"高山上的深海鱼油",有"天天吃胡油,赛如活神仙""装满油罐罐,不愁钱串串"等神池民谣。2014年,神池县被中国粮食行业协会授予"中国亚麻油籽之乡"称号。

生产特点

神池县地处黄土丘陵区,平均海拔在1500米,土壤含有机质6.6~8.5克/千克、全氮0.4~0.5克/千克、有效磷3~5毫克/千克、速效钾100毫克/千克以上,非常适宜胡麻生长。全县有4条大的季节性河流,径流多集中在雨季,地下水分布不均,多集中于朱家川河和县川河两河流域。神池县属大陆季风气候,气候凉爽,降水集中,西北风长年不断,光照充足,昼夜温差大,气候以风大、低温、降水量变化大、春旱年份多、无霜期短为主要特点,正好符合胡麻的生长需求。

神池胡麻的主栽品种有晋亚7号、晋亚9号、陇亚7号等。胡麻种子比较细小,幼苗顶土力弱,因此需要精细整地,保持土壤疏松平整,应施足底肥,精选种子,适时早播。神池县一般在5月上旬播种,播种方式可采用耧播或机播,因地制宜,合理密植。胡麻适时早收有一定增产作用,一般可增产5%,而且胡麻生长后期雨多时,往往发生返青现象,造成减产,因此在胡麻茎下部叶变黄、部分脱落,有75%的蒴果发白变黄,摇动时多数籽粒沙沙作响,只有少数籽粒微有黏感时及时收获。

神池羊肉

登记证书编号：AGI00594

地域范围

神池羊肉农产品地理标志保护范围为山西省忻州市神池县境内的龙泉镇、义井镇、八角镇、长畛乡、烈堡乡、大严备乡、东湖乡、贺职乡、虎北乡、太平庄乡3镇7乡，涉及250个行政村，地理坐标为东经111°42′~112°18′，北纬38°56′~39°24′。

品质特色

神池羊具有生命力强、善游牧、耐粗饲、耐寒冷、快出栏等特点，并具有较好的产肉脂性能。神池羊肉品质佳，外观主要表现在后腿肉和肩肉所占的比例大，肌肉细致柔嫩，肉块紧凑美观，蛋白质含量高、脂肪含量低，不过肌间脂肪含量高，皮下脂肪均匀地分布在胴体的整个表面。胴体倒挂起来，两后腿之间呈"U"字形，肌肉丰满发达，眼肌面积大，体表脂肪覆盖不厚但较均匀。神池羊肉具有香味浓郁的特点，其肉质鲜嫩、肥瘦相间、肥而不腻、食之爽口，煮沸后肉汤透明澄清，脂肪具有清香之味，食而不腻。

人文历史

神池羊肉始于春秋战国，距今至少有2 000年的历史，源远流长。神池春秋为北狄地，山险林密、坡肥草茂。据《魏书》记载，北魏建都平城后，将神池一地划分为畿内之区，分封给鲜卑尔朱氏为牧地，牛羊数千群，成为举国闻名的豪家大富。神池羊肉名扬三晋，世代传承，据传说涮羊肉能流传下来也与神池羊肉有关。

神池羊具有适应性强、抗病耐寒、耐粗饲、生长发育快、适宜山区放牧的特性。2002年，神池县被山西省委、省政府确立为雁门关生态畜

牧经济区30县之一；近年，神池县又成为山西省优势农产品（肉羊）示范基地县之一，神池羊进入全新的快速发展时期；神池羊被中国农业科学院、山西省农业厅和山西农业大学列为科技攻关项目。

生产特点

神池县地貌受洪涛山山脉和管涔山山脉走向控制，东高西低，由东向西呈放射性倾斜，土壤类型为山地棕壤、灰褐土、风沙土、草甸土四大类，土壤pH值5.5~8.8，土壤有机质含量为0.66%~0.85%，为植物生长提供了有利条件，野生牧草面积广阔、种类繁多，为神池羊提供了丰富的食物。神池县有朱家川河、县川河、野猪口河、涧口河4条季节性河流，地面有小泉水168处，大部分属季节性小泉水，水资源丰富，且水质好，有利于神池肉羊的自然放牧。神池县属温带大陆性季风气候，其主要特征是春季干旱多风，夏季降水集中，秋季天高气爽，冬季漫长寒冷，10℃以上的年积温2 417.5℃，无霜期平均为114天，年平均日照时数2 812.1小时，年平均降水量为481.3毫米，年平均相对湿度64%，独特的气候条件有利于神池肉羊生长发育。

神池羊为抗病强、耐寒冷、耐粗饲、宜放牧、快出栏、小脂尾、肉质优的绵羊品种。神池肉羊品种选育以本品种为主，坚持自繁自育，确保本品种特有遗传性能的稳定。保持纯天然自然牧养方式，确保原材料的纯正。补饲以当地农作物副产品（秸秆、下脚料）和青干草（禾本科杂草、豆科牧草）为主。一般不补精料，只是在母羊产后、公羊配种期补充部分精料。精料以当地盛产的玉米、莜麦、黑豆、麻饼为主。饮水以山泉水、河水和自来水为主。6月龄以下羔羊体重25千克以上，成年羊体重65千克以上，母羊体重50千克以上，即可适龄屠宰。

临晋江石榴

登记证书编号：AGI00645

地域范围

临晋江石榴主要分布在山西省运城市临猗县境内峨嵋岭二坡台地，包括东张镇、耽子乡、临晋镇、嵋阳镇、北景乡、猗氏镇6个乡镇，涉及47个行政村，地理坐标为东经110°17′30″~110°54′38″，北纬34°58′52″~35°18′47″。

品质特色

临晋江石榴果个硕大，平均单果重450~650克，最大果重达1 860克；外观鲜红艳丽，籽粒晶莹红亮，味道酸甜。

临晋江石榴营养丰富，含水量不低于78%，粗纤维含量不低于2.5%，糖类含量不低于17%，有机酸含量不低于0.76%，维生素C含量110克/千克，并富含磷、钾、钙、铁等多种矿物质，同时还含有天冬氨酸、谷氨酸等15种氨基酸。临晋江石榴具有消食健胃、止咳化痰、生津润燥、理气益脾、明目醒脑等医疗保健作用。石榴汁还是一种有效的抗氧化果汁，同时，石榴汁的多酚含量比绿茶高很多，是抗衰老和防治癌症的"超级明星"。

人文历史

石榴初植于汉代，盛于唐代，明朝万历年间又贵为皇室贡品，发展历史悠久。据《博物志》记载，"西汉张骞出使西域，得榴种以归"，初植于骊宫，后"榴花遍近郊"。当时临猗县称解县，峨嵋环抱，避风向阳，土层沃厚，水质甘甜，极宜石

榴生产，临晋江石榴在临猗县的栽植已达 2 000 余年。

生产特点

临晋江石榴产区属暖温带大陆性半干旱季风气候，四季分明，全年日照时数为 2 337 小时，10℃以上的年活动积温在 4 500℃以上，年平均降水量为 499.6 毫米，平均无霜期 217 天，光照充足、雨热同期的优越气候条件有利于石榴生长发育。横跨全县东西的峨嵋岭，自然形成了一个坐北朝南的阳坡弧面，形成了独特的弧地小气候，一是弧内避风，无霜期可达 232 天，年日照时数可达 2 470 多小时；二是弧地向阳，年日平均气温可达到 14.6℃；三是耕作层地层深厚，地温也相对较高；四是水质甘甜，较弧外地域的苦水、碱水，有着不可比拟的优势。临猗县境内土壤主要为棕红色亚黏土夹砂层透镜体和古土壤，具有垂直节理，有钙结构层，厚度大于 120 米。这些独特的地理环境恰好吻合了石榴喜湿好光、耐旱耐瘠薄的生长特性。

临晋江石榴种植区选择在质地疏松、通气良好、灌溉方便、土壤 pH 值在 4.5~8.2 的向阳山地、坡地、梯田等地块。石榴自花坐果率低，应选用 2~3 个品种，分别作为主栽品种和授粉品种同时栽植，每 2 行主栽品种搭配一行授粉品种。果树栽植可在春、秋两季进行，果园施肥以有机肥为主，追肥应在花前和果实膨大期进行，提高果树结实率；果树浇水在萌芽前和果实膨大期，条件允许还要浇好封冻水。果树可分冬剪和生长季节的修剪，以提高果树的产量和质量。

芮城苹果

登记证书编号：AGI00646

地域范围

芮城县隶属山西省运城市，地处黄河北岸，中条山南麓。芮城县是全国首个以欧盟标准认证的有机苹果基地，地理坐标为东经110°14′30″~110°57′34″，北纬34°35′16″~34°50′22″。

品质特色

芮城苹果以富士为主，果实长圆形，一般重300克左右，端正高桩；果面黄红色，果皮薄，圆润如玉；果肉呈淡黄色，汁多甜脆。芮城苹果品质特色是糖分高，一般在15%以上，最高可达22%，且硬度大、货架期长，其糖度、硬度都比普通苹果高5个百分点以上。

芮城苹果风味独特，营养特别丰富，富含氨基酸、叶酸、多种维生素、钙、钾、硒等营养成分，可溶性固形物15.3%以上，有助于降压防癌、瘦身排毒、美容养颜，深受人们的喜爱。

人文历史

芮城县天蓝水碧，生态良好，一无矿产资源，二无重工业污染，三季有花，四季有果，是芮城苹果把古老的农耕文明与现代农业文明结合的淋漓尽致。芮城县特殊的环境生产出了特殊口感的苹果，是独特的芮城苹果成就了芮城县果农走上致富之路。

生产特点

芮城县境内山、滩、沟、川、垣俱全，地势北高南低，海拔302~1 993.8米，境内土层厚20~100米。芮城县年有效积温达到4 446℃，昼夜温差平均高达10~12℃，年日照时数2 366.2小时，无霜期达到205天，年均降水量513毫米，光照充足、雨热同季。这些独特的地理、气候条件决定了芮城苹果的品质特色和风味特征。

芮城县属于黄土高原，山地、丘陵坡地果园占到80%以上。果园起垄后在果树间用麦秸、玉米秆或地膜覆盖，沟上与树行覆盖之间种植三叶草等，生草面积大于80%。每年8—9月要施足基肥，基肥以农家肥（羊粪、鸡粪、牛粪、土杂粪沤制）或生物有机肥为主。生长过程中要再追、冲、喷施有机肥；果园灌水一般在萌芽至花前、春梢生长期、果实膨大期进行，土壤结冻前灌足越冬封冻水。果园冬管主要任务就是以冬剪、涂杆和刮老翘皮为主的清园消毒工作。积极推广果—草—畜—沼—水五位一体的生态果园建设模式。为提高苹果成熟度，一般最佳采收期10月中旬至11月上旬。采后于恒温果库或土窑洞贮藏，最长可贮存到第二年6月。

北景柿子

登记证书编号：AGI00647

地域范围

北景柿子分布在山西省运城市临猗县北景乡，涉及尉庄、翟庄、贾庄、齐村、王家庄、梁家庄、陆喜营、陈家庄、高家坡、南景等30个行政村，地理坐标为东经110°21′00″~110°55′15″，北纬34°58′50″~35°18′15″。

品质特色

北景柿子果实个大，平均单果重量为230克，最大果重达400克；成熟时果顶浓红色，外观艳丽；果肉橙红色，肉质硬、味甜、爽口，营养丰富。其中，碳水化合物含量不低于14.8%，蛋白质含量不低于1.82%，维生素C含量不低于294毫克/千克，镁含量不低于109毫克/千克，钙含量不低于176毫克/千克，多种营养物质均高于普通品种柿子，深受人们喜爱。

人文历史

柿树原产于中国，历史悠久，据《诗经·尔雅》记载，已有3 000多年的历史。汉初《礼则》中有"枣、栗、榛、柿"的记述；汉武帝时，司马相如的《上林赋》中有"枇杷橪柿，樗柰厚朴"之句。由此可见，汉初就已有柿树栽培。到了唐宋时期，人们爱柿尤甚，柿树在我国已大面积栽培了。

在1999年，临猗县科学技术协会在广泛调查认证、认真考察市场基础上，与各大科研院所联

合,引进甜柿,示范、推广甜柿新品种。由于临猗县北景乡及周边地带所处的优越地理位置,甜柿在这片土地上开始生根。

生产特点

临猗县地势由北向南倾斜,海拔 347~820 米,其地势平坦,土地肥沃,境内土壤类型多样,各土类有机质和全氮含量差异不大,潮土中有效磷、速效钾及中微量元素较高。黄河和涑水河是临猗县农业的优质水源,全县地下水由基岩山区补给,水资源充沛,水质优良。临猗县属于暖温带大陆性季风气候,四季分明,10℃以上年有效积温 4 280℃左右,年平均降水量 460~560 毫米,主要集中在 7—9 月,无霜期 218 天,年平均日照时数为 2 188 小时,是山西省气温较高的地区,光热资源丰富,昼夜温差较大,自然条件独特,是柿子生长的优势区域。

北景柿子耐瘠薄、抗干旱、耐涝,对土壤要求不严,但为保证柿子果实优质,宜选含盐量低、pH 值 5.0~7.5、土层深厚、有灌溉条件且排水方便的地块建园,不要在重茬地建园。果园土壤管理中要加强深翻改土,每年秋季果实采收后结合秋施基肥进行;覆草在春季进行,覆盖材料可以用麦秸、麦糠、玉米秸秆、干草等,也可结合深翻开大沟埋草,提高土壤肥力和蓄水能力。果园施肥以有机肥为主,幼龄树施肥宜少量勤施,结果树重施有机肥,提高果实的品质。

中阳柏籽羊肉

登记证书编号：AGI00648

地域范围

中阳县隶属山西省吕梁市。中阳柏籽羊产区为中阳县所辖的宁乡镇、张子山乡、下枣林乡3个乡镇，涉及18个行政村，地理坐标为东经111°06′~111°18′，北纬37°15′~37°28′。

品质特色

中阳柏籽羊为山羊，具有耐寒、耐旱、耐粗饲的特点，性情温顺，反应机敏，常年食柏叶、饮柏根山泉、跳石级，全身肉脂沉积紧凑，分布均匀，腿部肌肉十分坚实。正宗中阳柏籽羊肉，肉质密实，纹理清晰，肉色紫红，油色洁白，味含柏香，不腥不腻。

中阳柏籽羊肉含有丰富的营养物质，其中，蛋白质含量不低于21.6%，胆固醇含量大大低于普通产品，维生素E含量不低于7.3毫克/千克，钾含量不低于3 110毫克/千克、锌含量不低于59.3毫克/千克，长期食用具有补气养血、润肤明目、开胃健脾、健腰强膝的功效。

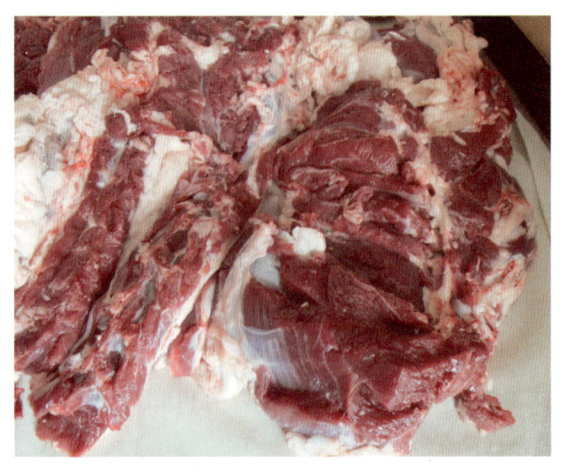

人文历史

中阳县"春秋属晋，战国属赵，汉为离石地，属西河郡。西汉置中阳县，至今已历时2 200余年"。先民世代农牧结合，依托天然饲草资源，养羊业久盛不衰。据可考的文字记载显示，2 000多年来，羊饲养量一直稳居中阳县六畜之首，尤其中阳柏籽羊"经世代先民精心管理、科学优化，

所产"，依几十万亩侧柏灌丛资源自然进化。

中阳柏籽羊肉以其很高的营养价值和独特的品质风味，成为一种滋补美食，素有"土人参""补心丹"之美誉。著名歌唱家郭兰英的歌曲中赞美道："中阳柏籽羊肉香格喷喷。"中阳柏籽羊肉被列为"三晋百宝"之一，畅销京津晋，享誉山西省内外。

生产特点

中阳柏籽羊肉生产区位于黄土高原的过渡地带，大都属石质山区，沟壑纵横，山峁林立，灌丛侧柏连片丛生，林草相间，四季常青。土壤以微酸性灰褐土为主，肥力较高，有利于各种作物生长，为柏籽肉羊提供了充足的食物。中阳县主要水源有南川河、小东川陈家湾水库及柏根下渗出的小泉小水，水质优良，尤其是小泉小水独特的形成条件为优质柏籽羊肉的生产提供了特殊的水质保障。中阳县属温带大陆性季风气候，全年日照时数为2 708.4小时，年平均降水量491.6毫米，相对湿度为55%，年平均气温为8.2℃，无霜期140天左右，是柏籽山羊生产的独特气候条件。

中阳柏籽羊肉生产基地应建立在海拔1 200~1 500米的天然侧柏灌丛覆盖区，选择背风向阳、地势相对平坦、天然泉水丰富的河谷或缓坡地带，远离人口密集区。产区内有天然侧柏灌丛15万亩，可养柏籽羊3万余只。中阳柏籽羊宜选择以陕北黑山羊、吕梁黑山羊为基础血缘的本地山羊品种。柏籽羊常年饮柏根山泉水，育肥期间坚持每天补给柏叶、柏籽等侧柏产品，当年羔羊从开食起至屠宰期间，日供给侧柏产品总量应不低于总采食量的50%。育肥羊屠宰要求膘度中等偏上，体重不低于25千克，胴体重不低于12千克。

蒲县马铃薯

登记证书编号：AGI00761

地域范围

蒲县隶属山西省临汾市，位于山西省南部。蒲县马铃薯栽植区位于蒲县中西部，涉及红道乡的西坪垣、耳里村、红道村、堡子村、韩店村、百店村、太夫村、古坡村、蒙古村，蒲城镇的曹家庄村、碾洼村、荆坡村、桃湾村，古县乡的古县村、下刘村、好义村、文城村、盘地村、仁义村、曹村、白村，薛关镇的薛关村、井沟村、古驿村、略东村、乔子滩村、劝学村、佛联村、南刘村、刁坪村、布珠村、天泉村、常家湾村，山中乡的军地村、山口村、下金定村、枣家河村、川南岭村、白家庄、山中村，地理坐标为东经110°51′09″~111°12′03″，北纬36°20′27″~36°33′33″。

品质特色

蒲县马铃薯薯块均匀、个大，表皮有粗糙和光滑两类，商品性好；炒食口感香、脆，蒸后自然脱皮开裂，口感绵软。

蒲县马铃薯富含营养，水分含量60%~90%，淀粉含量不低于8.5%、粗纤维含量不低于0.56%，维生素C含量不低于260毫克/千克，深受广大消费者的欢迎。

人文历史

蒲县马铃薯种植历史悠久，清光绪六年（1880年）《蒲县志》将马铃薯列为平民主食之一。蒲县民间红白喜事做席，一直沿用的是七碟八碗，几乎碟碟不离马铃薯，碗碗都有山药蛋。以马铃薯为主料的具有蒲县特色的八宝菜因味美可口而名扬三晋。

20世纪80年代农业调产时，蒲县政府确定"一区一品"，马铃薯作为蒲县旱垣地区的特产，开始打入市场。2002

年，县政府组建了农业资源开发中心，使蒲县的马铃薯无论在数量上，还是质量上都大幅度提高。2006年2月16日，蒲县县委、县政府出台了《关于加快发展马铃薯产业的意见》，把马铃薯作为蒲县农业的主导产业大力扶持发展，力争把蒲县建成全市乃至晋南最大的马铃薯良种基地。2009年，蒲县被农业部确定为山西省唯一的马铃薯机械化生产示范县。2010年，全县马

铃薯种植面积发展并稳定在10万亩。马铃薯已经成为蒲县农民增收、农业增效的主要渠道，也成为蒲县农业的一大主导产业。

生产特点

蒲县东、南、北三面环山，境内土壤为地带性含沙质褐土（沙壤土），结构独特，既保水又保墒，pH值7.9~8.25，有机质含量0.20%~0.70%，富含氮、磷、钾等，非常适合种植马铃薯。马铃薯种植区域主要以天然降水为主，年降水量586毫米，且集中在7—9月。蒲县属于暖温带半干旱大陆性气候，四季分明，0℃以上的年积温为3 462.5℃，年日照时数2 557.2小时，海拔高，昼夜温差大，光照充足，对马铃薯生长极为有利。9月正值马铃薯块茎膨大期，雨量适中，平均气温15.0℃，昼夜温差在20℃以上，有利于马铃薯营养物质的积累。

蒲县马铃薯种植在海拔1 300米左右的地势平坦地块，前茬是3年内未种过马铃薯的玉米和豆类作物（秸秆还田）。以抗旱、耐旱品种优先，选择优质脱毒马铃薯克新一号、大西洋为主。播前10天左右将种薯置于散射光下催芽，待催出1厘米左右短壮芽后切种，每个切块不少于40克，至少留2个芽，提倡小整薯播种。垣面高海拔地区以一作为主，播种后待马铃薯出齐苗后开始中耕培土，整个生育期培土不少于3次。蒲县马铃薯成熟期一般在9月下旬到10月中旬，生长期120天左右，收获可采取机械收获或人工收获。

蒲县核桃

登记证书编号：AGI00762

地域范围

蒲县隶属山西省临汾市，位于山西省南部。蒲县核桃栽植区域位于蒲县中西部，涉及红道、蒲城、薛关、古县、山中、黑龙关6个乡镇，西坪垣、耳里、红道、堡子、韩店、百店、太夫、古坡、蒙古、城关、枣林、茹家坪、刁口、南耀、曹家庄、碾洼、荆坡、桃湾、古县、下刘、好义、文城、盘地、仁义、曹村、白村、薛关、井沟、古驿、略东、乔子滩、劝学、佛联、南刘、刁坪、布珠、天泉、常家湾、军地、山口、下金定、枣家河、川南岭、白家庄、山中、肖家沟、中朵、武家沟、化乐、黎掌、宋家沟、前庄52个行政村，地理坐标为东经110°51′09″~111°15′16″，北纬36°11′36″~36°33′16″。

品质特色

蒲县核桃坚果方椭圆形，横径30~55毫米，外壳黄白色，壳面洁净，缝合线紧密。坚果含水量不超过8%，平均果重不低于10克，出仁率大于50%，且取仁容易，种仁饱满，仁色黄白。

蒲县核桃营养丰富，蛋白质含量不低于19%，脂肪含量不低于59%，富含磷、钙、镁、铁、锌等矿物质元素及多种维生素，维生素E含量不低于141.2微克/千克，维生素A含量不低于1毫克/千克。

人文历史

蒲县核桃种植历史悠久。清光绪六年（1880年）续修《蒲县志》，把核桃列入第一卷《地理志·果属》，详细阐述了核桃的功能："核桃：一名胡核，留皮消滞，去皮润血，和盐食更佳，能通命门和三焦。"可见核桃生产已是当地的一种产业。据民间传说，慈禧太后西逃时路过临汾，平阳府送去核桃一盆，慈禧太后见后大喜，问曰："这是何方核桃，香入肺腑！"答曰："平阳府蒲县产也！"蒲县核桃从此名声大振。

新中国成立后，核桃生产列为木本粮油，得到大力发展。1964年，蒲县山中公社白家庄大队党支部书记王明茹首次在全县建立万亩核桃园。1984年，白家庄村人均种植4亩核桃，成为全县核桃栽植生产之最。2005年，蒲县核桃荣获临汾市首届农业新技术新产品展销会名牌产品奖。2010年，蒲县核桃种植面积发展到10万亩，成为蒲县农业的一大支柱产业。

生产特点

蒲县核桃产地土壤类型为地带性含沙质褐土（沙壤土），结构独特，既保水又保墒，土壤pH值7.9~8.25，有机质含量0.20%~0.70%，富含氮、磷、钾等元素。核桃种植区域主要以天然降水为主，年降水量586毫米，且集中在7—9月。蒲县核桃种植区属于暖温带半干旱大陆性气候，四季分明，雨热同季，年平均气温8.7℃，年均日照时数2 557.2小时。8月为核桃成熟期，光照充足，雨量适中，平均气温20.5℃，昼夜温差大，有利于核桃营养物质积累。通常情况下，蒲县在11月下旬开始封冻，翌年3月上旬开始解冻，封冻期90天，冻土深度平均70厘米，害虫越冬比较困难，所以在核桃生产过程中很少发生病虫害，提高了坚果品质。

蒲县核桃种植在海拔1 000~1 450米背风向阳的垣面地、山丘缓坡地；选择适宜当地环境条件和气候条件的，抗病、抗旱、抗寒性强，树势健壮，坐果率高，经济寿命长的品种，主要有新疆核桃、汾阳绵核桃、中林系列和辽河系列等品种。6月进行中耕除草和树盘管理，6—7月及秋季果实采收后施肥，以腐熟有机肥为主。5月上旬至核桃落叶前对盛果树的内膛徒长枝、无用倒拉枝、重叠枝和病虫干枯枝等进行修剪。核桃必须达到完全成熟才能采收，规定果实总苞（青皮）由青变黄，顶部开裂1/3开始采收。核桃采收后，在阴凉处脱去青皮。9月采果后，整形修剪树冠。越冬时期核桃树主干涂白，幼树根部培土增温和缠纸套袋保温。

阳曲小米

登记证书编号：AGI00763

地域范围

阳曲县隶属山西省太原市。阳曲小米产地为阳曲县的东黄水镇、凌井店乡、侯村乡、黄寨镇、大盂镇、高村乡、泥屯镇、北小店乡、西凌井乡和杨兴乡 10 个乡镇，涉及 124 个行政村，地理坐标为东经 112°12′~113°09′，北纬 37°56′~38°09′。

品质特色

阳曲小米色泽蜡黄，颗粒圆润，味香甜，用其做成米粥、稀饭口感劲道，制成面粉可用来蒸制多种食品，非常适宜老人、小孩、孕妇食用。

阳曲小米营养价值极高，其中，蛋白质含量不低于 9.52%，膳食纤维含量不低于 5.94%，磷含量不低于 4.46 克 / 千克，锌含量 24.6 毫克 / 千克，维生素 C 含量不低于 97 毫克 / 千克，深受广大消费者的欢迎。

人文历史

阳曲小米发展历史悠久，据民间传说，1900 年八国联军入侵，慈禧太后与光绪帝逃难路过阳曲，当走到青龙镇时，当地王姓大户人家用本地小米煮成小米饭，此

米煮成饭后松软可口，味道清香，越嚼越香，慈禧太后食后，大加赞赏，并将此米取名"太后香"，此后成了年年向皇帝进贡的珍品。民国二十三年（1934年），阳曲县小米种植面积达到466 204亩，产量居山西省第一。

阳曲县历来重视小米产业的发展，农业部门还推广了谷子化控间苗技术，从2014年开始，阳曲县农业委员会还在全县大面积示范推广全膜双垄沟播谷子技术，平均亩产达到280千克，为阳曲小米的进一步发展提供了技术保障。

生产特点

阳曲县土壤类型为褐土和潮土，土壤有机质含量0.2%~2.4%，pH值7.5~8.0，不仅结构独特，又保水保墒，非常适宜种植谷子。阳曲县谷子灌溉主要以天然降水为主，年均降水量300~500毫米，7—8月降水量占全年降水量的61%，此时正值谷子拔节孕穗期，是需水量最大时期。阳曲县谷子种植区域属于暖温带大陆性气候，四季分明，10℃以上的年积温为3 297℃，年均日照时数为2 627.2小时，无霜期为164天；9月是谷子灌浆蜡熟期，光照充足，降水量适中，白天最高气温34.2℃，晚上最低气温-4℃，昼夜温差大，有利于谷子营养物质积累。

谷子耐瘠薄、耐干旱，适应性广，一般选择地势平坦、保水保肥、排水良好、肥力中等的地块，并实行轮作倒茬，避免重茬。种植品种以晋谷21号、晋谷29号、晋谷36号、晋谷42号为主。产地施肥以有机肥为主，并适时追肥追水，以保证产品的产量与质量。当谷子的颖壳变黄，谷穗断青，籽粒变硬，即可收获。

阳城山茱萸

登记证书编号：AGI00764

地域范围

阳城县隶属山西省晋城市，位于山西省东南部，地理坐标为东经112°00′~112°37′，北纬35°12′~35°40′。阳城山茱萸地理标志地域保护范围为阳城县的蟒河镇、东冶镇、河北镇、驾岭乡、横河镇、董封乡、次营镇7个乡镇，涉及75个行政村，地域保护范围面积780平方千米。

品质特色

阳城山茱萸以色泽鲜红为特色，在我国四大山茱萸产地中，这里生产的山茱萸色素含量高，药性品质最佳；其果肉入药，性温味酸，滋阴补阳，补肝益肾，生津开胃，健脾强心，是山茱萸之上品，适用于体虚肾亏、体力虚弱、精力不足、腰膝酸软、腰疼胃寒、性功能减退、头晕、耳鸣、气短、记忆力减退、失眠、自汗、尿频者。

阳城山茱萸可用来沏茶、泡酒、入药、做汤、做馅、煮粥、烹菜、炖肉，由于山茱萸肉味酸涩，沏茶时，可适量加入冰糖。

人文历史

自古以来，山茱萸以防疫、治病、辟邪等特有功效著称。据《本草纲目》记载，山茱萸味酸平、无毒、有"温中、温脾、逐寒、去浊、强阴、益精、久服名目、强力、长寿"功能，称其"益元阳，补元气，固元精，壮元神，乃延年续嗣之至"。

山西省阳城县为国家级山茱萸生产基地之一，栽培山茱萸的历史悠久，有"中国绿

色生态山茱萸示范县"的美誉，尤其是国家自然保护区——蟒河地区为阳城山茱萸的发源地，具有生产山茱萸的最适宜条件和种植山茱萸的丰富经验。据史料记载，汉代以前该地区就有山茱萸野生资源，现在当地仍有许多明代所植山茱萸树，其中蟒河村内的"山茱萸王"经专家鉴定已有400多年的树龄，为明代所栽，目前仍郁郁葱葱，果实累累，年平均挂果150~200千克。

生产特点

阳城县地形以山地、丘陵、河谷平川为主。阳城县属暖温带半湿润气候，年平均气温11.7℃，年降水量平均627毫米，无霜期为170~195天，年平均日照时数2 571.3小时，四季分明，雨热同期，阳光充足，有利于山茱萸生长。县境内地表水主要以沁河、获泽河、芦苇河、涧河为主，还拥有"南部八小河"，即江河、龙门河、次滩河、盘亭河、南门河、秋川河、石圈河、蟒河，河流均属黄河水系，70%的地表水资源主要集中在汛期6—9月，与山茱萸的生长季相符合，满足其生长过程中对水的需求。

阳城山茱萸生产基地选择土层深厚、疏松、肥沃、湿润的半阳坡壤土、沙壤土梯田为宜。山茱萸一般采用种子繁殖，也可以嫁接、压条繁殖，当山茱萸苗高6~10厘米时，可移栽到苗圃地；待6月中旬苗高25厘米时，打顶、增加茎粗生长；到7月上旬进行嫁接。山茱萸果实9月下旬至10月初成熟，当果实外表鲜红时即可采收。产区对森林资源进行安全保护，不允许随意砍伐，不准进入林区放牧，防止破坏植被，并有计划地组织农户在雨后适时划区采收山茱萸，防止争抢资源，影响可持续发展计划实施。

南林交莲藕

登记证书编号：AGI00765

地域范围

曲沃县隶属山西省临汾市，位于临汾盆地南端，地理坐标为东经110°24′~110°37′，北纬35°33′~35°51′。南林交莲藕栽植区域涉及南林交村、北林交村、东明德村、西明德村、白水村、景明村、营里村、下裴庄村、上裴庄村、交里村、河南西村、西周村12个行政村，保护区域总面积380公顷。

品质特色

莲藕是肥大的地下根状茎，南林交莲藕为当地古老的品种——白莲，莲藕基本为纺锤形，并伴有不规则棱角，大小均匀，皮白如玉，酥脆无渣，折断可拉丝且有独特清香味，以熟食为宜。

南林交莲藕营养丰富，水分含量78.8%，淀粉含量11.5%，维生素C含量562毫克/千克，总膳食纤维含量2.3%，粗多糖含量2.4%，总黄酮含量0.1%，商品性好。

人文历史

南林交莲藕的主产区位于曲沃县东南，当地农民种植莲藕历史悠久，具有丰富的种植莲藕经验。沸泉、龙王池泉水常年流经该村，水质好、纯天然、无污染、流量大，灌溉方便，经泉水灌溉生产的莲藕，皮白如玉、脆嫩香甜，相传在三晋时期即为御膳贡品。丰富的水利资源，深厚的文化内涵，优越的自然条件，

为南林交莲藕打造了独一无二的生长环境。

近年来,在上级部门和曲沃县委、县政府的大力扶持引导下,南林交莲藕渐成气候,并创立品牌。在最大的种植专业村——南林交村建起了千亩优质莲藕种植示范基地,使这一传统产业焕发新的生机,为加快农业转型发展、促进农民持续增收再立新功。

生产特点

南林交莲藕种植区域地处紫金山冲积平原的黑河河道、沸泉干渠、天河水库周边,土壤以潮土、褐土为主,土壤pH值8.2~8.5,有机质含量3.84%,碱解氮220.7毫克/千克,有效磷122.2毫克/千克,速效钾587毫克/千克,为优质莲藕生产区域。该区域内浍河水库、天河水库、溢沟水库、沸泉一库、沸泉二库5座水库错落有致,黑河、天河、浍河交汇于此,水资源极为丰富,且水质优良,富含多种矿物质,为生产优质商品莲藕提供了可靠的保证。曲沃县属暖温带大陆性季风气候,四季分明,无霜期189天左右,年均气温12℃,年均日照时数为2 474小时,年均降水量525.7毫米,降水多集中在6—9月,与莲藕最佳生长期吻合,利于发展莲藕产业。

南林交莲藕种植品种以白莲藕、鄂莲5号等为主。莲藕是多年生宿根植物,一年一个生长发育周期,一般分为苗期、成苗期、花果期、结藕期、休眠期5个时期。在莲藕幼苗期保持8~10厘米的水位,提高地温,利于萌发;成苗期要及时补充水,保持15~20厘米水位;花果期应加强水肥管理;结藕期视其生长情况及时追水、追肥;采收鲜食藕应在8—9月休眠期进行,当新藕完全形成,及时挖出商品藕。

临县开阳大枣

登记证书编号：AGI00871

地域范围

临县隶属山西省吕梁市。临县开阳大枣的地域保护范围为曲峪镇、丛罗峪镇、碛口镇3个镇的65个行政村，保护区域面积14 467公顷，地理坐标为东经110°35′~111°44′，北纬37°40′~37°46′。

品质特色

临县开阳大枣颜色深红，个大皮薄，肉厚核小，质地酥脆，味甜多汁，清香怡人，含糖量高，掰开拉丝长达60厘米左右，有"开阳尺八大姆枣"之称。

开阳大枣富含营养物质，干枣中氨基酸含量不低于2.87%，总含糖量为56.6%~58.3%，脂肪含量约4毫克/千克，维生素C含量不低于1 491毫克/千克，胡萝卜素含量约0.1毫克/千克，品质优良，深受人们喜爱。

人文历史

临县开阳大枣栽培历史悠久，名扬海外，是临县的一大支柱产业，也是临县极具优势的一张名片。临县红枣产地地处黄河中游河畔，山环水绕，日照充足，昼夜温差明显，是红枣起源的中心地带，栽培枣树历史悠久，据传可追溯到西周时期，但无史料可考。临县境内至今仍存活有成片的千年老枣树。清代以来红枣成为临县大宗出境特产之一，同时也是朝廷贡品。临县才子赵中元是乾隆皇帝的老师，曾将红枣送给乾隆皇帝品尝，皇帝赞不绝口。民国时期的《临县志》记载："克虎寨、小园子一带，枣居多数，而八堡较为驰名。"

生产特点

临县属黄土丘陵沟壑区，境内山高沟深，沟壑纵横，地势由东北向西南倾斜；土壤以沙性土壤为主，pH值7.2~8.0，适于有机红枣的生产。临县开阳大枣产区地处临县西南，晋陕两省交界的黄河之滨，水源充足。临县地处中纬度地区，属暖温带大陆性气候，四季分明，冬季寒冷干燥少雪，春季干旱多风少雨，夏季炎热雨量集中，秋季较为温凉湿润，年平均气温11.3℃，年均日照时数2 807小时，年均降水量为454.4毫米，无霜期180天左右，日照充足，昼夜温差大，所产红枣含糖量高。

临县开阳大枣产区选择在背光向阳、光照充足、土层深厚、排灌便利的黄河滩地沙性土壤地区，栽植品种以当地优质木枣、大木枣为主，其次为圆铃枣、相枣、金昌一号等。枣树修剪分冬剪和夏剪。冬剪是落叶以后至第二年发芽前对树体进行的截枝、疏枝等一系列保证树形结构、稳产与丰产的树形调整措施；夏剪是发芽后，为促花坐果对当年生枝条进行疏枝、截枝、摘心、捋枝等修剪手段。果园果实采摘后至封冻前是施基肥的最佳时期，可延续至翌年发芽前；在果园封冻前灌一次封冻水，有利于树体冬眠和消灭越冬病虫，发芽前灌一次催芽水，以后视情况需要追水、追肥。

忻州糯玉米

登记证书编号：AGI00872

地域范围

忻府区隶属山西省忻州市，位于山西省北中部，忻定盆地西半部。忻州糯玉米农产品地理标志地域保护范围为忻府区的播明镇、解原乡、奇村镇、合索乡、东楼乡、秦城乡、义井乡、紫岩乡、西张乡、曹张乡、高城乡、董村镇、长征街道等13个乡镇（街道），涉及150个行政村，地理坐标为东经112°17′~112°58′，北纬38°13′~38°41′。

品质特色

忻州糯玉米皮薄无渣、口感细腻、鲜嫩黏香、软滑甘甜、营养丰富，富含多种维生素、氨基酸、脂肪酸及膳食纤维等，品质优良。该产品除具有较高的营养价值外，还有良好的保健功能，经常食用可降低胆固醇，防止动脉硬化，预防胆结石的发生。

人文历史

忻州糯玉米产于忻府区，忻府区是忻州市唯一的市辖区。忻州糯玉米起步于1993年，是中国最早引进种植糯玉米并加工的地区，2006年忻府区的糯玉米产量居全国的第三位。忻州区特殊的气候条件，形成糯玉米糖分积累多、香甜软糯的特点。2011年，忻府区被农业部授予"国家级甜糯玉米标准化示范区"称号。目前，

忻州糯玉米种植面积已发展到3万亩以上,产品畅销北京、上海等地,并远销美国、俄罗斯、韩国、日本等国家。

生产特点

忻州糯玉米产区位于黄土高原峡谷带,地处北纬38°最佳玉米种植地带,有多年的玉米种植历史。忻府区平川多而山地少,地形平坦,水利和土壤条件较好,全区耕地土壤类型为褐土、潮土,土壤有机质平均为13.61克/千克,富含氮、磷、钾等,土壤pH值7.5~8.2,是山西省主要商品粮基地之一。忻府区境内有滹沱河、云中河、牧马河3条较大的河流,米家寨水库、双乳山水库和岁兴水库3座水库,区域可开采的地下水总量为1.13亿立方米,水资源较为丰富,且水质优良。忻府区属暖温带季风气候,夏季多东南风,冬季多西北风,夏季过后秋高气爽,年平均日照时数为2 677.7小时,无霜期167天左右,年有效积温为3 050~3 490℃,年降水量420~470毫米,降水主要集中在7—9月,年均相对湿度60%,年均蒸发量1 768毫米。由于无霜期长,光照充足、昼夜温差大,这里产的糯玉米香甜软糯,品质极佳。

忻州糯玉米种植在平坦、土层深厚、保水保肥能力强的地块,不能在中度以上盐碱地上种植。种植品种以晋单41号为主。前茬作物收获后及时灭茬,并在冬季前进行耕翻,条件好可以进行冬灌或春浇,促进土壤熟化和减少越冬害虫基数。产地基肥以有机肥为主,在春季播种耕地时一次性施入,有机肥主要是发酵腐熟的畜禽粪、厩肥。当耕层10厘米地温稳定在12℃时,及时播种;若采用地膜覆盖栽培,日平均温度稳定在7~8℃时播种为宜,一般为4月上旬至6月下旬。生产过程中要及时中耕除草、追水追肥。糯玉米鲜穗的采摘一般在授粉后22~25天为宜,或者抽雄后的27~30天。糯玉米保鲜加工在忻州市当地一般有速冻、真空两种工艺。

析城山小米

登记证书编号：AGI00873

地域范围

阳城县位于山西省东南部，晋城市西南部，县境四周环山，地理坐标东经112°03′~112°63′、北纬35°22′~35°68′。析城山小米地理标志地域保护范围为阳城县的东城街道、凤城镇、北留镇、润城镇、西河乡、固隆乡、河北镇、驾岭乡、芹池镇、演礼乡、次营镇、横河镇、东冶镇、蟒河镇、町店镇、寺头乡、董封乡、白桑乡18个乡镇（街道），涉及467个行政村。

品质特色

析城山小米颗粒圆润，金黄鲜亮，品质优良，蒸煮皆宜。用析城山小米做出来的米饭清香发甜，绵软可口；熬出来的粥汁黏稠味香，是滋补养生的佳品。析城山小米富含的米糠油，素有"代参汤"的美誉，其所含的纤维素、蛋白质等营养质量指数均大于1，深受广大消费者的喜爱。

析城山小米营养丰富，淀粉含量57.55%，蛋白质含量10.12%，脂肪含量4.22%，可溶性糖含量1.6%。它可防治消化不良、反胃呕吐，具有清热解毒、健胃除湿、和胃安眠的功效，因而具有很高的药用价值，另外，它对于各种炎症、高血压、癌症均有一定的预防和抑制作用。

人文历史

析城山小米是由当地谷子经石碾去壳加工而成，为山西省晋城市的名特产品，它发展历史悠久，从明朝嘉靖年间（1522—1566年）到清朝，一直是宫廷

贡品。加工析城山小米所用的谷子生长时间长，生产过程中只使用农家肥，品质优良，营养丰富。

生产特点

阳城县地形以山地、丘陵、河谷平川为主。县境内地表水主要以沁河、获泽河、芦苇河、涧河为主，还拥有"南部八小河"，即江河、龙门河、次滩河、盘亭河、南门河、秋川河、石圈河、蟒河，境内河流均属黄河水系，70%的地表水资源主要集中在汛期6—9月，水资源丰富。阳城县属暖温带半湿润气候，四季分明，年平均气温11.7℃，年降水量平均627毫米，无霜期为170~195天，日照时数年平均为2 571.3小时，光照充足、雨热同期，与谷子的生长季相符合。

析城山小米生产基地选择土层深厚、排水良好的沙壤土、红壤土、黄壤土、红黏土或红沙土地块，土壤有机质含量2%以上，pH值为7左右。春季当耕层土壤化冻12厘米时，及时进行整地、施肥、起垄和镇压，要连续作业，避免肥料和墒情流失，做到平、碎、净，一般在4月10日前结束整地。当耕层10厘米处地温稳定在12℃以上时，及时播种；产地施肥以农家肥为主，并在谷子生长过程中及时中耕除草、追水追肥，保证谷子正常生长。9月下旬至10月上中旬，谷子下部叶片变黄、上部叶片稍带绿色或呈黄绿色、籽粒变硬、产品成熟时及时收获。

霍州苹果

登记证书编号：AGI01003

地域范围

霍州苹果农产品地理标志保护区域位于山西省霍州市境内霍山脚下，地理坐标为东经110°12′~113°27′，北纬35°01′~36°23′，其中苹果的产地主要分布在108国道大运线三教乡、陶唐峪乡、李曹镇2乡1镇的丘陵山区，涉及100多个行政村。

品质特色

霍州苹果果实大而整齐，平均单果重350~400克，形正，着色好，脆硬适度，果肉乳黄色，细脆多汁，香甜可口，果味纯正。

霍州苹果营养丰富，其中，总膳食纤维含量不低于1.0%，可溶性固形物不低于14.0%，水分含量不低于75%，维生素C含量不低于12毫克/千克。它是馈赠亲朋好友的佳品，老少皆宜，长期食用还可健脾舒胃、美容养颜、延年益寿。

人文历史

苹果在霍州栽培历史悠久，清康熙十二年（1673年）版《霍州志》中有关于苹果的记载："苹果，色味俱佳，佛嗜之故一名佛唇。"据当地老人讲，康熙帝不仅对苹果的分类归属作过研究，还曾设计过"有钱买桃、苹果、梨三色……各价几何"的数学应用题。他似乎对苹果有特别的喜爱，常用苹果赏赐臣下。康熙二十二年（1683年）康熙帝出巡山西途中，在霍州府接见学生蔡丹桂，命其讲经,"赐白金五两,金盘苹果六枚"。道光五年(1825年)《霍州直隶州志》中也有苹果的相关记载。

新中国成立后,霍州苹果种植面积有了突破性进展,20 世纪 60 年代初开始广泛栽植,主要品种有国光、青香蕉、金冠、红星、红魁、祝光、红玉、倭锦、迎秋、鸡冠等品种。党的十一届三中全会后,苹果生产成为霍州市发展经济的"龙头",已发展到 5 万亩。如今,霍州市已成为全省优质苹果生产基地,苹果产业已成为该地区转型发展、农民增收致富的一条新途径。

生产特点

霍州苹果种植区土壤类型主要是黄褐土,土层疏松深厚,有机质含量 1.2% 以上,保水保肥能力强,适合果树生长。霍州市水资源十分丰富,有北涧河、南涧河 2 条主要河流,杨家庄水库是霍州市境内最大水库,山间 10 多条山涧小溪横贯三教乡、陶唐峪乡、李曹镇,农田排灌设施配套齐全,水质清澈无污染,旱能浇,涝能排。霍州市属暖温带大陆性半湿润季风气候,年平均日照时数为 2 069 小时,无霜期 204 天左右。气候温和,四季分明,昼夜温差大,有利于苹果养分积累。

霍州苹果种植区选择在阳光充足、地势较高、空气清新、土壤肥沃、水质优良的地块,以嘎拉、红将军、红富士等早、中、晚熟品种为主。果园施肥以有机肥为主,实行配方施肥,并根据果树生长的需要,适时追水、追肥。苹果树适时修剪,冬季修剪,使树冠枝枝见光,果果见光;花前复剪,主要目的是调整花量,克服大小年;在生长季及时进行夏剪和秋剪,改善光照条件,形成足够的花量,增加树冠内通风透光度,提高果实品质。苹果花果期可以采取蜜蜂传粉和人工授粉等方法提高坐果率和果实整齐度,并及时疏花、疏果。红富士苹果套袋应选用质量较好的双层果袋,果实在袋内的生长日期为 90 天以上。9 月中下旬果实着色期(套袋树应在除袋后)在树冠下铺设反光膜,促进果实着色。

斗山杏仁

登记证书编号：AGI01004

地域范围

斗山杏仁农产品地理标志地域保护范围位于山西省大同市广灵县斗泉乡，全乡辖 18 个行政村，地理坐标为东经 113°51′~114°24′，北纬 39°35′~39°55′。

品质特色

仁用杏树的种子核果状，具长梗，下垂，椭圆形、长圆状倒卵形、卵圆形或近球形，长 2.5~3.5 厘米，直径 1.5~2.0 厘米；成熟时淡黄色或橙黄色；种皮骨质，淡黄色，常具 2（稀 3）纵棱；内种皮膜质，淡红褐色。

斗山杏仁富含蛋白质、不饱和脂肪酸、铁、磷、总黄酮、维生素 E 等营养物质。现代研究表明，杏仁对面部痤疮、皮肤粗糙、色素沉着及面部皱纹等具有较好的防治作用，经常食用能有效地延缓皮肤衰老，使皮肤清洁亮丽、富有光泽和弹性。

人文历史

广灵县仁用杏仁种植历史悠久，清朝年间的《广灵县志》记载，"边地严寒，无多珍果，唯有大扁，为民之末，是以土果比诸他郡邑尤名焉""广灵，山高早寒，无多奇产，唯一斗泉之大扁杏质良而驰名也"。盛产于广灵北部斗山脚下的仁用杏以其仁大、饱满、酥脆闻名，当地的民谣"贡品杏仁出斗山，斗山杏仁香千里"广泛流传。

在广灵县，杏仁被制作成各种民间佳肴，包括杏仁全鸭、杏仁煨鸡、杏仁熘子鸡、杏仁薄荷鳕鱼、杏仁鸡丁、杏仁煮干丝、杏仁豆腐、杏仁蒸鸡蛋、杏仁粥、杏仁粽子、杏仁蒸饼、杏仁烤麸、杏仁粉，等等。逢年过节，访亲拜友，对外交流，斗山杏仁是一种非常重要的礼品，它的使用价值已经超出了食用本身，还承载着浓厚的地域文化。

生产特点

斗山杏仁种植区地处太行山北端，恒山东麓，自然地形可分为山地、丘陵两部分，境内土壤以山地褐土、栗钙土为主，pH值8~9。斗泉乡地表水的主要来源为降水，年降水量比较集中，径流量季节变化大，过境水的利用量较小，地下水资源比较丰富，为杏树生长提供了充足的水源。该地区属中温带大陆性季风气候，季风显著，十年九旱，四季分明，春季多风，干旱少雨，冬季干冷，雨雪稀少，光照充足，太阳辐射强，昼夜温差大，年平均气温7℃，年降水量410毫米左右，无霜期134天左右，独特的环境和优越的气候条件有利于仁用杏树的生长。

斗山杏仁基地选择在地势较平坦、土层厚1.0米以上、土壤质地疏松肥沃、地下水位2.0米以下的地块。品种选取斗泉乡的斗泉、南岳庄、北岳庄、头咀、六咀5个村生产的优质仁用杏作为首选，嫁接时间在7月下旬至8月下旬，砧木以1年生的砧木苗为最佳，采集接穗应是壮年嫁接树中上部位有饱满侧芽的1~2年生侧枝。种植基地应进行深翻改土、修树盘，为根系生长创造良好的土壤环境。生产过程中不使用化肥、农药、除草剂等化学合成物质。因地制宜使用有机肥料，人畜禽粪尿等施用前须经高温腐熟处理，人工拔除杂草。果树生长期通过采用剪、拉、疏的方法，将其培养成主干疏层形或疏散开心形，有利于提高果树的质量与产量。当仁用杏果实外皮由青转黄或橙黄，并开始少量自然脱落时采收，杜绝果实未成熟时采青。

清徐葡萄

登记证书编号：AGI01055

地域范围

清徐县隶属山西省太原市，地处太原盆地的西北端，吕梁山山脉，地理坐标为东经112°12′~112°19′，北纬37°03′~37°42′。清徐葡萄地理标志产品保护范围为清徐县马峪乡、清源镇、东于镇范围内的西迎南风村、黄土坡村、枣坪村、后窑村等37个行政村。

品质特色

清徐葡萄为酿造、鲜食兼用品种。清徐葡萄皮薄、粒大、色泽美观；肉厚、汁多、糖分高、味道甜。清徐葡萄可溶性固形物含量15.5%~22%，水分含量76%~81%，维生素B_1含量160~200微克/千克，维生素B_2含量220~280微克/千克，钾含量1 700~1 750毫克/千克，磷含量100~140毫克/千克，总黄酮0.084%~0.090%，营养丰富，深受广大消费者欢迎。

人文历史

清徐县是中国四大葡萄名产地之一，清徐葡萄栽植已有2 000余年的历史，是清徐县农业的主导产业。1998年，清徐葡萄主产区马峪乡被中国特产之乡暨宣传活动组委会命名为"中国葡萄之乡"。目前，清徐葡萄品种已发展到160余种，葡萄种植面积达1 200公顷，年总产量27 000吨。清徐葡萄享誉全国，产品远销深圳、广州、北京、上海等各大城市，经济效益十分显著。

生产特点

清徐葡萄种植区域内沟壑密布,山峦逶迤,梁峁层叠,塬坡连绵,土壤类型为褐土,质地较粗、沙砾较多,pH值7.9~8.1,这种土壤养分较高,保水保肥性能好,宜植性广,加上当地群众素有使用农家肥作底肥的耕作习惯,使这里成为葡萄的天然生产基地。清徐县境内降水时空分布良好,地下水资源极为丰富,浅层水质好,为葡萄种植提供了有利的灌溉条件。清徐县属于温带大陆性气候区,气候温和,四季分明,6—9月是清徐县热量资源充足、降水量集中的季节,有效提高了葡萄的产量和品质。

清徐葡萄种植品种以龙眼、卡拉斯玫瑰、巨峰、红提等为主。果园施肥以秋施基肥为主,花前、花后、幼果膨大期等物候期结合降水适时追肥,并根据树体营养诊断适量施入微量元素。在果树生长期间将过多不必要的芽尽早抹除;当新梢长至12~15片叶时,要及时绑蔓,同时摘除卷须;当新梢叶片长到12~15片叶时开始摘心;花序在开花前14天左右要掐去一部分穗尖,提高坐果率;葡萄花谢后30天左右开始套袋,6月中下旬结束,提高果实着色度。

贺家庄仙桃

登记证书编号：AGI01056

地域范围

贺家庄仙桃种植区为山西省临汾市尧都区大阳镇、县底镇、贾得乡的丘陵区域和贺家庄乡的14个村，常年种植鲜桃800公顷，地理坐标为东经111°34′52″~111°43′58″，北纬35°54′29″~36°01′53″。

品质特色

贺家庄鲜桃果实特大，平均单果重400克，最大单果重1 200克；色泽鲜艳，果肉乳白，质硬脆嫩，甜度高，口味极佳，半离核；果面光洁，茸毛极少，属超晚熟品种；适应性强，抗旱，耐瘠薄，耐贮运。

贺家庄仙桃鲜美诱人，营养丰富，果实中可溶性固形物含量不低于11.0%，总膳食纤维含量不低于13%，富含铁、钾、磷、维生素C、维生素B_1、维生素B_2，此外，还含有蛋白质、脂肪等，老少皆宜。

人文历史

贺家庄鲜桃种植历史悠久，民国期间的《临汾县志》就有桃的记载；新版的《临汾市志》也记载："邑人素有利用房、路、渠、河等零星地植树的习惯；民国八年（1919年），在县城西门外汾河滩栽植榆树、柳树百余亩；民国二十二年（1933年）在涝河渠河道绿化，柳树、桃树相间成行。"

改革开放以来，贺家

庄鲜桃产业有了较快的发展，形成了当地农民致富的一项重要产业。随着贺家庄仙桃品质的进一步提高，开始不断引进外地的新品种，加快改良驯化，使品质得到普遍提高。从2004年开始，"临汾尧都·乡村风情桃花会"连续多年在当地召开，通过桃花会，搭建了农产品宣传平台，提升了农产品品牌效应，显著增加了农民收入。目前，贺家庄乡已成为山西省南部优质鲜桃的主要产地之一。

生产特点

贺家庄仙桃种植区域内地貌呈缓坡丘陵状，海拔700~1 200米，境内土壤类型为褐土性土，土壤肥沃，pH值8.23~8.25，这种土质有机质养分较高，保水保肥性能好，排灌条件良好，宜植性广，加上当地群众素有使用农家肥作底肥的耕作习惯，所以该区域是生产优质桃的理想区域。产区内地表水的主要来源于降水，径流量季节变化大，过境水的利用量较小，地下水资源比较丰富，水质优良。产区属干旱、半干旱大陆性气候区，气候温和，7—9月降水量约占全年降水量的70%，雨热同期，有利于桃子生长；当地光照充足，昼夜温差大，有利于桃子糖分的积累。

贺家庄仙桃多在阳光充足、地势较高的地块建园。早、中、晚熟品种配搭比例为5∶3∶2，主要品种为沙红、新川中岛、早丰王、天王、红刚山、中华福桃、桃王九九等。生产过程中加强土肥水管理，封冻前结合秋施基肥深翻改土对桃园进行深翻扩穴；生长季节要深施基肥并做到及时追肥；春季萌芽前、花期、果实迅速膨大期、秋季施基肥时及土壤封冻前应根据需求合理浇水。幼树的修剪采取轻剪长放，长梢修剪为主；大量结果后转向常规修剪，保持主枝延长头的生长优势，增加枝叶量，达到扩冠增长的目的。要生产出个大、质优的高档果必须进行疏花疏果，合理负载，疏花在大蕾期进行；疏果从落花后两周到硬核期前进行。在定果后及时套袋，一般在果实成熟前10~20天解袋。收获后，按等级进行分类、包装上市。

冀村长山药

登记证书编号：AGI01057

地域范围

冀村长山药地理标志地域保护范围为山西省汾阳市境内冀村镇的冀村、仁岩村、艾子村、唐兴村、城子村、古贤庄村、南浦村、东河头村、东马寨村、东陈家庄村、东遥庄村、大会头村、菩提庄村、东宋家庄村、西九枝社村、东九枝社村、李家庄村、东社村、富家庄村，杏花村镇的杜村、辛庄村、永安村、官道村，总面积5 002.02公顷。地理坐标为东经111°53′50″~112°00′02″，北纬37°15′02″~37°22′10″。

品质特色

冀村长山药条块顺直，块茎肉质肥厚，直径5厘米左右，圆柱形；表皮光洁色淡，有紫红斑，根毛细而稀少；皮薄，肉色泽洁白，肉质细腻无纤维，易熟，熟后性绵，香气浓郁；掰开后有白色黏液，黏度高，粉性足，咬食无渣。

冀村长山药营养价值高，可食率（以质量计）大于95.0%。山药块茎中富含蛋白质、淀粉、膳食纤维、粗多糖、多种维生素，以及钙、钾、铁等，具有较高的营养价值。

人文历史

冀村长山药发展历史悠久。在明崇祯年间，仁岩人曹良直的家中并不富裕，主要靠种植土特产长山药维持生活，每当其在省城的同学来家里时，他的父母就会把平时舍不得吃的长山药拿出来，炒两道好菜招待他的同学们，其中有一道当地的名菜——羊肉煨山药，深受大家喜爱。羊肉煨山药主要在"煨"字上见工夫，羊肉为红润细嫩的羯羊肉，山药为洁白如玉的鲜长山药，通过慢火之煨，将羊肉和山药的精华煨成了肥而不腻的汤汁，再加上几段青翠的香菜，更让人垂涎欲滴。在

这些同学中有一位名叫傅山的同学，他发现村里那些经常吃长山药的老人，一个个红光满面的很精神，回家后查阅资料后，发现长山药不仅可以治诸虚百损，疗五劳七伤，还具有补心气不足、强筋骨、益肾气、健脾胃、化痰涎、润皮毛等功效。后来傅山在羊肉煨山药这道菜的基础上，加了莲菜等材料，制成有名的"八珍汤"，也叫"十全大补汤"，后改名为"头脑"。"头脑"曾作为山西的贡品，深受注重美容的西太后的喜爱，名扬京城。

生产特点

冀村镇地处黄土高原地带，境内地势平坦，海拔739米左右，土壤为接近中性的沙壤土地，土层深厚、土壤肥沃，土质不黏不沙，保水保肥，有机质平均含量为2.9%，境内干湿季交替明显，有利于有机物质的分解和矿物质风化，土壤表层70%以上为沙质到壤质，土质较为均匀，通透性好，非常适宜种植长山药。产区内地下水位较深，且蕴藏量大，渠道纵横，灌溉便利。冀村镇气候适中，年平均气温9.7℃，无霜期178天，年平均降水量467.2毫米，年平均相对湿度为61%，年日照时数2 607~2 974小时，光照条件较好，水源充足，为长山药提供了优越独特的生长环境。

冀村长山药为历史上遗留下来的地方品种——汾山药。由于山药是无性繁殖，连续多年栽培必然造成品种退化，因此须通过种薯选优与山药豆（零余子）繁殖相结合的方法进行提纯复壮。生产中选用经过休眠的健壮山药栽子，或长10厘米的山药段作种薯，一般在4月中旬播种；出苗后疏苗，山药蔓长30~50厘米时，用竹竿或高粱秆搭成人字架或四脚架，及时扶蔓上架；在生长季节要进行3~5次中耕松土并除草；合理施肥，适时浇水；霜降后地上茎叶干枯，应拔除地上藤蔓和架材进行采收。采用堆藏或窖藏等方式进行贮藏，贮藏温度4~5℃。

广灵画眉驴

登记证书编号：AGI01058

地域范围

广灵县隶属山西省大同市。广灵画眉驴地理标志保护区域涉及南村镇、壶泉镇、加斗乡、作疃乡、宜兴乡、蕉山乡、斗泉乡、梁庄乡、望狐乡的180个行政村，地理坐标为东经113°51′~114°24′，北纬39°51′~39°55′。

品质特色

广灵画眉驴体格高大粗壮，结构匀称，肌肉丰满，鼻梁平直，眼大微突，两耳直立，背部宽广平直，腹部充实，四肢粗壮，蹄质坚硬，尾粗长，全身被毛粗密，叫声洪亮，属地方优良品种。因内耳、眼圈、嘴头、前胸、肚底为白色，被毛为黑色，形如美丽的画眉鸟，所以叫"画眉驴"。

广灵画眉驴肉营养丰富，是一种低脂肪、高蛋白质的食物，深受广大消费者的欢迎。

人文历史

关于广灵画眉驴的来源，传说不一，据当地县志记载其发展历史距今已有300多年，民国二十二年（1933年）统计，广灵县已繁殖驴870头。1959年，广灵县被定为优种驴繁殖基地县。

广灵县是传统的农业县，随着农业产业结构的进一步调整，传统的谷子和豆类种植面积逐年扩大，天然草场、人工种草面积也逐年扩大，充足的饲草、饲料有利于广灵画眉驴的稳定发展。2007年，广灵画眉驴被列入《国家畜禽遗传资源保护品种名录》。2009年8月，广灵县委、县政府举办了"中国·广灵画眉驴文化节"，同时也开辟了广灵人民致富的道路。如今，该产品销往大同、太原、北京、天津等大中城市，并逐步远销国际市场。

生产特点

广灵县位于山西省东北部，自然地形可分为山地、丘陵、平原3部分，境内土壤类型以砾石、沙土、壤土、黏土为主，土壤pH值7.2~7.8，这种土质有机质养分较高，加之县域内没有工业污染，为优质谷子、豆类、胡麻等小杂粮最佳生产区域，这几种植物正是画眉驴整个生长期不可缺少的优质饲料和饲草。广灵县地貌半山半川，水资源极为丰富，且水质优良，富含多种矿物质，为饲料作物与饲草的生长提供了充足的水源。广灵县属高寒地带，四季分明，无霜期差异较大，降水集中在6—9月，年平均气温9℃，全年日照时数2 800~3 100小时，年平均降水415毫米，与饲料作物最佳生长期吻合。

广灵县所饲养的画眉驴90%以上都分布在海拔1 200~1 800米、空气清新、水质纯净、具有良好生态环境的地区。选择有典型广灵画眉驴品种特征的幼驹留为种用，横毛杂色的幼驹作为肉用。母驴怀胎360多天才能产驹，要加强护理，增加营养。幼驹出生后以营养丰富的母乳喂养，1~2月龄时开始加喂精料，1~6月龄是其生长最快时期，饲草任其采食。两岁驴驹体长可占成年的93.7%，每日可喂3~4千克左右精料（豆类、玉米、麸皮、麻参、骨粉）。3岁时驴的体尺接近成年驴体尺，可以投入配种繁殖。育肥驴是在4~15岁，通过短期育肥后屠宰。

陵川黑山羊

登记证书编号：AGI01059

地域范围

陵川县隶属山西省晋城市，位于山西省东南端，太行山南端最高地带，地理坐标为东经113°15′~113°36′，北纬35°30′~35°52′。陵川黑山羊保护范围为陵川县的古郊乡、六泉乡、马圪当乡、夺火乡、潞城镇5个乡镇，涉及274个行政村。

品质特色

陵川黑山羊体躯中等，头部大小适中，眼大微凸，鼻梁凹陷，耳小，向左右平伸，公母羊多具有粗大的"八"字形角，也有少数羊无角；背腰宽广肥圆，四肢粗壮，蹄坚实；被毛修长光亮，多为褐色，外层毛粗硬而长，有光泽。

陵川太行黑山羊产于陵川县东部山区，当地人形容陵川太行黑山羊"吃的是中草药、喝的是矿泉水"。陵川黑山羊肌纤维细，肉质细嫩，味道鲜美，膻味极小，营养价值高，特别是人体必需氨基酸尤为丰富，被誉为"肉食珍品"。黑山羊肉性温味甘，既可食补，又可食疗，有益气补虚、温中暖下、补肾壮阳、生肌健力、增加机体免疫力作用，长期食用可补虚、强体，特别适于年老、体弱、多病者食用。

人文历史

陵川县是个历史悠久、文化灿烂、物产富饶之地，已有1 400多年的历史。羊是人类最早饲养的动物之一，与人关系十分密切。羊也伴随中华民族步入文明，与中华民族传统文化的发展有着很深的历史渊源，影响着我国

文字、饮食、道德、礼仪、美学等文化的发展。我国古代祭祀大典中所使用的"三牲",羊居第二位。

生产特点

陵川县平均海拔1 300米,东南部为石质山区,中部为土石山区,西部为土石丘陵平川区。陵川黑山羊保护区内有丰富的牧草资源,如紫花苜蓿、无芒雀麦、籽粒苋、红豆草等;还有可供山羊食用的灌木,如针枫、石榆、黄花条、刺槐、黄刺槐、狼牙刺、白草、百里香、鼠曲草、蓝蓬花;此外,还有地榆、野党参、黄芩、胡麻等野生药材。丰富的牧草和灌木资源为陵川黑山羊提供了种类繁多的食物来源,再加上大量的野生药材,成就了陵川黑山羊的独特风味。陵川县拥有廖东河、武家湾河、北召河和香磨河四大河流,年平均降水量为600~700毫米,山上还有丰富的泉水,为陵川黑山羊提供了充足和优质的饮用水,可以说陵川黑山羊是喝着矿泉水长大的。陵川县10℃以上的年积温2 755℃,无霜期平均为135天,气候条件较为优越,使陵川黑山羊肉具备了味道鲜美、膻味极小的特质。

陵川黑山羊放牧管理要点是春季放牧先放枯草坡或喂一些干草,然后再放青草坡,防止羊跑青和臌气;夏季应做好防暑降温工作,中午炎热时应让羊群到通风、阴凉处休息,同时要多给羊群饮水和补盐;秋季是羊群抓膘配种季节,要将羊放饱、放好;冬季注意防寒、保暖、保膘、保羔。舍饲羊配有专用的羊舍和运动场,增加羊只运动。半放牧半舍饲是养殖陵川黑山羊最理想的方式。

汾阳酿酒高粱

登记证书编号：AGI01060

地域范围

汾阳酿酒高粱农产品地理标志保护区域为山西省汾阳市下辖的杨家庄镇、杏花村镇、冀村镇、演武镇、肖家庄镇、峪道河镇、石庄镇、三泉镇、贾家庄镇、栗家庄乡、阳城乡、西河街道、文峰街道、太和桥街道，涉及286个行政村，地理坐标为东经111°26′00″~112°00′22″，北纬37°08′50″~37°25′00″。

品质特色

汾阳酿酒高粱根为须根系；茎秆实心，中心有髓，分蘖或分枝；叶片似玉米，厚而窄，被蜡粉，平滑，中脉呈白色；圆锥花序，穗形有带状和锤状两类。颖果呈褐、橙、白或淡黄等色；籽粒卵圆形，微扁，质黏或不黏；谷粒供食用、酿酒（高粱酒）或制饴糖。

汾阳酿酒高粱淀粉含量不低于60%，粗脂肪含量2.5%~4.0%，粗蛋白质含量7.0%~9.5%，粗纤维含量1.5%~2.5%，单宁含量0.3%~1.95%，营养物质丰富，品质优良。汾阳酿酒高粱籽粒淀粉含量较高，出酒率较高，非常适合酿酒微生物利用，适量的单宁对发酵过程中的有害微生物有一定抑制作用，能提高出酒率，其衍生物又能增加白酒的芳香风味。

人文历史

汾阳市是中华名酒——汾酒的诞生地，汾阳酿酒，始于商周，承于秦汉，兴于唐宋，盛于明清，发展历史悠久。在汾阳地区的酿酒历史中，汾

阳酿酒高粱一直是作为传统的酿酒原料,用它酿成的白酒,酒液莹澈透明,清香馥郁,入口香绵、甜润、醇厚、爽冽,为中华民族的特产,在中国的政治、经济、文化和外交等领域发挥着积极作用。用汾阳酿酒高粱酿造的杏花村汾酒多次荣获国际国内大奖,1915 年,杏花村汾酒就在巴拿马万国博览会上荣获甲等金质大奖。2004年,汾酒被国家博物馆收藏,无愧于"国酒之源""清香之祖""文化之根"的称号。

生产特点

汾阳市位于山西省腹地偏西,吕梁山东麓,太原盆地西缘,山地、丘陵、平原各占 1/3 左右。汾阳市地处黄土高原地带,土壤为山地褐土、淋溶土和粗骨褐土,土地肥沃,地下水位较深,且蕴藏量大,渠道纵横,灌溉便利,独特的环境有利于酿酒高粱的生长。汾阳市属于温带大陆性季风气候,四季分明,年均气温 10.1 ℃,年均降水量 438.4 毫米,无霜期差异较大,东南部平川为 180 天,西北部山区为 134 天,年平均日照时数 2 607~2 974 小时,高海拔、少降水、光照充分的特点,为汾阳酿酒高粱的生长提供了气候优势。

汾阳酿酒高粱种植品种以晋中 405、晋杂 12 号、晋杂 23 号、晋杂 18 号、晋杂 22 号等为主。高粱种植地不能连茬种植,一般与玉米、大豆、谷子轮作倒茬。播种季节一般在 4 月下旬至 5 月上旬,种植密度因品种、土壤肥力而异。生产中以沤好的农家肥为主,深耕翻入田间做基肥;适时间苗、定苗;在拔节期结合中耕培土追肥;孕穗期—灌浆期及时灌水。高粱成熟收割后,单独晾晒至含水量 14% 以下。

泽州红山楂

登记证书编号：AGI01061

地域范围

泽州县隶属山西省晋城市。泽州红山楂农产品地理标志地域保护范围主要涉及泽州县高都镇的大兴、大路、善获、丰头、北上矿、麻峪，巴公镇的东四义、山耳东、二仙掌、柳坡掌、郭庄，下村镇的塔里、瓮山、杨山、王坡，李寨乡的李寨、陡椒、坚水，南岭乡的李沟、黄沙底、闫庄23个行政村，地理坐标为东经112°31′~113°14′，北纬35°12′~35°42′。

品质特色

泽州红山楂果实红圆，个大，单果重达20克左右；果肉呈粉红色，酸甜可口，素有"山楂王"之美称。

泽州红山楂不仅皮红肉红、酸甜味美、品质独特，而且具有很高的营养价值和药用价值，其含糖量不低于6.0%，总有机酸（以枸橼酸计）含量不低于1.5%，总黄酮（以芦丁计）含量0.10%~0.25%，总膳食纤维含量35%~50%，果胶含量1.0%~2.0%，维生素C含量不低于250毫克/千克，β-胡萝卜素含量可达200~700微克/千克，总磷含量100~250毫克/千克，铁含量4~20毫克/千克，钙含量480~1 200毫克/千克，铁和钙的含量均居水果之首。

人文历史

晋城市自古称"泽州"，而山楂又是泽州的传统资源，有悠久的栽培历史。泽州独特的地理位置和优越的自然条件，使得当地生长的山楂有极好的内在品质，酸中带甜且个大，因地名被称为"泽州红"。陈沟乡杨坪村古庙中光绪十六年（1890年）所立的碑文中记载："吾村向来山多地少，衣食无赖，先人因此培植红果树已糊口之资。"光绪三年（1877年），泽洲大旱，颗粒无收，这里的人们全是靠山楂果换粮食，并用山楂叶充饥求得生存。

新中国成立后，许多东北地区的商人来晋城市收购山楂果，泽州红山楂被贩运到天津口岸，远销海外。

生产特点

泽州县东、西、南三面环山，山岭陡峻，地貌呈黄土高原和褶皱山板相间分布，构成了北高南低波浪式的地貌景观。泽州红山楂主要种植区为丘陵地貌，土壤类型为红黏土，弱碱性，适宜种植山楂树。泽州县境内河流众多，地下水资源也十分充沛，水质优良。泽州县属温带大陆性季风气候，年平均温度约10.1℃，相对湿度约63%，全年平均降水量约627毫米，全年日照时数约2 203.3小时，无霜期180天左右，四季分明。春季干旱少雨，日照充足，日照量大；夏季高温炎热，雨量集中；秋季多雨，天高气爽；冬季寒冷，干燥少雪。独特的气候条件和地理优势形成了泽州红山楂独特的风味特征。

泽州红山楂最适合生长的地域为海拔1 000米左右，选择适宜当地生长的泽州红山楂为主栽品种，同时配置少量大金星、大五棱作为授粉品种。栽种季节以秋季为主，栽植时，施足基肥，基肥以有机肥为主，并浇透水；后期生长过程中要适时浇水、追肥，保证山楂树正常生长。泽州红山楂成熟时期一般在每年的10月中上旬左右，果实采摘以手工采摘为主，机械棍棒打果为辅。采后应及时用于生产或者采取0~3℃冷藏贮存。

隰县梨

登记证书编号：AGI01062

地域范围

隰县位于山西省临汾市西北边缘，吕梁山大背斜中轴部，东临汾西县，西连永和县，南与蒲县、大宁县接壤，北与石楼县、交口县毗邻，地理坐标为东经110°55′~111°15′，北纬36°30′~36°55′。

品质特色

隰县梨产自海拔950~1 450米的区域，果形端正高桩，平均单果重400克；果品色泽鲜艳，肉质细嫩，口味香甜、无渣；果面光洁细腻具蜡质，保水性强；阳面着红晕或暗红色纵向条纹，采收时果皮黄绿色，贮后呈黄色，色泽更加鲜艳；果皮薄，果心小，可食率高达90%，汁液多，含糖量高、口感纯正。

隰县梨总糖含量不低于6%，总膳食纤维含量不低于0.8%，维生素C含量不低于30毫克/千克，维生素B_1含量不低于200微克/千克，维生素B_2含量不低于2 000微克/千克，钙含量不低于30毫克/千克，铁含量不低于0.5毫克/千克，磷含量不低于80毫克/千克，钾含量不低于500毫克/千克，品质极佳，营养丰富。

人文历史

梨是我国原产果树之一，《诗经·秦风章·晨风篇》就有"山有苞棣，隰有书隧"记载。隰县梨先后38次荣获优质产品奖，1999年隰县被农业部命名为"中国金梨之乡"，2007年隰县梨被确定为2008年北京奥运会指定水果，2011年隰县被国家林业局命名为"中国酥梨之乡"。

隰县梨是隰县的主导产业，政府十分重视，全县梨种植面积13 334公顷，

其中盛果期果园6 667公顷，年产优质梨20万吨，产品远销我国北京、上海、广东、广西[①]、湖南、香港等地，并出口俄罗斯、新加坡等国家。

生产特点

隰县大部分地区海拔在950~1 300米，生态环境良好，素有"金梨之乡"的美称。境内土壤以黄土、褐土为主，土壤pH值8.0~8.3，有机质含量10.36~12.53克/千克，碱解氮53.83毫克/千克，有效磷7.93毫克/千克，速效钾125.92毫克/千克，养分较高。城川河由北而南贯穿隰县中部，东川河自东而西流经隰县南部，水资源丰富。隰县属温带大陆性季风气候，年平均气温8.5~9.8℃，年均日照时数2 740.9小时，无霜期167天，年均降水量486.3毫米，多集中在6—9月，与隰县梨最佳生长期吻合。

隰县梨产区选择在阳光充足、地势较高的地区，有利于梨产量的形成和品质的提高，种植品种以酥梨、玉露香、晋蜜梨等为主。果园以秋施基肥为主，追肥按照花前、花后、幼果膨大期等物候期结合降水施用，并根据树体营养诊断适量施入微量元素，以保证果树正常生长。在树盘下覆盖杂草、秸秆等，厚度15~20厘米，以提高土壤有机质含量、减少土壤水分蒸发。果树花期采用蜜蜂、壁蜂和人工授粉，谢花后10天开始疏果，1个月内结束；梨谢花后30~40天开始套袋，6月中下旬结束，以提高产品的着色度。

---

① 广西壮族自治区，全书简称广西

洪洞莲藕

登记证书编号：AGI01063

地域范围

洪洞莲藕栽植区域位于山西省临汾市洪洞县东部，涉及洪洞县 16 个乡镇，463 个行政村，地理坐标为东经 110°20′~110°50′，北纬 36°15′~36°23′。

品质特色

莲菜是莲藕肥大的地下根状茎，洪洞莲藕为当地古老品种——白莲，莲藕基本为纺锤形，并伴有不规则棱角，大小均匀，皮白如玉，酥脆无渣，味甘多液，折断可拉丝，有独特清香味，商品性好。

洪洞莲藕营养丰富，水分含量在 70%~86%，淀粉含量不低于 10%，维生素 C 含量不低于 250 毫克/千克，总膳食纤维含量不低于 1.4%，粗多糖含量不低于 1%，总黄酮含量不低于 200 毫克/千克。

人文历史

洪洞县有"莲花城"之称，县城东有护城河与玉峰山相连，南隔洪安涧河与坂里坡相望，西、北均为水田，旧时四周种植莲菜，盛夏，莲叶连成一片，点缀着朵朵白莲、红莲，叶下潜着金鲤、虾蟹等。远远看，似乎将整座县城托起，宛若仙境，

有洪洞"水包座于莲花城"之说。这里生产的莲藕肉质肥嫩，白净滚圆，口感甜脆，易于存放，生食堪与梨媲美，系山西省洪洞县主要土特产之一，种植历史悠久，名扬三晋。

清道光年间，寿阳祁宿藻在玉峰书院为讲席，他是道光十八年（1838年）进士，曾官至江宁布政使，其兄祁隽藻为嘉庆十九年（1814年）进

士，曾官至大学士衔礼部尚书，诗古文词，卓然成家，为当时著名文人，亦为大槐树移民后裔，兄弟二人游洪洞后，互赠诗各一首，祁隽藻诗内有"莲花好城郭，槐树旧村墟"之句，祁宿藻在《故乡吟》一诗中也有"一经莲桥花满城，问津疑是桃花渡"。此两诗传诵一时，为当时文人名流所乐道，人们也就称洪洞为莲花城了。

生产特点

洪洞县东倚巍峨矗立的中镇霍山，西屏峰峦叠嶂的吕梁山，川流不息的汾河水由北向南纵贯其间。洪洞莲藕种植区域地处曲亭水库周边，土壤以潮土、褐土为主，土壤pH值8.2~8.5，富含多种微量元素，土质有机质养分较高，适宜水生蔬菜生长，为优质莲藕生产区域。洪洞县水资源极为丰富，为洪洞莲藕提供了独一无二的自然生长环境。洪洞莲藕种植区域平均海拔480~560米，属暖温带大陆性季风气候，春季少雨多风，夏季炎热且降水集中，秋季多晴朗凉爽天气，冬季寒冷干燥，四季分明，无霜期189天左右，年平均温度12.3℃，年均日照时数为2 474小时，年平均降水量493.3毫米，多集中在6—9月，与莲菜最佳生长期吻合，利于发展莲藕产业。

洪洞莲藕以白莲、鄂莲5号等为主栽品种。莲藕是多年生宿根植物，1年完成一个生长发育期。按照其生长规律，可把莲藕的生长发育分为幼苗期、成苗期、花果期、结藕期、休眠期5个阶段。幼苗期从种植藕根茎萌动开始，到第一片立叶展出为止，保持8~10厘米的水位；成苗期从出现第一片立叶开始到现蕾为止，保持15~20厘米水位；花果期从植株现蕾到出现终止叶为止，莲藕花期一般延续2个月左右，应该加强水肥管理；结藕期为莲藕的根状茎开始膨大形成藕的关键时期，要及时的追肥补水；休眠期从植株地上部分变黄枯萎，新藕完全形成，直到第二年春天叶芽、顶芽开始萌发为止，应及时挖出商品藕。采收鲜食藕应在8—9月进行，采收熟食藕应在休眠期进行。

七里坡山楂

登记证书编号：AGI01064

地域范围

七里坡山楂分布在山西省运城市闻喜县郭家庄镇稷王山前沿，包括七里坡、下七里坡、堆后、张樊、太平庄、蛇虎涧、石健、石川、王家庄9个行政村，地理坐标为东经110°59′33″~111°37′29″，北纬35°09′38″~35°34′11″。

品质特色

七里坡山楂果实大、色泽艳、果肉细绵、酸甜可口、营养丰富。山楂鲜果肉中可溶性糖含量7.27%~11.69%，总酸含量1.5%~3.66%，蛋白质含量0.23%~1.01%，维生素C含量374~1 294毫克/千克，富含钙、铁、镁、锌、磷、硒。

山楂药食为上等珍品，中医认为其具有消积、健胃、行气、补脾、活血、散瘀等功效，对预防和治疗心脑血管病有明显效果。山楂还可以加工制成山楂糕、山楂片、山楂酒、山楂罐头、冰糖葫芦等产品，经济价值较高。

人文历史

山楂又称山楂果、山里红、山梨、红果等，一般为红色，为我国特有的果树。七里坡山楂栽培历史悠久，在明朝山楂已是该地区重要的果品之一，由商贾远销顺义、保定、河间、真定（今河北省正定县）、大名、开封等地，或为食用，或为药用，成为当地之特产。

近年来，在闻喜县委、县政府的重视下，农业结构得到合理调整，山楂面积不断扩大，步入区域规模发展，形成具有地方特色的农业格局，为全县经济发展发挥了积极作用。

生产特点

闻喜县郭家庄镇海拔高差较大，土壤类型多样化，在各类土壤中，优质土壤比重较大，适种性广，土质类型以褐土、潮土为主，各土类有机质和全氮含量差异不大。闻喜县境内水系主要有涑水河、沙渠河、亳清河、板涧河，另有山涧沟溪等，水资源利用主要以开采地下水为主，水资源富裕，且水质优良，水利条件较好，1.1万余亩山楂种植地全部为水浇地。闻喜县属暖温带大陆性季风气候，年平均气温达12.6℃，年平均日照时数为2 460小时，年平均降水量510毫米，无霜期214天左右，气候温和，无霜期长，光照充足，四季分明，降水适中，山区温差明显，适宜山楂生长。

七里坡山楂产地主要选择在气候温和、土壤肥沃、水利条件好、适宜山楂生长的地块，种植品种有大金星、大五棱、大棉球等。山楂生产过程中要及时施肥、灌水、修剪和采收，以保证产品的质量和产量。

吴王渡黄河鳖

登记证书编号：AGI01197

地域范围

吴王渡黄河鳖产区涉及山西省运城市临猗县西部的孙吉镇、角杯乡、东张镇3个乡镇的24个行政村，地理坐标为东经110°18′38″~110°22′17″，北纬35°04′10″~35°20′50″。

品质特色

稚鳖背部呈浅黄色，腹部橘红色；成鳖体形呈倒梨形，裙边宽厚，体色背部呈土黄色，腹部浅黄色，皮下肉眼可见明显的毛细血管网，爪长而尖，腹甲软骨韧性强，用手指抵压反弹力大，肌肉发达结实，肉体饱满。烹饪后肌肉、裙边口感韧性较强，黏性大，汤汁凝固迅速呈胶状。

吴王渡黄河鳖富含多种营养成分，每100克鲜肉中含蛋白质17.3~19.1克，脂肪5.3~6.0克，钙27.7~30.7毫克，硒0.15毫克以上，二十碳五烯酸与二十二碳六烯酸（EPA、DHA）含量之和在0.40%以上。

人文历史

甲鱼俗称"鳖"，原产于我国长江、黄河流域，3 000多年前的西周就设有专职"鳖人"，为帝王捕捉甲鱼。吴王渡是黄河历史最悠久的古渡口之一，为秦晋之要津，是重要的商品集散地和潞盐（故运城盐池所产之盐称为潞盐）外销通道，至今，还保留当年的古盐道。

吴王渡黄河鳖养殖区域就在吴王渡口一带，距离著名壶口瀑布景区130千米，与壶口不同的是这里河床宽阔、水流平

缓，河中盛产黄河甲鱼、鲤鱼等各种野生水产，黄河两岸渔民靠打鱼为生。据《临晋县志》记载："鲤鱼、鲇鱼、鳖均产夹马口吴王渡河边。"据黄河湾老人们讲，小时候在岸边嬉戏，常见鳖爬上岸，行动敏捷，爪子锋利，一不小心容易被咬伤。捉回去清炖着吃，肉嫩鲜美、香味扑鼻。鳖壳里也有中药的成分，食用过的鳖壳放到粮食瓮里，粮食不生虫子。

生产特点

吴王渡黄河鳖养殖区位于黄河干流，水质优良，底质为沙壤土，黄沙粒直径为0.5~1.0毫米，为优质黄河鳖最佳生产区域；同时，养殖区水源为黄河水侧向补给水，不改变黄河鳖原有生活习性，由于地处黄河滩，地下水位高，养殖池塘建成后，靠压力自然过滤渗出补水，能够满足生产需要。吴王渡黄河鳖养殖区气候属暖温带大陆性气候，四季分明，冬季雨雪稀少，春季干旱多风，夏季雨量相对集中，年平均日照时数2 271.6小时，年平均气温13.5℃，日照时间充足，空气清新，环境安静，适宜黄河鳖的生长。

吴王渡黄河鳖产区选择在黄河沿岸河床宽阔、水流平缓、水质优良的地区。种鳖选用野生黄河鳖，来源于吴王渡周边黄河捕捞，通过科学优选，选育出体形倒梨形、体色土黄、四肢健壮有力、反应灵敏的鳖作为第一代亲本。吴王渡黄河鳖采取仿生态养殖模式，鳖苗自繁自育，将人工孵化的稚鳖移入暂养池进行越冬前短期培育，第二年6月初长到10~50克后，转入外塘定塘养成。养殖区投饵采用优质专用配合饲料为主，鲜活鱼类为辅，成鳖养殖日投喂2次，分别是上午9时和下午5时，按照定时、定量、定质、定位的"四定"原则投喂。养殖区池塘水要及时更换，以保持水质清新稳定，还要定期向饲料中添加维生素C和维生素E，以增强鳖的抗病能力。在当地气候条件下，从稚鳖到成鳖（750克左右）需要4~5年的生长期，全程外塘自然越冬养殖。

同川酥梨

登记证书编号：AGI01251

地域范围

同川酥梨产区位于山西省忻州市原平市东南 20~40 千米处，包括东社、子干、南白 3 个乡镇，涉及 82 个自然村，地理坐标为东经 112°45′~113°01′，北纬 38°37′~38°46′。

品质特色

同川酥梨果实近圆形，果面黄白色，果皮薄，果点小而密，果肉呈白色，石细胞小，果核小，糖分高，口感甜爽酥脆，品质优良，风味独特。

同川酥梨果实中可溶性固性物含量高，一般不套袋酥梨果实含糖量在 16%~19%，最高可达 21%，套袋酥梨果实含糖量在 13%~16%，最高可达 18%，比同类产品高 3%~5%，深受广大消费者喜爱。

人文历史

原平市梨树栽培历史悠久，尤其是老梨区的同川酥梨久负盛名，据史书记载已有 1 000 多年的历史，闻名全国的唐朝梨树就源于此地。原平老梨区三面环山，中间有蜿蜒曲折的同河，俯视形如"同"字，便因此而得名"同川"。北魏时期，同川梨区每年的四月初六都要举办"梨花会"，这个传统一直延续至今。同川酥梨被誉为"金瓜"，列入贡品。清代

诗人王佩钰曾赞美同川酥梨"十里香风吹不断,万株晴雪绽梨花"。

生产特点

原平市同川酥梨产区三面环山,是一个气候独特的小盆地,土壤为中壤质立黄土,pH值7.8~8.1,土壤中磷、钾含量高,独特的地理条件决定了这里所产的梨可溶性固形物含量比其他邻近地区高3%~5%的独特品质。原平市有滹沱河、同河贯穿全境,地下水资源丰富,但原平同川地区梨园90%为丘陵坡地,全年浇灌均靠自然降水,这也是形成其果核小、皮薄肉厚、含糖量高的重要原因之一。原平市年降水量450~500毫米,无霜期156天左右,全年主导风向是西北风,多发生在春季,气候特点很适宜梨树生长。

原平市同川酥梨梨园90%为丘陵坡地,梨树区每次雨后就会松土一次,一年树盘松土6~7次,在每年春季树体萌动前,还会对树干和主枝进行刮树皮。果园基肥以腐熟的农家肥为主,追肥也以人粪尿和草木灰为主,并适时追水。果园管理过程中,在树冠外围投影处,根系分布最集中的0~40厘米挖坑,贮秸秆、施肥盖膜,有利于蓄水保墒,提高土壤有机质。酥梨成熟期一般在9月下旬,为提高酥梨含糖量,一般延后采收10~15天。

万荣三白瓜

登记证书编号：AGI01252

地域范围

万荣三白瓜产于山西省运城市万荣县，分布在高村乡、南张乡、裴庄乡的28个行政村，地理坐标为东经110°28′16″~110°39′44″，北纬35°13′45″~35°30′11″，保护区域总面积88平方千米。

品质特色

万荣三白瓜果面平滑或具棱沟，表皮绿白色、绿色或翡翠色，间有细网纹或条带；果肉乳白、淡黄、深黄等色，肉质分紧肉和沙瓤。种子扁平状、卵圆形或长卵圆形，平滑或具裂纹。

万荣三白瓜营养价值高，富含对人体有益的元素，其中，氨基酸总量约0.32%，总糖含量约6.08%，磷含量约0.27克/千克，钾含量约866毫克/千克，钠含量约9.33毫克/千克，镁含量约54.88毫克/千克，钙含量约71.7毫克/千克，铁含量约6.14毫克/千克，锌含量约0.52毫克/千克。三白瓜有良好的药用价值，具有清热解毒、消炎退烧、健脾保肝、养颜美容之功效。

人文历史

万荣三白瓜发展历史悠久，自唐五代以来就有栽培，距今已有千余年的历史。《本草纲目》记载，其瓜瓤甘、淡、寒、无毒，消烦止渴，解暑热，疗喉痹，宽中下气，利小水。皮甘、凉、无毒，主治口、舌、唇内生疮。所以万荣三白瓜既是人们消夏止渴的上乘佳品，又常常被人们用来做药引用。

生产特点

万荣三白瓜生产区位于万荣县中部，地貌类型为黄土高原台地，地形平坦开阔，属井水灌溉区。产地土壤90%为褐土，土壤pH值7.0~7.8，能排能灌。万荣县境内地下水位埋深180~280米，主要补给来源为天然降水，同时接受东部山前洪积扇地下水的侧向补给，地下水量充沛，完备的水利设施、天然水系和优质的地下水资源，为三白瓜生产提供了有利的条件。万荣三白瓜产地属干旱半干旱地区，四季分明，属典型的大陆性季风气候，年降水量500毫米左右，多集中于7—9月，雨热同期，

与三白瓜生长季相符合；年平均气温10.9℃，年平均日照时数2 792.4小时，无霜期210天左右，气候条件优越，有利于三白瓜生长。

万荣三白瓜是农家品种，种子由农民自选自育，合作社组织社员选育有典型性状的三白瓜留种，不断提纯复壮。三白瓜种植区选择在能排能灌的褐土区，产地施肥根据植物生长需要平衡施肥，以无公害肥料为主，辅以其他肥料；以多元复合肥为主，单元素肥料为辅；以施基肥为主，追肥为辅；根据三白瓜生长需要，及时追水，保证其正常生长。

临县红枣

登记证书编号：AGI01253

地域范围

临县位于山西省吕梁市。临县红枣生产范围包括临县的克虎镇、兔坂镇、八堡乡、雷家碛乡、青凉寺乡、石白头乡、安家庄乡、刘家会镇、林家坪镇、丛罗峪镇10个乡镇，地理坐标为东经110°29′47″~110°56′51″，北纬37°37′20″~38°12′13″，保护区域总面积118 479.8公顷。

品质特色

临县八堡大枣颜色深红、个大、皮薄、肉厚、核小、含糖量高，掰开拉丝长达60厘米左右；鲜枣皮薄肉厚，质地酥脆，味甜多汁，清香怡人。

临县红枣干枣中氨基酸含量不低于2.87%，总糖含量不低于56.6%，无机酸含量不低于1.4%，粗纤维含量不低于3.1%，脂肪含量不低于4毫克/千克，维生素C含量不低于1 491毫克/千克，胡萝卜素含量不低于0.1毫克/千克，核黄素含量不低于1.5毫克/千克，烟酸含量不低于12毫克/千克，并富含铁、钙、磷等矿物质元素，营养丰富，品质优良。

人文历史

红枣是临县的一大支柱产业，当地老百姓祖祖辈辈离不开枣，形成了极其丰厚的枣文化积淀。临县红枣栽培历史悠久，据传可追溯到西周时期，但无史料可考。民国《临县志》记载："克虎寨、小园子一带，枣居多数，而八堡较为驰名。"

枣树是临县最古老的树种之

一，目前在曲峪、克虎、丛罗峪等地有千年老枣树1 000余棵，仍枝叶茂盛，结果丰硕。在民间，枣果代表着"兴旺""喜庆""祥和"，枣树是"幸福美满"的象征，它栽培容易，抗旱耐瘠，适应性强，丰产稳产，一朝栽种千年受益。

生产特点

临县属黄土丘陵沟壑区，山高沟深，沟壑纵横，土壤以沙性土壤为主，pH值7.2~8.0，适于有机红枣的生产。近年来，临县境内兴建了一大批灌溉、抗旱工程，拥有抗旱井4 562眼，机井103眼，水源充足，无污染。临县地处中纬度地区，属暖温带大陆性气候，四季分明，年平均气温10.8℃，年均日照时数2 807小时，年平均降水量为528毫米，无霜期180天左右，日照充足，昼夜温差大，所产红枣含糖量高。

临县红枣产地选择在背光向阳、光照充足、土层深厚、排灌便利的黄河滩地沙性土壤地块。以当地优质红枣为主栽品种，其次为圆铃枣、相枣、虎枣、骏枣、金昌一号等。枣树的丰产树形很多，常规栽培多采取开心形和疏散分层，枣粮间作采取小冠疏层形。果实采摘后至封冻前是施基肥的最佳时期，可延续至次年发芽前，基肥以优质农家肥为主，坐稳果后再追肥；在封冻前灌一次封冻水，有利于树体冬眠和越冬病虫的消灭，发芽前灌一次发芽水，以后视情况及时追水。在枣树花期要加强果园管理，实行全园放蜂、开甲环割等措施，确保授粉良好。在特殊干旱的情况下喷水增湿以增加小区湿度，提高坐果率。

定襄甜瓜

登记证书编号：AGI01254

地域范围

定襄县地处山西省北中部，位于忻定盆地东侧，地理坐标为东经112°39′15″~113°16′50″，北纬38°19′22″~38°40′15″，县域面积865平方千米。定襄甜瓜地理标志保护范围为山西省忻州市定襄县境内的受禄乡、季庄乡、宏道镇、河边镇、蒋村乡、晋昌镇、神山乡、南王乡、杨芳乡9个乡镇，涉及155个行政村，近几年甜瓜种植面积保持在600公顷以上。

品质特色

定襄甜瓜有圆球、椭圆球、长筒等形状，成熟的果皮有白色、绿色、黄色、褐色，有的附有各色条纹和斑点，果表光滑，果肉有白、橘红、绿黄等色，具香气；种子披针形或扁圆形，大小各异。

定襄甜瓜瓜香浓郁，甘甜爽口，色泽鲜艳，营养健康。其中，水分91.6%，可溶性固形物含量11.4%，碳水化合物含量6.4%，蛋白质含量0.74%，钙含量6.0毫克/100克，维生素C含量16.8毫克/100克。甜瓜果肉味甘，性寒无毒，具有清热利尿、止渴的功效，可治暑热、发烧、口渴、小便不利、口鼻生疮；种子可散结消瘀、清肺化瘀、润肠、排脓，治腹内结聚、大便不畅。

人文历史

定襄甜瓜在定襄县

栽培历史悠久，人文积淀深厚。据现存最早的定襄县志《雍正五年重续县志》记载，甜瓜是定襄县较早的物产之一，"七夕女子用瓜果盛庭中乞巧，七月十五以麻线悬各门首亭午请而祭之以瓜果纸供荐祖茔，中秋用瓜果饼豆相馈遗以助赏月"，其中所提到的"瓜"指的即为甜瓜。据成书于20世纪90年代的《定襄县农业资源集》介绍，甜瓜在定襄县较古老的栽培品种有"灯笼红""蛤蟆皮"等，种植面积较大，品种较佳。特别是近年来，随着设施农业的兴起，春早熟甜瓜品种的引进，棚室甜瓜育苗技术的推广，嫁接技术的突破，使甜瓜种植面积不断扩大，品质不断提高，定襄县成为山西省重要的甜瓜生产基地。

生产特点

定襄县地处忻定盆地，群山环绕，地形复杂多样，地势由东南向西北逐渐倾斜降低，全县耕地土壤主要是褐土、潮土两个土类，土壤有机质含量3.7~25.6克/千克，还富含氮、磷、钾等，非常适宜甜瓜生长。定襄县境内拥有滹沱河、牧马河、云中河、同河等河流，其水源主要由降水补给，水资源较丰富，利用河水自流灌溉和开采地下水资源均较方便。定襄县气候属温带大陆性气候，四季分明，年降水量400~500毫米，年平均蒸发量1 448.7毫米，10℃以上的年积温3 197.1℃，无霜期为158天左右，年日照时数达2 734.6小时，适宜定襄甜瓜生长。

种植定襄甜瓜选择肉质甜脆、香味浓郁、品质上佳、商品性好的薄皮系列品种，如甜妃、皇帝、真香蜜、白帝等。大棚栽培一般在3月上旬播种，苗龄30~35天，在4月15日左右定植，定植后加强温度管理与肥水管理。6月中旬开始采收，当甜瓜的表皮亮度好、色泽改变、有褪毛现象时即成熟，一般散发出香味时即可采收。

王过酥梨

登记证书编号：AGI01255

地域范围

王过酥梨产区主要分布在山西省运城市盐湖区辖区内泓芝驿镇的王过村、泓芝驿村、累德村、北店村、南店村、孙余村、董杜村、北古村、西古村、张半村、郭伴村，以及上郭乡的中陈村，涉及12个行政村，地理坐标为东经110°41′23″~111°12′28″，北纬34°48′27″~35°14′17″。

品质特色

王过酥梨果实为近长圆形，果实大，平均单果重364克，果形指数1.07，色泽金黄，皮薄，果肉白色，肉质细嫩洁白，汁多味甜，酥爽可口，为梨中上品。

王过酥梨果实中可溶性固形物含量为12%~13%，总酸量为0.08%~0.10%，固酸比为142.2，维生素C含量为0.78%~0.80%，富含多种对人体有益的钙、铁、磷等元素，食后可止渴、清火、润肺、止咳、化痰，具有祛病养身之效。

人文历史

王过酥梨发展历史悠久。相传当年刘秀战王莽时曾歇于古柏下，绿树成荫，顿觉神清气爽，呼曰："王之天伞矣！"靠柏而息，朦胧间一老者叩拜道："老身柏仙，吾王圣明，此乃宝地，万无忽视，振兴汉室，木上取利，娘娘有助，百姓出力。"说完化为青烟而去，刘秀急追，猛醒，原来是南柯一梦，知是柏仙点化，便到娘娘庙前进香，求"振兴汉室，木上取利，繁衍成气"，此刻，贡桌上一个酥梨自动滚出贡盘落到刘秀身边。刘秀悟道："木上取利为梨，既于社稷有关，不可忽视。"于是立召村民，予以警示，先敬古柏，继而亲手栽梨树。后刘秀称帝，将此地赐名为"王过"，百姓则以植梨树为主业。

生产特点

盐湖区地处华北高原，地势由东北向西南倾斜，海拔300~1 357米，境内土壤类型多样，以褐土、潮土为主，各土类有机质和全氮含量差异不大，种植区土壤pH值6.5~8.0，土层深厚，土壤肥沃，通透性好，非常适合种植梨树。盐湖区地处盆地中心，水域面积大，地下水资源丰富，井灌发达，水质优良。盐湖区属大陆温带季风气候，四季分明，光热资源丰富，年平均降水量559.3毫米，年平均日照时数2 247.4小时，昼夜温差12℃，10℃以上年积温为3 900~4 400℃，无霜期208天左右，自然条件独特，是酥梨生长的优势区域。

王过酥梨生产园地选择、规划、栽植、土肥水管理、整形修剪、花果管理、病虫害防治和果实采收等生产环节，严格执行无公害酥梨标准化生产技术操作规程。王过酥梨采用杜梨做砧木，利用嫁接法培育壮苗，以红蜜梨、雪花梨、黄梨、茌梨等品种为授粉品种。果园秋季施肥一般是在9—10月果实采收前后施入有机肥，采用穴施、条沟施、放射状施肥或全园撒施；每年在萌芽前、幼果膨大期、果实膨大期、土壤封冻前灌水4次，采收前15天禁止浇水；果实套袋一般在花后4~8周进行，最晚不超过6月20日。果实成熟后要及时采摘，摘果的顺序应先下后上，先外后内，以免碰掉和砸伤果实。

临猗苹果

登记证书编号：AGI01256

地域范围

临猗县隶属山西省运城市。临猗苹果分布在临猗全县，以北部台垣区为主。临猗县是全国苹果生产二十强县、全国无公害水果示范县，山西省出口果品质量安全示范县，地理坐标为东经110°17′31″~110°54′39″，北纬34°58′53″~35°18′48″。

品质特色

临猗苹果果形硕大，平均单果重220~350克，最大单果重500克；果实多为圆形，果形指数0.8左右，果形端正高桩、果色鲜艳、果肉白色、口感香脆甜爽、汁液多、酸甜可口、芳香味浓、无涩感；果面光洁细腻、耐贮存。

临猗苹果营养丰富，果实中可溶性固形物含量为不低于12.5%，总膳食纤维1.5%~2.0%，维生素C含量不低于40毫克/千克，钾含量1 100~1 200毫克/千克，总黄酮（以芦丁计）含量不低于0.022%，水分含量不低于84.5%。

人文历史

临猗苹果历史悠久，《山西果树志》和《山西省果树种质资源与区划》中均有记载。早在1932年，大阎乡尉庄村王万年就从山东烟台引进红玉、倭锦、国光等品种苹果树59株，是山西省最早引进苹果的县。临猗苹果畅销全国25个省市，并出口东南亚、俄罗斯等地。

生产特点

临猗县苹果种植区域沟壑密布、塬坡连绵，土壤为地带性褐土，黄土母质，土壤肥沃，pH 值为 7.75，这种土质有机质养分较高，保水保肥性能好，宜植性广。临猗县过境河流有涑水河和黄河，地下水资源丰富，水质优良，适宜苹果生长。临猗县属暖温带大陆性气候，年平均日照时数 2 271.6 小时，年平均气温 13.5℃，无霜期约 226 天，年均降水量 499.1 毫米，相对湿度 61%~70%，光照充足，水热丰富，是保证临猗苹果品质的独特气候条件。

临猗苹果产地主要选择在海拔 600~800 米，排水良好、土壤肥沃、生态环境良好、光照充足、昼夜温差大的坡地，有利于苹果产量的形成和品质的提高，主栽品种为红富士、秦冠等。果园土地平整，土层深厚，活土层 60 厘米以上；施肥以秋施基肥为主，追肥按照花前、花后、幼果膨大期等物候期结合降水施用，并根据树体营养诊断适量施入微量元素。果树行间种植三叶草、苜蓿草或燕麦草等，以提高土壤有机质含量，减少土壤水分蒸发。花期采用蜜蜂、壁蜂和人工授粉，谢花后 10 天开始疏果，1 个月内结束；根据树势强弱、坐果多少，确定适宜的留果间距，选留一个坐果的壮花序，留一个中心果，把多余的幼果全部疏除；苹果谢花后 30~40 天开始套袋，6 月中下旬结束；果实采收前 7~10 天去掉纸袋，摘袋后立即在树下铺反光膜，增强冠内下层反射光照，提高果实着色度。

阳城桑葚

登记证书编号：AGI01257

地域范围

阳城县隶属山西省晋城市。阳城桑葚地理标志保护地域地处太岳山脉东支，中条山东北，太行山以西，沁河中游的西岸，县境四周环山，保护面积1 300平方千米，地理坐标为东经112°03′~112°37′，北纬35°12′~35°40′。

品质特色

阳城桑葚的果实为聚花果，由多数小核果集合而成，呈长圆形，长1~2厘米，直径0.5~0.8厘米。黄棕色、棕红色至暗紫色，比较少见成熟后呈乳白色，有短果序梗；小核果卵圆形，稍扁，长约2毫米，宽约1毫米，外具肉质花被片4枚；气微，味微酸而甜。

桑葚果实中含有丰富的活性蛋白质、维生素、胡萝卜素、矿物质等成分，具有多种功效，被医学界誉为"21世纪的最佳保健果品"。常吃桑葚能显著提高人体免疫力，具有防癌抗癌、改善皮肤血液供应、延缓衰老、美容养颜、明目、缓解眼睛疲劳干涩症状的功效。一般人群均可食用，尤其适合肝肾阴血不足者、少年发白者、病后体虚者、体弱者、习惯性便秘者。

人文历史

阳城县，古称获泽。据《墨子》记载，"舜渔于获泽"，就指的是这里。阳城县栽桑养蚕历史悠久，起源于商周，盛于唐宋，至今已有3 000多年的蚕桑生产历史。《竹书

年记》记载："汤二十四年，大旱，王祷雨于桑林，雨。"《穆天子传》记载："天子四日休于荻泽……甲寅，天子作居范宫，以观桑者，乃饮于桑林。"早在2 000余年前，桑葚已是中国宫廷御用的补品。《五代史》中记载，938年，于阗王李圣天就将紫酒（也就是桑葚酒）作为宴请贵宾的专用国酒。据统计，现在阳城县有2个乡和5个行政村的命名都与桑有关，至于以桑命名的山川沟壑更是数不胜数。

生产特点

阳城县境内地势由西南向东北倾斜，中部与东部较为平坦，是该县主要农作区。全县牧坡草地面积32.97万亩，森林面积121万亩，森林覆盖率为36%，动植物种类繁多，蚕茧质量佳，是中国三大优质蚕桑基地之一，也是华北地区第一大蚕桑基地。阳城县境内河流众多，水资源十分丰富。阳城县属暖温带半湿润气候，四季分明，年平均气温11.7℃，年平均降水量627毫米，无霜期为170~195天，年平均日照时数2 571.3小时，气候凉爽、湿润，降水充沛，阳光适宜，有利于桑葚生长。

阳城蚕桑喜温暖湿润气候，对自然环境条件要求比较严格。生产园地选择在海拔在600~900米的阴坡或半阴坡，土壤宜为腐殖质丰富、肥沃、湿润、疏松的微酸性棕壤土或黄棕壤土，pH值一般在5.0~6.5时生长最佳。当地主栽品种陕桑305，是陕西省蚕桑丝绸研究所人工诱导选育的超高产优良三倍体桑树新品种，桑葚产出能力强，果实营养高，口感好，医用价值突出。阳城县蚕桑中心科技人员经多年生产实践，探索总结出旱地密植桑园快速丰产技术，有明显增产优势。

清徐沙金红杏

登记证书编号：AGI01258

地域范围

山西省太原市清徐县位于太原盆地的西北端，处于吕梁山山脉，地理坐标为东经112°10′~112°38′，北纬37°28′~37°47′。清徐沙金红杏地理标志产品保护范围为清徐县马峪乡、东于镇、清源镇范围内的水峪、东石窑、西石窑、麦地掌、程家沟等24个村。

品质特色

清徐沙金红杏皮薄、个大、核小；果实侧扁圆形，外形标致，色泽美观，果面金黄色，阳面粉红，有红色斑点，果顶平微凹，梗洼深；果实直径4.0~5.8厘米，平均单果重56.9克，大者可达100克；既可生食，也可加工杏脯、杏干、杏罐头。

清徐沙金红杏果肉致密、味道酸甜、汁中多，有香气，半离核，含有丰富的营养价值。其中，蛋白质含量0.6%~0.9%，可溶性固形物含量8.5%~11.0%，粗纤维含量0.9%~1.4%，β-胡萝卜素含量1 650~1 730微克/千克，还含有铁、钾、磷、钙、维生素C、维生素B_1等矿物质和维生素。

人文历史

清徐杏的栽培始于明朝，至今已有1 200多年的历史，发展历史悠久。1952年，清徐沙金红杏在莫斯科国际鲜果博览会上荣获国际水果二等奖。1995年，清徐沙金红杏在山西省农产品博览会上被评为山西三大名杏之一，并荣登榜首获得银奖。目前，清徐县沙金红杏种植面积240公顷，年总产量3 600吨。清徐县还大力发展杏脯、杏汁等加工业，形成产业化规模，发展县域经济。

生产特点

清徐沙金红杏种植区域海拔高，沟壑密布，山峦逶迤，梁峁层叠，塬坡连绵。土壤为褐土，质地疏松，沙砾较多，pH值7.9~8.1，土壤肥沃，保水保肥性能好，宜植性广，加上当地群众素有使用农家肥作底肥的耕作习惯，是清徐沙金红杏的天然生产基地。产区地下水资源极为丰富，浅层水质好，提供了有利的灌溉条件。清徐县属于温带大陆性气候区，春季干旱多风，夏季炎热多雨，秋季阴雨连绵，冬季干燥寒冷，气候温和，昼夜温差

大，光照充足，降水时空分布良好，6—9月是清徐县热量资源充足、降水量集中的季节，雨热同期，可以提高水、热资源的利用率，确保沙金红杏的产量和品质。

清徐沙金红杏园地要选择阳光充足，地势背风向阳的地方，采用大田种植。品种选择沙金红杏、满屯杏、串枝红、大白杏等，并做好授粉树的配置。施肥以经无害化处理的有机肥为主，以有机复混肥补充。生产管理中重点预防盛果树花期霜冻、花期阴冷大风，导致杏雌蕊败育发生，即所谓的空花或公花。清徐沙金红杏在6月下旬至7月中旬适时采收，采收后及时销售或加工杏脯。

孙家湾香椿

登记证书编号：AGI01259

地域范围

孙家湾村隶属山西省忻州市忻府区合索乡。孙家湾香椿农产品地理标志地域保护范围位于忻府区西北角，村庄倚山而居，西靠山，北靠米家寨水库，东靠南云中河畔，保护面积7 500公顷，地理坐标为东经112°19′~112°58′，北纬38°13′~38°41′。

品质特色

孙家湾香椿叶厚芽嫩，色泽绿油润，香味浓郁，绿叶红边，一朵香椿芽就像一朵开放的花儿，当地老百姓形容其为"红嫩毛毛"香椿。

孙家湾香椿不仅色泽喜人、口感香郁、品质独特，而且具有很高的营养价值。其中，蛋白质含量不低于7.18%，脂肪含量不低于0.5%，膳食纤维含量不低于5.28%，锌含量不低于7.3毫克/千克，铁和钙的含量均居蔬菜之首，营养丰富。

人文历史

孙家湾香椿发展历史悠久，据清乾隆年间《直隶忻州志》记载，香椿在该地区零星分布，用香椿嫩芽做菜，色鲜味香，人人喜食。香椿在忻府区西北部的孙家湾村，东部的大小南宋村、肖家山村，西南部的坡头村一带较多，其中孙家湾村、大南宋村、小南宋村的尤为闻名，在谷雨前后萌发，立夏前后掰芽。

孙家湾香椿以其独特的风味远近闻名。孙家湾香椿是"不剪不发旺，多剪也不发旺"，剪一朵香椿必须连"头"折断，由此孙家湾流传着香椿被玉帝颁旨"砍头"的神话传说。

生产特点

孙家湾香椿种植区以忻府区西北部丘陵区、坡地为主，香椿最适宜生长在海拔950米左右，该区域海拔870~1 100米，植被良好，生态林、经济林茂盛，无污染，土壤结构疏松，pH值7.8~8.0。孙家湾香椿基地西靠山岭，北有米家寨水库，村东畔有云中河，年降水量在450毫米左右，依山傍水，有特殊的自然小气候。种植区10℃以上的年有效积温为3 050~3 490℃，无霜期150天左右，光照充足，昼夜温差大，积累养分多，所产的香椿品质优良。

香椿生产基地选择在依山傍水、避风向阳、排灌方便、土壤肥沃、光照充足、温度适宜的地区。

香椿是丛生型植物，一定要疏苗或者倒栽，有利于香椿树生长及产量的提高。香椿树一般采用主干疏层形和自然开心两种树形，修剪时根据香椿枝条的生长点，采用各种手法为树体改造通风透光的生长环境，使树主干牢固，长势均衡。香椿采收时间为每年4月下旬至5月下旬，采收的过程很关键，关系到来年香椿产量和质量问题，剪一朵香椿必须连"头"折断才不影响香椿树以后的正常生长，采剪香椿以早晚不见太阳的时候为最佳时间。孙家湾香椿在生产管理过程中，从来都不施任何肥料，不喷洒任何农药，主要依靠的是肥沃土地、特殊的地理条件和独特的小气候。

赵康辣椒

登记证书编号：AGI01260

地域范围

襄汾县隶属山西省临汾市，位于临汾盆地南部。赵康辣椒栽植区域位于襄汾县西南部，包括赵康镇的杨威、赵雄等26个村，南贾镇的大柴、阜宁等8个村，西贾乡的西彭、万东毛等10个村，永固乡的家村、南董等12个村，汾城镇的高庄、三公等14个村，地理坐标为东经111°10′40″~111°23′17″，北纬35°41′05″~35°50′16″。

品质特色

赵康辣椒以三樱椒为主栽品种，三樱椒又名朝天椒、天鹰椒、望天椒。赵康辣椒一是形美，植株生长紧凑，辣椒大小均匀，果皮油亮，色泽深红；二是味浓，辣中有香，香中有甜，综合品质极好，属椒中佳品，生熟食用都可，味美无比。

赵康辣椒营养价值很高，堪称"蔬菜之冠"，它富含钙、磷、铁、维生素B_1、维生素B_2、辣椒素等成分，品质优良。其中，辣椒素含量约0.72克/千克、维生素B_1含量约3.4毫克/千克、维生素B_2含量约7.6毫克/千克、铁含量约40.8毫克/千克、钙含量约1 390毫克/千克、磷含量约3 400毫克/千克。

人文历史

赵康辣椒主产区赵康镇是古晋国文明发祥地之一。辣椒原产于美洲热带地区，大约在明朝末年由欧洲传入我国，适当食用有温中散寒、开胃消食、增进食欲、促进血液循环、驱寒健胃的功效。

赵康辣椒主栽品种三樱椒是1974年由外贸部门引入赵康镇的。三樱椒适应性强，高产稳产，投资小，效益高、品质好、抗逆性强，备受农民欢迎。赵康镇及周边区域自1996年规模种植辣椒至今，每年的种植面积达10万亩以上。自2005年以来，当地已举办多届"山西襄汾赵康辣椒节"，吸引山西省内外客商前来观摩、订货。目前，赵康镇已形成了一个全国性辣椒购销市场，来自全国25个省区市的客商在这里，年交易辣椒25 000吨以上，成为全国著名的"辣椒之乡"。

生产特点

赵康辣椒主产区平均海拔500米，地势平坦，土壤以壤土为主，土地肥沃，pH值6.8~7.5，土壤有机质含量1%~2%，富含氮、磷、钾等，适宜辣椒生长。产区是襄汾县主要井灌区之一，机井及地下输水管道配套齐全，水质优良无污染。襄汾县地处黄河以北地区，海拔390~1 493米，气候属暖温带大陆性气候，四季分明，无霜期200天左右，年均气温12.4℃，年均日照时数为2 337.2小时，年均降水量500~600毫米，多集中在6—9月，与辣椒自然最佳生长期吻合，利于发展辣椒产业。

赵康辣椒产地选择在土壤含盐量不高于0.3%的沙壤土、壤土地块，品种主要有新一代三樱椒、子弹头三樱椒、大板椒等。辣椒在正月十五前后进行春播育苗，间苗选择在无风、温暖的天气进行，结合间苗拔除杂草，以免造成捂苗现象。辣椒喜生茬，不宜连作，低洼地不宜栽培。产地要施足底肥，重施磷肥和钾肥，并及时追水、追肥，满足其生长需求。赵康辣椒因簇生，成熟集中，一般在果实全红或每株红椒占总数的90%时整株拔下，一次性采收。

杜马百合

登记证书编号：AGI01261

地域范围

杜马百合农产品地理标志保护范围为山西省运城市平陆县境内的杜马乡、部官乡、张家镇3个乡镇，涉及68个行政村，地理坐标为东经110°52′47″~111°51′45″，北纬34°41′20″~34°42′30″。

品质特色

杜马百合的地下鳞茎为食用部分，由白瓣合成，似白玉，圆形，食用口感甜爽，风味独特，滋补味香。平陆县生产的杜马百合个头大，质地优良，鳞茎心实，鳞片肥厚，色泽洁白，糖分高，无苦味，无纤维，富含有淀粉、蛋白质、脂肪、维生素，以及磷、钾、镁、钙等矿物质元素，营养丰富，深受消费者欢迎。

人文历史

平陆杜马百合种植历史悠久，早在明万历年间就有村民种植，并被列为宫廷贡品，享有"平陆百合甲天下"的美誉。杜马乡三垣三沟北靠山，地貌独特，素有"百合之乡"之美称。杜马百合种植面积约230公顷，年产百合3 000余吨。

生产特点

杜马百合产区为沿山地域，海拔800~1 200米，地处半阴凉爽地带，

土壤为黑土、黄土、黏土，地貌以梁、缓坡区为主，pH值6.5~7.3，是百合生长的最佳地带。平陆县境内地表水资源匮乏，地下水资源相对丰富，地下水补给主要水源为大气降水渗入和北部中条山区补给，还有深井分布，水源丰富，水质优良。杜马百合产地属于南暖温带湿润气候区，四季分明，年平均气温为13.8℃，年平均降水量550毫米左右，最大冻土深度为0.7米，无霜期为220天左右，年平均日照时数2 172小时，产区内光热资源丰富，昼夜温差大，有利于养分的积累转化。

百合种植周期较长，一般为2~3年，种植基地选择在海拔600~1 200米、生态环境良好、地势背阳、土壤肥沃、排水条件好的平坦的坡地；避免选择重茬地块，合理轮作、倒茬有利于培养地力、减少病虫害、提高产品的质量和产量。百合选育品种为1个头或2个头为宜，种球如枣般大小为宜，繁育以百合鳞片和百合自生自长小籽为主。冬春季为杜马百合最佳种植季节，栽植以百合种球为主，产地施肥以有机肥和复合肥为主，种植时一次性施入地下；2年后，5—6月追肥；每年中耕除草3次，并适时追水。百合产品的收获时节一般为10—12月或3—4月。

闻喜莲藕

登记证书编号：AGI01262

地域范围

闻喜莲藕的地域保护范围为山西省运城市闻喜县全境，辖桐城镇、郭家庄镇、河底镇、东镇等13个乡镇，地理坐标为东经110°59′33″~111°37′29″，北纬35°09′38″~35°34′11″。

品质特色

闻喜莲藕为浅水藕，根茎横生，肥厚，节间膨大，主藕一般3~4节，一般根生60~80厘米，节间长15~20厘米，直径6~8厘米，内有多数纵行通气孔洞。与异地品种比较，闻喜莲藕外皮光滑，呈银白色，粗壮肥大，无渣，少丝，生藕吃起来口感脆甜。

闻喜白莲藕洁白如玉、孔多质细、甜润嫩脆，淀粉含量高，营养价值高，既可糖渍盐腌，作为冷盘佳肴，也可热炒、油炸、焖蒸。用这种白莲藕制作的藕粉精细乳白，清爽可口，气味芬芳，因此人们把闻喜白莲藕称为"莲藕之冠"。白莲藕含有丰富的糖、淀粉、蛋白质、脂肪、碳水化合物，以及钙、磷、铁等，不但是人们喜爱的食品，而且具有很高的医用价值，其莲子、莲子心、莲须、莲房、荷叶、荷梗、藕节等均可入药。

人文历史

闻喜县栽培白莲藕已有5 000余年的历史，是传说中的"董父豢龙"之地。董父，虞时人，黄帝裔孙，相传龙非甘泉不饮，董父遍寻之，终在鬷川找到甘泉。那里水域宽旷，泽水浩荡，碧波万顷，一望无际，实属豢龙之佳池，从此，鬷水更名为董泽湖，即现在的"白

水滩",白水滩中的白莲池就是当年的漦龙池,漦龙池盛产的白莲藕,全身是宝。

现在,白莲池周围的广大农民群众,充分利用白水滩的自然条件,加强藕田管理,使每亩产藕达1 500~2 500千克。白莲藕畅销全区13个县,还远销至临汾市、太谷县、平遥县、介休市、阳泉市、太原市、大同市等地。

生产特点

闻喜县境内地势平坦、排灌方便,土壤耕层深厚,理化性状良好,土壤属黏壤土,土壤富含有机质,肥力较高,pH值5.6~7.5,非常适宜种植莲藕。县境内水系主要有涑水河、沙渠河、亳清河、板涧河,另有山涧沟溪等,水资源利用主要以开采地下水为主,闻喜县水系属山西浅水富水区,地下水贮量丰富,境内主要河流有涑水河与沙渠河,水资源富裕,且水质优良,极有利于莲藕生长。产区属暖温带大陆性季风气候,年平均气温达12.6℃,年平均日照时数为2 460小时,日照率55%以上,年平均降水量510毫米,无霜期214天左右,气候温和,四季分明,光照充足,降雨适中,水利条件较好,适宜莲藕生长。

闻喜莲藕种植区选择在地势平坦、排灌方便、土壤耕作层深厚、向阳的地块。闻喜莲藕品种为竹叶青,当地名"金三瓜"。莲藕生长过程中按照各品种标准化生产技术规程进行施肥、灌溉和采收,以保证莲藕正常生长。

万泉大葱

登记证书编号:AGI01263

地域范围

万荣县隶属山西省运城市。万荣大葱农产品地理标志地域保护范围为万荣县万泉乡、南张乡所属的28个行政村,包括万泉乡的桥头、桥上、柳家院、属里、东丁、西丁、万泉、北涧、北里、庙后、杨家垛、林山、荆村、荆淮、涧薛,南张乡的太赵、薛李、百帝、李家、王家、尚家、姚家、南张、闫村、东苏冯、西苏冯、万荣庄、范村,地理坐标为东经110°39′11″~110°49′49″,北纬35°21′37″~35°26′27″。

品质特色

万泉大葱产量高,品质好,秆粗长,洁白鲜嫩,辣甜适度,营养丰富,健脾养胃,耐贮宜存、上市期长,是人们饮食中不可缺少的调味品。万泉大葱中的糖、粗纤维、粗蛋白质、钙、锌、铁、苹果酸等多种营养物质含量均居同类产品之前列,具有极大的药用价值,有养胃、解热发汗、补虚助阳等特殊功效。

人文历史

万泉大葱颇负盛名,距今已有1 000余年的生产历史,在唐朝时曾作为贡品。《万荣县志》记载:"本县所产大葱,层多、肉厚,葱秆长达1市尺①,形如鞭杆,故名鞭杆葱。"

生产特点

万泉乡地处晋豫陕"黄河金三角"地带,海拔600~800米,pH值为8左右,土层深厚、肥沃,通

---

① 1市尺≈0.33米,全书同

透性好,平均有机质含量1.24%,富含氮、磷、钾、铜、锌、硼、钼等元素,较为适宜大葱栽培。万泉乡境内地下水资源丰富,拥有有机井11眼,当地灌溉主要采取管灌的方式,基本上能满足大葱生育关键期用水。万泉乡气候属暖温带大陆性季风气候,四季分明,年平均气温11.8℃,年均日照时数2 364小时,年均降水量550毫米,无霜期189天,年平均日照时数2 364.3小时,年平均蒸发量1 862.8毫米,光照充足,水热丰富,气候适宜,极有利于大葱生长。

万泉大葱种植区选择在生态环境良好、地势平坦、土壤肥沃、排灌方便的地块。种植品种主要有章丘大葱、万泉牌1号、家禄1号等。育苗床要选择近3年未种过葱蒜类蔬菜的地块,结合整地施入适量的有机肥,浅耕细耙,整平作畦;在9月中上旬播种,先浇足底水,水渗后将种子均匀播撒于床面,覆细土0.8~1.0厘米。苗出齐后,保持土壤见干见湿,适当控制水肥,上冻前浇一次冻水,翌年春季土壤解冻后及时浇返青水,幼苗返青后结合浇水追施有机肥,定植前7~10天停止浇水。葱苗在4月下旬至5月上中旬进行定植,定植后要及时中耕保墒、清除杂草,雨后及时排出田间积水。进入8月,大葱开始旺盛生长,要保持土壤湿润,逐渐增加浇水次数并加大水量,收获前7~10天停止浇水,结合浇水及时追肥,以保证大葱的产量与质量。

巴公大葱

登记证书编号：AGI01264

地域范围

巴公大葱农产品地理标志地域保护范围主要涉及山西省晋城市泽州县的巴公镇、高都镇、大阳镇、下村镇、陈沟乡等14个镇3个乡，其中巴公镇为巴公大葱的主产区，地理坐标为东经112°31′~113°14′，北纬35°12′~35°42′。

品质特色

巴公大葱全长一般1米多，葱白长60余厘米，头部有拳头大的疙瘩，一般每根重500克左右，大者重750克；葱白肉厚心实，组织结构严密；单株独茎不分瓣，味浓辣烈；收获3天后葱叶方才渐渐由绿变黄；用其烹、炒、炸时抢火候，效果好，味道美。巴公大葱具有耐贮存的特点，叶干后放于阴凉干燥处保存一冬一春，葱白仅干外表一层皮，其葱不腐烂、不干枯、不跑味。

巴公大葱具有较高的营养和保健功效，其磷含量为458~480毫克/千克，钾含量3 460~3 490毫克/千克，钙含量610~630毫克/千克，镁含量为155~170毫克/千克，维生素C含量为179~183毫克/千克，维生素A含量为58~63毫克/千克，具有解热祛痰、促进消化、抗菌抗毒、防癌抗癌、消减脂肪、防治感冒、降胆固醇、降低血压的功效。

人文历史

巴公大葱是山西早期四大名优土特产之一，因其具有独特的品质，与山西汾酒、清徐陈醋、晋祠大米齐名。据史料记载，清朝时巴公大葱为贡品，是宫廷烹饪调味的首选。据《巴公县志》记载，当年八国联军攻占北京，慈禧太后被迫逃到山西泽州地界，虽然是落难，但每顿饭还必须是6碟6碗以示"六六大顺"。有一天，到了用膳时间，可御膳房却还有一道菜没有着落，

大厨情急之下用现有的大葱做出了一道爆炒大葱，谁知慈禧吃后觉得胃口大开，连声称赞味道鲜美，问太监这道菜叫什么名字，太监说是"巴公大葱"。

生产特点

泽州县东、西、南三面环山，山岭陡峻，巴公大葱主要种植区土壤质地较黏，淋溶作用弱，渗水性质较好，土壤肥沃，非常适合巴公大葱的生长。产区地下水资源充沛，水质优良。泽州县属于大陆季风气候，四季分明，春季干旱多风，夏季炎热，秋季温和凉爽，冬季寒冷干燥，年均10℃以上年积温3 983.8℃，年均日照时数为2 395小时，年均降水量624.56毫米，7—9月的降水量占全年的60%，光照充足、雨热同期、温度适宜，有利于巴公大葱生长。

巴公大葱种植在海拔1 000米左右、昼夜温差大、光照充足、土壤较肥沃的地块，避免重茬。播种前结合施肥耕翻土地，耕后细耙，整地作畦；播后苗床应保持湿润，结合浇水，追肥2~3次，并做好间苗、除草工作。定植时间一般在5月上旬，定植后立即浇水，并中耕除草2次左右。定植后土壤不干，一般不浇水。秋凉以后，进入生长旺盛时期，也是葱白生长的重要时期，需要大量的水分和养分。浇水要轻浇，逐渐增加浇水次数，保持地面湿润，并结合灌水进行培土追肥。11月上旬大葱地上部分已停止生长，应抓紧刨收。

连伯韭菜

登记证书编号：AGI01265

地域范围

连伯韭菜分布于山西省南部河津市阳村乡的连伯村、永安村、太阳村、郭家庄村、峻岭村5个行政村，地理坐标为东经110°32′16″~110°32′20″，北纬35°08′18″~35°08′22″。

品质特色

连伯韭菜种植历史悠久，其根壮叶肥，叶皮宽厚无丝，白秆粗长，非常清脆，一掐就断且不带丝；吃起来辣中带甜，清香可口。

连伯韭菜营养丰富，蛋白质含量为2.40%~2.94%，脂肪含量为0.40%~0.49%，碳水化合物含量为3.32%~4.60%，膳食纤维含量为1.24%~1.40%。另外，韭菜中含有大量的钙、磷、铁和维生素C，尤其是维生素C的含量是番茄的4倍。

人文历史

连伯韭菜具有悠久的历史，据《河津市志》记载，连伯红根韭为本地农家品种，闻名晋南；又据《五千年文明河东人》记载，连伯韭菜历史悠久，又有得天独厚的水土条件，连伯韭菜特点是没有丝，用指甲掐叶即断，而且第二叶宽厚，白秆又长

又粗，香脆可口。另外，连伯韭菜能比其他产地的韭菜多割一茬。用秋天的薹下韭包水饺，比春韭更香，且辣中带甜，别有一番风味。

近年来，当地各级政府非常重视连伯韭菜发展，在政策、资金方面都有支持。连伯韭菜产业逐步走向规模化种植，不论是种

植技术、田间管理,还是销售渠道,都有很大的提高与发展,韭菜品质不断提高,再加上韭菜经纪人的真诚服务,客商和消费者的信赖度也越来越高。在销售旺季,韭菜日销量可达300吨,产品覆盖山西省内各大蔬菜市场,还远销北京、天津、内蒙古、河南等地。

生产特点

河津黄河滩地处黄土高原,地势平坦,土壤pH值8.19,有机质含量达到1.83%,富含氮、磷、钾、铜、锌、硼、硫等,特殊的土壤适合生产韭菜。河津市黄河滩地处汾河、黄河两河交汇处,水域面积大,地下水资源丰富,井灌发达,水质优良。产区属大陆温带季风气候,四季分明,光热资源丰富,昼夜温差较大,自然条件独特,是韭菜生长的优势区域。

连伯韭菜种植品种有连伯红根韭、寒青、平韭2号、高秆环等。播种采用撒播和条播两种方法,幼苗管理时前期促苗、后期蹲苗、清除杂草,轻浇、勤浇,保持土壤见干见湿;结合灌水追肥2~3次,以促进壮苗养根。定植前施足基肥,以有机肥为主,施肥后整地作畦,畦宽因栽培习惯和薄膜幅宽而异。韭菜定植时间,根据播种期和幼苗大小而定,春播在播种后70~80天定植,秋播在第二年清明以后定植,定植后适时追水、追肥,并及时摘除幼嫩花薹,在雨季还应排水防涝。每茬生育期25天以上,收割韭菜宜在傍晚进行,收割韭菜刀口应贴地表,每次收割后用耙子把地耙一遍,3天后韭菜伤口愈合,新叶即将出时浇水追肥。

泗交黑木耳

登记证书编号：AGI01266

地域范围

泗交黑木耳分布于山西省运城市夏县中条山腹地泗交镇，涉及夏县泗交镇的唐回村、下秦涧村、任家窑村、窑头村、泗交村、砖庙村、于家岭村、王家河村、西沟村、太宽河村、曹家庄村、东交口村、马家庙村、圪马沟村、架桑村、温峪村和大寺坪村17个行政村，地理坐标为东经111°14′16″~111°47′21″，北纬34°53′56″~35°23′57″，保护区域面积3.8万公顷。

品质特色

泗交黑木耳新鲜时形状类似耳朵，质地粉嫩，黑褐色，有光泽，胶质丰富，半透明，有弹性；晒干后收缩成角质，腹面平滑，漆黑色，硬而疏，背面黑灰色，有短绒毛。黑木耳含有丰富的多种氨基酸、脂肪、碳水化合物、纤维素、铁、钾等物质，被营养学家誉为"素中之荤"和"素中之王"，有防治心血管疾病的作用。

人文历史

泗交黑木耳历史悠久，资源丰富，生长在泗交山林的朽木上，又名木菌、树鸡，具有益气清肺、滋润强壮、补血活血的功效，可用于治疗产后虚弱及抽筋麻木等症，同时对消化系统具有良好的清滑作用。据历史考察，在唐朝时期，秦王李世民率兵出征，途经中条山，

在泗交于家岭一带安营扎寨，士兵在树林的朽木上发现黑木耳，采集许多，洗净后生吃，感觉味甘滑爽，滋味鲜美，煮在野菜里，菜的味道更清鲜。从那时起，这里百姓便大量采食泗交黑木耳，并将山里摘到的黑木耳作为山珍供给帝王，黑木耳也成了夏县特产之一。泗交镇秦王寨、走马岭古老的军旅营盘遗址中，秦王士兵在这里吃饭时的万人锅、石桌、旗杆窝历历在目，如今已成为夏县旅游景区，泗交黑木耳也成为当地的馈赠佳品。

生产特点

泗交镇地域开阔，海拔高度900~1800米，土体经常保持湿润，有明显的淋溶层，土壤pH值6.5~8.0，野生黑木耳遍布树林各地。泗交镇境内有泗交河、太宽河，年降水量在700毫米以上，降水主要集中在6—9月，空气湿润，土壤田间持水量在70%~80%，这种湿度是黑木耳生长的适宜条件。产区属于暖温带大陆半湿润季风气候，年平均气温12.9℃，气温相对低，年均日照时数为2218小时，光照充足，无霜期208天左右，昼夜温差大，有利于木耳子实体形成和营养积累，所以这里产的木耳色黑、透明，胶质含量高。

泗交黑木耳生产基地选择在生态环境优良的地区，品种以当地优良品种为主。生产过程包括选树、耳场选择、接种、排场、上架、出耳管理等环节。木耳长大后，要勤收细拣，确保丰产丰收，伏耳要大小一齐拣，秋耳则要拣大留小。拣耳时间最好在雨后天晴耳子收边时，或早晨耳子潮软时采收。晾晒时应放在晒席上摊薄，趁烈日一次晒干，不宜多翻，以免造成卷耳。

仙人红薯

登记证书编号：AGI01267

地域范围

仙人红薯产区位于山西省阳泉市盂县仙人乡，主要包括张庄、狮子神、张万、山西峪、杨家水、石峪良、杨树凹、桑树凹、刁王崖、岑底、里山南、石圪泽、外山南、仙人村、交口、庄上、沙井、又道沟、东庄头、水占、阳坡、石宝、垴上、角雨、会里、东庄、七里峪、北坡、西峪、拦里30个行政村，地域保护面积2 352.33公顷，地理坐标为东经112°54′~114°04′，北纬37°40′~38°31′。

品质特色

仙人红薯薯个均匀，薯形有纺锤形、椭圆形、圆筒形，块根表面光滑平整，颜色鲜艳漂亮，商品率高，以干物质含量258克/千克以上而闻名于世。

仙人红薯营养物质丰富，其中淀粉含量达13.2%，总膳食纤维含量达2.21%，钙含量为290毫克/千克，镁含量为182毫克/千克，钾含量为3 240毫克/千克，维生素E含量为192.3毫克/千克，维生素C含量为144毫克/千克，赖氨酸含量为799.5毫克/千克，均超过普通红薯中营养物质的含量，深受广大消费者欢迎。

人文历史

仙人红薯发展历史悠久，民国二十五年（1936年），盂县红薯种植面积就达5万余亩。《阳泉市志》记载："薯类包括马铃薯和甘薯，甘薯分布于全境广大农村，以盂县为最，种植面积占到全市总种植面积的84%……民国三十五年（1946年），平

（定）东县（在今东庄头原路北县所在地）自河北引种甘薯成功后，全境逐渐推广。"

生产特点

　　仙人红薯生产地域地处石灰岩山地区，生态环境优良，地洁田净，海拔较低，积温较高，田面平整，地土层深厚，疏松肥沃，土壤结构良好，土壤pH值7.1~7.2，有机质含量平均在1.8%，土壤中的硒含量丰富，由于当地特有的栽培条件、岩石地貌、沙性土壤，特别适宜红薯生长。仙人红薯产地属盂县黑砚水河流域，流域面积70平方千米，流域降水量均匀，年降水量600毫米左右，水资源较为丰富，水质优良。盂县属暖温带干旱半干旱气候区，冬冷夏热，四季分明，相对湿度平均30%~40%，年均日照时数2 886.3小时，无霜期165~170天，年均10℃以上的活动积温为3 156.3℃，适宜仙人红薯生长。

　　仙人红薯产区选择背风向阳、地势高燥、疏松肥沃、排水良好和管理方便的地块。春薯采用温床育苗，一般在3月上中旬排种；夏薯、秋薯露地育苗，排种在4月上旬前后。播种至齐苗阶段，床温保持在30~35℃，保持床土相对湿度80%左右；齐苗至剪苗阶段，保持床温24℃~28℃、床土相对湿度70%~80%为宜。大田栽插后，应及时查苗补栽，保证全苗，栽后浇透水，活棵后追施"偏心肥"，促使晚苗快发，平衡生长。薯块长到适宜大小时分批收获。

神池黑豆

登记证书编号：AGI01268

地域范围

神池县隶属山西省忻州市，位于晋西北黄土高原，地处管涔山西北麓，地理坐标为东经111°42′~112°18′，北纬38°56′~39°24′，县域面积1 472平方千米。神池黑豆农产品地理标志保护范围为山西省忻州市神池县境内的龙泉镇、义井镇、八角镇、东湖乡、太平庄乡、虎北乡、贺职乡、烈堡乡、长畛乡、大严备乡10个乡镇，涉及241个行政村。

品质特色

神池黑豆籽实大而饱满，呈卵圆形或近于球形，色泽乌黑发亮，子叶呈黄绿色。黑豆中蛋白质含量高达38%~42%，亚油酸含量为4%~5%，亚麻酸含量为0.8%~1.0%；黑豆含有18种氨基酸，特别是人体必需的8种氨基酸含量丰富；黑豆粉中大豆异黄酮含量为795~832毫克/千克，维生素E含量为201~259毫克/千克，钙含量为1 580~1 870毫克/千克，磷含量为5 480~5 980毫克/千克，还含有人体必需的维生素B_1、维生素B_2、维生素C、烟酸，以及丰富的锌、铜、镁、钼、硒、氟等，具有较高的营养价值。黑豆皮含有花青素，花青素是很好的抗氧化剂来源，能清除人体内自由基。

人文历史

神池黑豆种植历史悠久。据历史文献记载，黑豆为神池县缴纳公粮主要品种，且每年保持在10万斤左右。《神池县志》中记载，神池黑豆种植面积1975年为28 830亩，1980年为16 282亩，1985年为50 675亩，现在每年保持在5万亩以上。

神池黑豆为神池豆腐的主要原材料，神池豆腐豆香十足、久烩不烂，是每日神池人餐桌上必不可少的一道菜，当地有"神池人不可一日无豆"之说。神池黑豆的又一妙用是酿造老黑酱，当地几乎家家自酿；神池人喜食黑豆豆芽，新人结婚时要将黑豆豆芽撒在婚车上和新娘包袱里，寓意着生根发芽、繁衍生息；神池人还有在冬至炒黑豆"咬杂病"之风俗。2003年，神池县被山西省政府确定为山西省优质小杂粮重点县。

生产特点

神池县地处黄土丘陵区，山丘起伏、沟壑纵横，平均海拔在1 500米左右，地形地貌复杂。神池土壤总的特点是"缺磷、少氮、钾有余"，耕地土壤有机质含量0.66%~0.85%，非常适宜黑豆生长。神池县境内有4条大的季节性河流，流域面积10万亩，径流多集中在雨季；全县地下水埋深在100米左右，且分布不均，多集中于朱家川河和县川河两河流域，可满足黑豆生长过程中的需水要求。神池县属大陆季风气候，平均无霜期114天，年均降水量487.7毫米，降水主要集中在7—9月，年平均蒸发量1 921.1毫米，年均日照时数为2 816.7小时，10℃以上的年积温为2 300~2 600℃，气候凉爽、降水集中、西北风长年不断、光照充足、昼夜温差大，这样的气候条件正好有利于黑豆生产。

神池县适宜种植的品种有农家大粒黑豆、羊眼睛黑豆等，为减少病虫害，减轻品种的退化，一般2~3年更换一次品种。黑豆需要精细整地，重施底肥。产区可以采取秋深耕、冬镇压、春季顶凌耙磨、播后根据墒情采取碾压等蓄水保墒办法。神池黑豆一般在4月25日至5月5日播种，播种方式可采用耧播或机播，并且均采用地膜覆盖种植。黑豆生长后期雨多时，往往发生返青现象造成减产，防止返青、适时早收有一定增产作用，一般可增产5%，因此在黑豆茎下部叶变黄并有部分脱落，有75%的荚果变黄褐色，摇动荚果会沙沙作响时及时收获。

神池黍子

登记证书编号：AGI01269

地域范围

神池县隶属山西省忻州市，位于晋西北黄土高原，地处管涔山西北麓，地理坐标为东经 111°42′~112°18′，北纬 38°56′~39°24′。神池黍子农产品地理标志保护范围为神池县境内的龙泉镇、义井镇、八角镇、太平庄乡、东湖乡、大严备乡、贺职乡、虎北乡、长畛乡 9 个乡镇，涉及 234 个行政村。

品质特色

神池黍子为糯性，呈淡黄色，为黄色小圆颗粒，直径大于谷子，约 2 毫米；黍子褪壳后俗称为黄米，黄米磨成面，称黄米面，黏性很高，百姓一般用其制作油糕。

神池黍子中蛋白质含量相当高，一般为 11.2%~16.8%，含有人体必需的 8 种氨基酸，尤其是蛋氨酸含量最高。神池黍子中脂肪含量平均为 2.3%~3.0%，碳水化合物含量为 60.5%~70.5%，膳食纤维的含量在 2.0%~4.0%，维生素 E 含量为 17.3~25.8 毫克/千克，维生素 B_2 含量为 2 880~3 670 微克/千克，钠含量为 16.8~18.5 毫克/千克，锌含量为 17.8~21.2 毫克/千克，具有较高的营养价值。

人文历史

神池黍子种植历史悠久。黍子，性黏，常用来做黄糕、酿酒。黍子脱壳后当地人称之为黄米，黄米可以做成各种传统美食。黄米磨成面，谓之黄米面，又称糕面。用糕面做成的油糕，是神池县人推崇的传统食品。逢

年过节，油糕用来祭祀，家中有重要客人或逢重大节日，油糕也是餐桌上的必备佳品。油糕营养丰富，蛋白质含量高，口感绵软、筋道，吃后很"管饱"，有民谚道"三十[①]里莜面，四十里糕，十里荞面饿断腰"。

生产特点

神池县地处黄土丘陵区，山丘起伏、沟壑纵横，平均海拔在1 500米，地貌特点是平川少，山地丘陵多，地形地貌复杂。神池县土壤总的特点是"缺磷、少氮、钾有余"，土壤有机质含量0.66%~0.85%，非常适宜黍子生长。神池县境内有4条大的季节性河流，径流多集中在雨季，全县地下水静储量为6.16亿吨，动储量为5.9万吨/昼夜，可满足黍子生长需要。神池县属大陆季风气候，无霜期114天左右，年平均降水量487.7毫米，降水主要集中在7—9月，年平均蒸发量1 921.1毫米，年均日照时数为2 816.7小时，10℃以上的年积温为2 300~2 600℃，气候凉爽、降水集中、西北风长年不断、光照充足、昼夜温差大，适宜黍子的生产。

神池黍子种植基地选择黏质壤土和沙质壤土地块为最好，播种前产地要深耕细耙，保持土壤水分。黍子应多施有机肥和优质农家肥，亦可将人粪、厩肥做基肥，并适时追肥、追水，满足其生长过程中的营养需求。黍子忌连作，要合理轮作，避免病虫草害蔓延。黍子成熟很不一致，一般当穗子基部籽粒达到蜡熟，就要及时收获。

---

① 1里=500米，全书同

上党土蜂蜜

登记证书编号：AGI01270

地域范围

上党为山西省东南部的一个古地名。上党土蜂蜜产地范围包括山西省长治市壶关县桥上镇、黄山乡、树掌镇、晋庄镇、白尺镇，黎城县南区程家山镇，黎城县北区，屯留县，沁源县余吾镇、吾元镇、张店镇、法中乡、中峪乡、交口镇，地理坐标为东经112°14′~112°51′，北纬36°21′~36°37′。

品质特色

上党土蜂蜜常温下呈深琥珀色，流体状，清澈透明，状如清油；半结晶、结晶后为蜡状，色泽各异，别具一格；口感甜润，清香可口，有百花淡雅香味。

上党土蜂蜜营养丰富，果糖和葡萄糖含量不低于60.2%，镁含量不低于10.5毫克/千克，钙含量不低于67.8毫克/千克，钾含量不低于707毫克/千克，营养价值较高，深受广大消费者喜爱。

人文历史

上党土蜂蜜发展历史悠久。相传，唐朝皇帝李隆基登基前在潞州（上党）居住时，率慕僚出游五龙山，见山间满目翠柏，百花丛生，不远处茅屋前坐一老者，鹤发童颜，精神矍铄，李隆基便问老者多大年纪，老者回答："今年八十有二。"李隆基很是惊讶，便又问道："老人家有何长生之术？"老者指着茅屋周围排布有序的几十窝蜂群说："吾常饮土蜂蜜之水，得以百病不侵！"老者托出几碗蜜水，李隆基一碗下肚，顿感口舌生津，神清气爽，随口吟诗一首："潞州三月杨

柳青，山号五龙万蕊红。行来犹兴饮花蜜，天涯何处觅王蜂。"李隆基在诗中盛赞此山蜂蜜天下无双，也隐含着他的飞龙之志。他继位后，大宴潞州父老，其中便有那位养蜂的老者。因李隆基被后世尊称为"唐明皇"，所以潞州百姓便把他所饮的土蜂蜜称为"上党明皇土蜂蜜"，他的那首咏蜜的七绝也世代相传。

生产特点

上党土蜂蜜产区地处黄土高原的东南部，地形结构为盆状，四周有太行山、太岳山环绕，地势从四面逐渐向中间下降，由丘陵过渡为山间盆地，海拔380~2 453米。长治市中部为上党盆地，以及部分沟川地、台地与垣地，地势平坦，土层深厚，地表多疏松物质，自然植被较好，森林覆盖率为26.9%，自然环境十分优越。长治市是华北地区富水区，境内有众多河流，水质优良。长治市属暖温带半湿润大陆性季风气候，全年冬无严寒，夏无酷暑，气温适中，四季分明，年平均气温5~11℃，年日照时数2 418~2 616小时，无霜期151~184天，年平均降水量550~650毫米，非常适宜生产蜂蜜。

上党土蜂蜜养殖基地在远离市区的沟坡大山，其自然环境与植被可以满足蜜蜂采蜜的需求。养殖基地严禁非签约养蜂户进入蜜源区域放蜂，从源头上切断外来病源侵入渠道。养蜂场、放养场地远离农田、果园5千米以上。所有蜂农必须在早上8时之前收蜜摇蜜，以保证蜂蜜的质量。

沁水黑山羊

登记证书编号：AGI01271

地域范围

沁水黑山羊农产品地理标志地域保护范围包含山西省晋城市沁水县的中村镇、土沃乡、张村乡、龙港镇、樊村河乡、郑庄镇、苏庄乡、端氏镇、加丰镇、郑村镇、胡底乡、固县乡、柿庄镇、十里乡14个乡镇，涉及249个行政村，地域保护范围面积2 676.6平方千米，地理坐标为东经111°55′~112°47′，北纬35°24′~36°04′。

品质特色

沁水黑山羊体躯中等，头部大小适中，眼大微凸，鼻梁凹陷，耳小，向左右平伸；公母羊多具有粗大的"八"字形角，也有少数羊无角；背腰宽广肥圆，四肢粗壮，蹄坚实；被毛修长光亮，多为褐色，外层毛粗硬而长，有光泽。

沁水黑山羊肌纤维细，肉质细嫩，味道鲜美，膻味极小，营养价值高，所含氨基酸种类齐全，特别是人体必需氨基酸尤为丰富，被誉为人间"肉食珍品"。

人文历史

沁水县是晋城市养羊大县，沁水黑山羊的养殖历史悠久，至今已有500多年的历史。沁水县养羊协会成立于2005年，该协会组织联合各部门、各企业的有关力量，紧紧围绕肉羊生产的产前、产中、产后各个环节，为会员单位和会员提供种畜、技术、信息、生产资料、肉羊回收、销售等方面的配套服务，有力地促进了沁水县养羊业的健康发展。

生产特点

沁水县四周群山环绕，境内山多林密，山峦重叠，沟壑纵横，高低悬殊，丘陵平川相间。沁河为区域内的主要河流，河水流量较大，两岸地势平坦、土地肥沃，为全县主要农作物区。沁水县境内水资源总量高达9.88亿立方米，水库控制流域面积4 990平方千米，库容5.05亿立方米，此外，草地、森林涵储了丰富的水源，为沁水黑山羊提供了充足和优质的饮用水。沁水县属典型的暖温带半干旱大陆季

风气候，年平均日照时数2 629.9小时，14℃以上年有效积温3 412.6℃，年均降水量643.7毫米，无霜期173天左右，是发展养羊业的理想区域。沁水县天然草地、宜林区遍布，天然草地面积174万亩，此外还有丰富的人工草地牧草资源和灌木资源，为沁水黑山羊提供了种类繁多的饲草来源，再加上当地生长着大量的野生药材，成就了沁水黑山羊的独特风味。

沁阳黑山羊养殖区内配有专用的羊舍和运动场，并设有饲槽和水槽，饲养过程中根据不同羊只，确定喂量和营养需求，既能吃饱，保证生长需求，又不浪费。育成羊的管理以半放牧半舍饲的饲养方式为主，保证其产量与质量。春季放牧先放枯草坡或喂一些干草，然后再放青草坡，防止羊跑青和臌气；夏季放牧应做好防暑降温工作，中午让羊群到通风、阴凉处休息，同时要多给羊群饮水和补盐；秋季是羊群抓膘配种季节，要将羊放饱、放好；冬季注意防寒、保暖、保膘、保羔。

绛县大樱桃

登记证书编号：AGI01594

地域范围

绛县大樱桃分布在山西省运城市绛县的古绛镇、横水镇、郝庄乡、冷口乡、卫庄镇、么里镇、安峪镇、大交镇、陈村镇、南樊镇10个乡镇，地理坐标为东经111°21′49″~111°54′19″，北纬35°20′19″~35°39′28″。

品质特色

绛县大樱桃果型较大，果实直径可达2.5厘米以上；外观滚圆，红似玛瑙；口感绝佳，酸甜适度，风味独特。

绛县大樱桃果肉中维生素A含量比葡萄、苹果、橘子多4~5倍；此外，樱桃中还含有B族维生素、维生素C，以及钙、磷等，营养丰富。樱桃的果肉能去除毒素和不洁的体液，具有天然的药用价值，对肾脏排毒具有相当好的功效，同时还有温和通便作用。

人文历史

相传早在尧舜时期，一日尧王自故里绛县尧寓村前往历山访贤，带着随从沿尧王故道向历山方向行走。当行至大虎峪（今绛县冷口乡大虎峪村）时，由于时值中秋，烈日当头，山路崎岖，又饥又渴，便在路旁休息。随从看到满山的樱桃似一串串玛瑙，十分好看，便采摘品尝，口感又酸又甜，食之生津止渴，当即便采下樱桃果奉与尧王品尝。尧王食之大加赞赏曰："此果酸甜爽口，既生津止渴，亦能充饥，实乃绛山一宝，须保护之。"

到明末清初，当地果农从山东省引进接穗来嫁接当地野生樱桃，使樱桃果型和品质大大提升，种植面积不断扩大。到20世纪70年代，在政府的号召下，绛县樱桃种植得到了快速发展。

生产特点

绛县境内土壤类型主要为褐土、潮褐土，土壤pH值7.85~9.14，土壤保水力强，透气性好，不仅能有效预防根癌病的发生，而且有助于樱桃果实生长过程中对土壤中钾、铁、锰、磷、铜等元素的均衡吸收，能够提高樱桃的产量与品质。绛县位于黄土高原，地下水深度由地形不同而变化，灌溉水源充足，水质优良。绛县属温带大陆性季风气候，四季分明，大于10℃的年积温为3 765.6℃，年平均日照时数为2 253.4小时，无霜期182天左右，年均降水量569.6毫米，降水呈季节性分布明显，主要集中在7—9月，独特的气温、光照条件，使绛县大樱桃树体健壮，果枝寿命长，花芽充实，坐果率高，果实成熟早、着色好、糖度高、酸味少。

绛县大樱桃种植品种有红灯、先锋、雷尼、拉宾斯、美早、滨库、友谊等，砧木以大青叶、酸樱桃为宜。有浇水条件的樱桃园一般年份应在萌芽前、盛花期、果实膨大期和土壤封冻前分别灌水4次，若在7—8月遇到干旱天气时，可适当增加浇水次数。果园施肥以有机肥、农家肥为主，并适时追肥，保持或增加土壤肥力及土壤微生物活性。樱桃树修剪主要采取改良纺锤形或纺锤形整枝，并加强甜樱桃生长季节修剪，拉枝开角，及时疏除树冠内直立旺枝、密生枝和剪锯口处的萌蘖枝等，以增加树冠内通风度。果实采摘以人工采摘为主，轻摘轻放，保鲜贮藏的樱桃果要采用逆采方法带上果柄。

绛县山楂

登记证书编号：AGI01595

地域范围

绛县山楂分布在山西省运城市绛县的古绛镇、横水镇、郝庄乡、冷口乡、卫庄镇、么里镇、安峪镇、大交镇、陈村镇、南樊镇10个乡镇，地理坐标为东经111°21′49″~111°54′19″，北纬35°20′19″~35°39′28″。

品质特色

绛县山楂果型较大，果实直径可达2.5厘米以上，单果重15~26克；果皮红色，果点黄白色、密集，果皮较粗糙；果实近圆稍扁，顶部具有5棱，具蜡光；果肉粉白至粉红，肉质紧密，味酸稍甜，口感绝佳，风味独特。

山楂的果实营养丰富，富含碳水化合物、蛋白质、脂肪、维生素，以及磷、钙、铁等人体必需的矿物质，特别是铁、钙、维生素C、胡萝卜素、核黄素等的含量很高。山楂还有较强的药用价值和食用价值，具有开胃健脾、行瘀化滞、消炎止咳、解毒止血等多种功效。

人文历史

绛县山楂历史悠久，在《绛县志》中有一章专门介绍山楂。据县志记载，在明末清初，紫家峪村一农民从山东引进山楂接穗，使用于本地野生山楂嫁接，果实优于野山楂，此后，绛县开始家植山楂树。

生产特点

绛县境内土壤类型主要为褐土、潮褐土，其中褐土分布面积较广，土壤pH值7.85~9.14，土壤质地较好，土壤结构主要以土壤中碳酸钙胶土为主，水稳性团粒结构在20%~40%，耕层土壤总孔隙度在41.8%~53.2%，较为适宜种植山楂。绛县位于黄土高原，地下水深度由地形不同而变化，灌溉水源充足，且水质优良。绛县属温带大陆性季风气候，四季分明，冬季寒冷干燥、夏季炎热多雨，光照充足，雨热同期，温度适宜，极有利于山楂生长。

绛县山楂种植品种主要有敞口、大金星、艳果红、大绵球、大五棱、红瓤绵等。果树栽植以秋栽为主，果园施肥以秋末施用为好，基肥以粪肥和有机肥为主；萌芽开花前、落花后至幼果迅速生长期、果实采收前后3个时期追肥。果园要及时灌水，第一次在萌芽前；第二次在6月中下旬，促进花芽分化和果实膨大；第三次在地冻前浇足封冻水。适宜山楂树的树形为小冠疏散分层形、细长纺锤形。山楂在10月初进行采收。

岚县马铃薯

登记证书编号：AGI01596

地域范围

岚县位于山西省吕梁市北部，汾河上游，辖4镇8乡，1个城区居民管理委员会，167个行政村，334个自然村，地理坐标为东经111°21′43″~111°50′02″，北纬38°05′00″~38°36′11″。

品质特色

岚县马铃薯在长期的栽培和自然选择下，形成了自己独特的产品特征，主要品种为克新1号、冀张薯8号、晋薯16号、青薯9号。其中，克新1号、冀张薯8号、晋薯16号为长椭圆形，薯块芽眼较浅，表皮光滑、淡黄皮、乳白肉，适宜鲜食菜用，蒸食品质优；青薯9号，薯块椭圆形，表皮红色，有网纹，薯肉黄色，芽眼较浅，适宜蒸食。

岚县马铃薯营养丰富，鲜马铃薯中淀粉含量不低于11%，蛋白质含量不低于2.5%，粗纤维含量不低于0.3%，总糖含量不低于5.0%，维生素B_1含量不低于5毫克/千克，维生素B_2含量不低于4毫克/千克，维生素C含量不低于210毫克/千克，并富含铁、钾、锌、镁、磷、铜、钙等，品质优良。

人文历史

岚县马铃薯的人文历史主要体现到独特的餐饮文化上，按照马铃薯的特点，岚县以马铃薯作为主食或副食的餐品有100余种。粉面饺子、捣拿糕、磨擦擦、掺马铃薯圪僵僵、黑河捞等是岚县的传统美食，前来岚县考察调研的各界人士对岚县马铃薯风味小吃赞不绝口。20世纪70年代，山药蛋派著名作家马烽来岚

县采风,吃过岚县粉面饺子后称赞道"只此一家、别无分店"。

生产特点

岚县地形较为复杂,境内有山地、丘陵、平川、沟谷4种地貌类型,平均海拔1 415米,山地、丘陵占总面积的85%,位于中心的岚河盆地,地势平坦,是吕梁山上的"小平原"。产区内土壤多为沙壤土,富含腐殖质,含钾高,微量元素丰富,种植马铃薯具有得天独厚的优势。岚县属黄河流域,境内的河流主要有岚河、蔚汾河、岚漪河、榆湾河、舍安河,还拥有众多支流,水资源十分丰富,且水质优良,为马铃薯种植提供了充足的灌溉水。岚县为暖温带季风型大陆性气候,四季分明,年均降水量457毫米,年均有效积温2 948℃,光热、降水比较丰富,雨热同季,农业气候条件比较优越,非常有利于马铃薯生长。

岚县马铃薯生产基地选择在排灌方便、耕层深厚、富含有机质的轻质壤土或沙壤土地块,不宜选择盐碱地和土壤黏重的地块,宜选玉米、谷子等禾谷类和豆类为前茬。种薯播种前5~20天出窖,在室内温度保持在10~20℃的条件下,催出0.5~1.0厘米紫色壮芽,随时剔除劣质种薯。提倡使用小种薯播种,对50克以上的种薯进行切块,以30~40克为宜,每个薯块至少带1个壮芽。春季10厘米地温稳定在7~8℃时开始播种,平川一般在4月20日以后,山区在5月上旬。产地施肥以充分腐熟的农家肥为基础,有机肥与无机肥相结合。中耕分两次进行,第一次在苗高5~6厘米时,结合除草培土3~4厘米;第二次中耕在现蕾后进行,同时培土6厘米以上。当马铃薯地上部枯黄时,可开始收获。

平定荆花蜂蜜

登记证书编号：AGI01597

地域范围

平定县位于山西省阳泉市南部，地理坐标为东经113°25′55″~114°02′33″，北纬37°39′30″~38°07′30″。平定荆花蜂蜜农产品地理标志保护范围包括平定县冠山、石门口、冶西、锁簧、张庄、柏井、东回、巨城、岔口、娘子关10个乡镇，涉及80多个自然村。

品质特色

荆条是一种灌木，生长于华北地区，南方少见，立秋前后，秋高气爽，荆花丛中，蜜蜂穿梭其间，采花露酿制成荆花蜜。荆花蜂蜜入口留香，回味无穷，因其质优被称为"一等蜜"，有清热去燥、解毒去痛、提神解乏之功效。平定荆花蜜常温下呈浅琥珀色、流体状、清澈透明，半结晶，结晶后为白色。

平定荆花蜜中果糖含量35.0%~45.0%，葡萄糖含量30.0%~35.0%，氨基酸总量不低于1 900毫克/千克，维生素B_1含量不低于160微克/千克，维生素B_2含量不低于150微克/千克，钙含量30~45毫克/千克，镁含量不低于5毫克/千克，钾含量不低于120毫克/千克，磷含量不低于30毫克/千克，具有较高的营养价值，深受广大消费者喜爱。

人文历史

蜂蜜在我国用于食疗保健的历史悠久，形成了灿烂的蜂文化。《诗经·周颂·小毖》中有"其予非蜂，自求辛螫"。《礼记·内则》中有"子事父母，枣栗饴蜜以甘

之"。汉代《神农本草经》中把蜂蜜列为上品。李时珍的《本草纲目》中列出蜂蜜多种功能。平定县民间还有牧童用羊角盛满野蜂蜜敬献刘秀的传说。在百团大战期间,战士受伤,缺少医药,卫生员用蜂蜜同中药材一起熬制为士兵疗伤,在当时药品短缺的条件下,蜂蜜是替代消炎药的最好选择。

生产特点

平定县境内群山环绕,沟壑纵横,地貌以山地和丘陵为主,蜜粉资源丰富,可满足蜜蜂采蜜的需求。平定县境内地表水系较为发育,拥有众多大小河流,地表延流和地下延流随季节性变化较大,地下水以石灰岩含水带为主,年平均降水量500~550毫米,水资源较为丰富,是生产优质蜂蜜的可靠保证。平定县居太行山中部,属暖温带大陆性季风气候,年降水量为500~600毫米,集中于7~9月,年均蒸发量1 900~2 000毫米,10℃以上的年积温4 500℃,年平均日照时数3 787小时,无霜期130~186天,光照充足、气候温和、水热同期,独特的气候条件有利于蜂蜜生产。

平定荆花蜂蜜产区都在距离县城10千米之外的原生态山区和自然风景区,蜜粉资源丰富;蜂箱由高质量天然材料制成,蜂箱中只允许使用蜂胶、蜂蜡和植物油之类的天然材料,以保证平定荆花蜜特有的感官标准和内在品质。在蜜粉植物源贫乏期和冬季必须饲喂蜜蜂贮存的蜂蜜、花粉和纯净水,不得饲喂其他食物替代。病虫害防治必须按中草药配方对症防治,以确保平定荆花蜜质量。蜂农摇蜜必须在早晨和上午进行,这样摇下的是成熟蜜,而且浓度高,水分少,营养成分全。

太谷壶瓶枣

登记证书编号：AGI01663

地域范围

太谷壶瓶枣农产品地理标志保护范围为山西省太谷县的明星镇、侯城乡、北汪乡、水秀乡、胡村镇、阳邑乡、小白乡、任村乡、范村镇9个乡镇，地理坐标为东经112°28′~113°01′，北纬37°12′~37°32′。

品质特色

太谷壶瓶枣长倒卵形，皮薄、深红色、肉厚、质脆、汁多、味甜、核小，单果平均重20克，大果50克以上，适宜生食，制成干枣和酒枣更佳。

壶瓶枣营养丰富，鲜果肉中含糖30%~50%，蛋白质含量3.5%~4.2%，钙含量380~410毫克/千克，磷含量200~230毫克/千克，铁含量4~5毫克/千克，含有各种有机酸和维生素，尤其是维生素C的含量达3 800~6 000毫克/千克，居百果之首。壶瓶枣制干后，肉质细腻，久贮不干，制干率57.2%，干枣含糖量71.4%，营养价值高。

人文历史

太谷壶瓶枣发展历史悠久，相传当时太谷县阳邑一带是古战场，孙膑、庞涓的马陵之战就发生在这里，当时正值秋天，里美庄一带红枣满坡，孙膑用枣替顶战士军粮，采取减灶计迷惑庞涓，最终将其诱进包围圈，置于死地。

公元690年，武则天自立为皇帝，由于红枣丰富的营养，对女性特殊的保养作用，山西官员选定了太谷县所产的大红枣作为上贡贡品。当武则天品尝到这些大枣，首先为其美味震惊，当得知是自己家乡的贡品后，百感交集，因其形状像水壶，武则天就为其取名"壶瓶枣"。

20世纪50年代初，太谷县里美庄村"老满红"枣园里的壶瓶枣被选定为斯大林祝寿的礼品，据说斯大林吃了赞不绝口，从此，太谷县里美庄的壶瓶枣的名声就传开了。

生产特点

太谷县境内有乌马河、象峪河两条河流，其中乌马河全长93千米，太谷县境内长72千米，中上游庞庄村东建中型水库1座，水库以上控制流域面积278平方千米；太谷县境内地表径流量多年平均为6738万立方米，全年可利用的地面水和地下水资源总量为17120万立方米，水资源较为丰富，足够满足枣树的灌溉需求。太谷县属暖温带大陆性气候，冬季少雪干冷，夏季炎热多雨，秋季秋高气爽，春季干旱多风，纬度较高、日照充足、昼夜温差大，有利于枣树的生长和枣果实的糖分积累。

壶瓶枣枣树树势强健，树体高大，对土壤要求不严，抗盐碱，耐瘠薄，主要选择在土壤pH值7.0~8.3、有机质含量1.5%以上、坡度20°以下、生态环境良好的地块建园。壶瓶枣采收后经选果、洗果，经过上料机送到烘房，将烘房温度控制在70℃左右，根据原果干湿的情况烘烤2~4小时，烘烤完毕的红枣果皮呈深红色、内部肉质呈黄褐色。

芮城芦笋

登记证书编号：AGI01664

地域范围

芮城县位于山西省运城市西南端，黄河中游，该地区素有"黄河金三角洲"之誉，地理坐标为东经110°16′07″~110°56′43″，北纬34°37′29″~34°43′36″。芮城芦笋农产品地理标志地域保护范围为芮城县风陵渡镇、阳城镇、永乐镇、古魏镇、南卫乡、东垆乡、陌南镇7个乡镇，涉及43个行政村。

品质特色

芮城芦笋嫩茎肥大，质地细嫩，清脆爽口，大小整齐，茎顶鳞片包裹紧密、圆钝，不易开散。芮城芦笋营养丰富，其中碳水化合物含量2.0%~4.9%，膳食纤维含量不低于1.9%，水分含量不低于90%，维生素C含量不低于50毫克/千克，钠含量31~120毫克/千克，钾含量不低于2 600毫克/千克，钙含量不低于100毫克/千克。芦笋中含有多种甾体皂苷物质、芦丁、甘露聚糖和胆碱等，对于高血压、心率过速、疲劳症、水肿、膀胱炎、排尿困难等症状均有一定的疗效。

近年来，国外学者发现芦笋嫩茎中还富含组织蛋白，组织蛋白能有效抑制癌细胞生长，使癌细胞正常化，有防止癌细胞扩散之功能，对多种癌症及肾结石等，均有特殊疗效。一般健康人常吃芦笋也可增进食欲，帮助消化，增强体质，提高免疫力。因此，芦笋已被认为是一种不可多得的保健食品和新型营养蔬菜，其身价倍增，成为国际市场的紧俏商品。

人文历史

芮城黄河滩涂面积大,非常适宜芦笋生长,芦笋发展历史悠久。《神农本草经》中把野生芦笋列为"上品之上",仅次于人参。根据县志资料记载,自1990年开始,芮城县政府大力调整产业结构,依托河滩资源,开辟了以芦笋种植业为主的新路径,当年种植面积达2万亩以上,而且亩产突破300千克。

生产特点

芮城芦笋种植区域主要在地势平坦的河滩地,以沙壤土为主,土壤质地多为轻壤,耕性良好,pH值为7.8,特殊的土壤适合芦笋生长。芮城芦笋的种植区域水资源丰富,地下水为淡水,水质优良,且有配套深井,为芦笋种植提供了充足的灌溉水源。芮城县气候属暖温带大陆性气候,年平均日照时数为2 366.2小时,10℃以上的年有效积温平均为4 223.9℃,无霜期平均210天,年均降水量517.5毫米,平均相对湿度65%,独特的气候条件,形成了芮城芦笋嫩茎肥大、细嫩爽口的品质特色。

芮城芦笋种植品种以UC800、UC157等为主,近年推广的品种有冠军、阿波罗、格兰德等。产地种植沟宜南北向开挖,挖沟时上、下层泥土应分开,回填时将上层熟土与基肥分层填入种植沟,移栽前浇水沉实,以备定植;芦笋生长期结合追肥中耕除草,保持土壤疏松;中耕时应避免伤及地下嫩茎和根系,适量覆土;浇水应根据作物生育期、降水、土质、地下水位、空气和土壤湿度状况而定。采收芦笋时,土壤相对湿度宜在60%左右。采笋时,采下的嫩笋长度掌握在18~20厘米,采笋铲刀的切割部位须距离鳞芽盘2~3厘米,避免损伤附近的鳞芽及嫩笋。嫩笋采下后水平堆放在采笋篮或提筐中,用深颜色布遮盖,防止嫩笋过长时间见光变色。

广灵大尾羊

登记证书编号：AGI01665

地域范围

广灵县隶属山西省大同市，广灵大尾羊农产品地理标志保护区域涉及广灵县南村镇、壶泉镇、加斗乡、作疃乡、宜兴乡、蕉山乡、斗泉乡、梁庄乡、望狐乡的180个行政村，地理坐标为东经113°51′~114°24′，北纬39°51′~39°55′。

品质特色

广灵大尾羊结构匀称，肌肉丰满，眼大微突而灵活，背部宽广平直，四肢粗壮，脂尾圆大，毛色雪白，皮毛品质好。成年公种羊尾长21~35厘米，尾宽22~30厘米，尾厚8~12厘米；成年母羊尾长18~21厘米，尾宽19~22厘米，尾厚5.5~7.9厘米。

广灵大尾羊肉营养丰富，肉质鲜嫩，是一种高蛋白质的食物。高等级的羊胴体，整个体躯显得丰满，两后腿之间呈"U"字形，胴体肌肉发育良好，肌肉纤维间有脂肪沉积，呈大理石状，有着瘦肉多、脂肪少的特点，加之羊肉有着特殊的食补价值，因而深受消费者的欢迎。

人文历史

广灵大尾羊历史悠久，据传在汉朝时期，从蒙古地区引入，由于时代的变迁，经济贸易的来往，人们将终年以放牧为主的蒙古羊，由草原区引入农区。

广灵大尾羊是山西省的一个优良绵羊品种，

1983年7月广灵大尾羊被载入《山西省家畜家禽品种志》一书，广灵大尾羊这一优良羊种以其特有的种用、肉用价值驰名各地，誉满全国。广灵县是传统的农业县，随着农业产业结构的进一步调整，传统的谷子和豆类种植面积逐年扩大，再加上政府政策的支持，为广灵大尾羊的稳定发展提供了良好的基础。

生产特点

广灵大尾羊生长在地处雁北高寒地区的广灵县。广灵县自然地形可分为山地、丘陵、平原，海拔930~2 375米，土壤类型以砾石、沙土、壤土、黏土为主，土壤pH值7.2~7.8，这种土质有机质养分较高，加之县域内没有工业污染，为优质豆类、黍子、谷子、莜麦、山药、苜蓿、胡麻等小杂粮最佳生产区域，这几种植物正是大尾羊整个生长期不可缺少的优质饲料和饲草。广灵县地貌半山半川，水资源极为丰富，水质优良，且富含多种矿物质。广灵县属高寒地带，四季分明，年平均气温9℃，全年日照时数2 800~3 100小时，年平均降水量415毫米，与饲料和饲草最佳生长期吻合。

广灵县大尾羊饲养基地远离城区，90%以上的大尾羊生活在海拔1 200~1 800米的地区，空气清新、水质纯净，具有良好生态环境。母羊怀胎180多天才能产羔，幼羔出生后在2小时内应尽早吃好初乳，1~2月龄时开始喂精料；1~6月龄为幼羔生长强度最快时期，要补充食盐、骨粉、饲草任其采食。2岁羔羊体长相对生长发育速度加快，饲喂精料包括豆类、玉米、麸皮、麻参、骨粉等；3岁时羊的胸围生长速度增快，可以投入配种繁殖，饲喂精料与2岁羔羊基本相同。

阳高长城羊肉

登记证书编号：AGI01666

地域范围

阳高县隶属山西省大同市。阳高长城羊肉农产品地理标志保护区域涉及阳高县长城乡所辖的十九梁村、十墩村、堡子湾村、镇宏堡村、罗家岭村、大二对营村、范家夭村、镇边堡村、二十六村，地理坐标为东经113°28′~114°40′，北纬39°55′~40°14′。

品质特色

阳高长城肉羊毛色细密、体质结实、体躯宽深、胸围较大、背腰平直、体躯较长，前后躯发育良好，肉用体型比较明显，四肢粗壮，额中等长，鼻梁隆起，公羊有角或无角，母羊多无角，脂尾椭圆，还具有耐粗饲、耐寒冷、出栏快的特点。

阳高长城羊肉营养丰富，含有丰富的蛋白质、矿物质和丰富的维生素，且肉质细嫩，容易被消化，多吃羊肉可以提高身体素质，提高抗疾病能力。羔羊肉具有膻味轻、味道鲜美、纤维细、肉中筋腱少、鲜嫩多汁、容易消化吸收等特点。

人文历史

阳高长城乡特色品种羊是何时有的，无从稽考。应该说，它的形成与当地独特的生态、人文历史是密不可分的。当地森林覆盖面积达60%以上，植被覆盖面积达90%以上，草木达上千种，山区四季皆景，是牛、羊理想的繁殖场所。

新中国成立后，阳高县政府设长城乡，为当地特色品种羊的发展提供了契机。1964年，长城乡引入山东小尾寒羊，20世纪70年代末到现在先后又引进高加索细毛羊、德国美利努等品种，形成杂交优势。近年来，在阳高县县委、县政府政策引导下，长城乡的特色品种羊又一次迎来新的发展机遇，阳高县草食畜呈现出飞速发展的局面。

生产特点

阳高长城肉羊生长在地处高寒地区的阳高县，地貌为丘陵。境内土壤以栗褐土为主，土质以沙壤土为主，土壤pH值8.1~8.4，富含有机质，为土豆、莜面、胡麻等小杂粮最佳生产区域，这几种植物正是阳高长城肉羊整个生长期不可缺少的优质饲料和饲草。长城乡域内自然流河、水资源极为丰富，水质优良，且富含多种矿物质，很适宜谷子、黍、豆类、莜麦、山药、小麦、油菜、胡麻生长。产区属于中温带半干旱性气候，冷热分季明显、昼夜温差明显、区域差异明显，年均气温5℃，年平均降水量400毫米左右，且集中在6—9月，平均相对湿度51%，年均日照时数2 711小时，四季分明，为饲养阳高长城肉羊提供了优越的气候条件。

阳高长城肉羊饲养区多在海拔1 200~1 800米、空气清新、水质纯净、具有良好的生态环境的地区。羔羊主要选择体态匀称、鼻梁隆起者留为种用，体态不匀称的作为肉用；公种羊选体格健壮、胸宽头短尾的大作为种用，稍小一点基本上作为肉用；母羊身体饱满、体毛绵密者留作种用，横杂毛色的作为肉用。母羊孕期155天以上，羔羊出生后在2小时内应尽早吃好初乳，1~2月龄时开始喂精料，1~3月龄羔羊为生后生长强度最快时期，要补充食盐、骨粉，饲草任其采食。成羊可饲喂豆类、玉米、麸皮、麻参、骨粉等精料。育肥羊应在5~6月龄屠宰。

涔山芥菜

登记证书编号：AGI01736

地域范围

宁武县隶属山西省忻州市，地处晋西北管涔山麓，地理坐标为东经111°50′~112°40′，北纬38°31′~39°08′。涔山芥菜农产品地理标志地域保护范围为宁武县境内的涔山乡、东寨镇2乡镇，涉及60个行政村。

品质特色

涔山芥菜质细而坚实，味辣而酸甜，外形光滑美观，白绿相间，无蛆无虫，个大块重，品质优良，营养丰富。

涔山芥菜中维生素C含量150~500毫克/千克，并含有钙、钾、磷、钠、镁、铁等元素。涔山芥菜药用价值之高，更是其他蔬菜不可比拟的，深受广大消费者欢迎。

人文历史

涔山芥菜发展历史悠久，明朝时已开始种植，以块大坚实、辣味香浓闻名于晋北一带。当地的劳动人民在长期的生产实践中形成了一套完整的种植技术，有利于芥菜生产发展。特别是近几年来，芥菜种植面积逐渐扩大，成为当地的一大经济优势，并因优良的品质而盛名远播。

涔山芥菜药用价值高，当地人用"芥菜秆，烧存性，研末，频敷之"

来治牙龈肿烂、口臭；用芥菜汤洗患处，能治瘙痒之症；芥菜籽药用途更是广泛。涔山芥菜还可以和各种蔬菜、肉类相配，炒成各类菜肴，也可腌制，当地有"二两烧酒腌芥菜"之口头禅。

生产特点

宁武县地处晋西北黄土高原东部边缘，境内山峰高耸，山峦绵延起伏，沟谷跌宕纵横，以山地为主，平均海拔2 000米。县境内土壤有棕壤、褐土，含有有机质13.5克/千克，土壤pH值7.5~8.0，土质紧密，非常适宜种植芥菜。宁武县水资源十分丰富，芥菜种植区位于汾河流域，其水质优良、味道甘美，富含人体有益矿物质，是生产优质芥菜的可靠保证。产区属温带大陆性气候，年平均气温6.2℃，平均无霜期115天，年均降水量470~770毫米，山区降水量较多，年均600毫米以上，年日照时数平均为2 835小时，日照百分率67%，气候冷凉，降水充沛，光照充足，无霜期短，昼夜温差大，独特的气候条件非常有利于芥菜生长发育。

涔山芥菜生长期50~60天，喜冷凉湿润气候，不耐霜冻，也不耐炎热，高于25℃则生长慢且品质差；其根型较浅，抗旱抗涝能力差，土壤过湿过干对生长都不好。芥菜种植在气候冷凉、湿润的涔山系腹地，地理位置独特，气候环境独特，山上森林茂盛，山下气候冷凉、湿润，故涔山芥菜在生长过程中无病虫害之忧，品质优良。芥菜是喜钙作物，它需钙量大，所以整地时施生石灰25~50千克，翻耕晒田。

偏关小米

登记证书编号：AGI01737

地域范围

偏关县隶属山西省忻州市，位于晋西北黄土高原，地处黄河中上游，地理坐标为东经 111°21′~112°00′，北纬 39°12′~39°39′。偏关小米农产品地理标志保护范围包括偏关县境内的老营镇、天峰坪镇、新关镇、万家寨镇、水泉乡、陈家营乡、窑头乡、楼沟乡、尚峪乡、南堡子乡 10 个乡镇，涉及 224 个村。

品质特色

偏关小米品种主要来源于张杂谷，所产小米米粒匀称、色泽金黄、米香醇厚、口感光滑。小米中维生素 B_1 含量不低于 4 毫克/千克，维生素 B_2 含量不低于 1.3 毫克/千克，并含有钙、铁、镁、锌等，营养物质丰富，具有和胃安眠等功效，是老人、病人、产妇宜用的滋补佳品。

人文历史

偏关小米具有悠久的原始农垦文化底蕴。据《偏关县志》记载，当地谷子种植面积 1951 年为 152 704 亩，1963 年为 130 774 亩，2012 年为 143 000 亩。据历史文献记载，谷子为偏关县缴纳公粮主要品种，且每年保持在 15 万斤左右。偏关县有用小米做酸粥的习俗，《偏关县志》记载，战乱年间，主人淘米准备入锅，发生战乱，待战后归来舍不得弃之而熬粥吃，结果发现适口性更好，就一直延续至今。过去在"十年九旱"的困难时期，偏关人靠小米度过了饥荒年代。

现在,偏关县成为山西省推广张杂谷子最早、种植面积最大、农民得实惠最多的县,产量和效益也成倍增长。

生产特点

偏关县地处黄土丘陵区,境内丘陵起伏、沟壑纵横,平均海拔在1377米,平川少、山地丘陵多,耕地土壤有机质含量为1.7%~2.5%,非常适宜谷子生长。偏关县地处黄河之滨,拥有关河、县川河、杨家川河等众多河流,地下水可采量0.24亿立方米/年,水质优良,矿化度小于0.5克/升,属轻碳酸钙镁型水质。偏关县属北温带大陆性气候,年平均降水量为425.3毫米,无霜期为105~145天,10℃以上的年平均积温2600℃,全年日照2677小时,气候凉爽、降水集中、西北风长年不断、光照充足、昼夜温差大,气候条件适合谷子的生产。

偏关县适宜种植的优良谷子品种主要有张杂谷子3号、张杂谷子6号。谷子种植需要精细整地,保持土壤疏松,偏关县种植区采取秋深耕、冬镇压、春季顶凌耙磨的方式,播种后根据墒情采取碾压等蓄水保墒的方法,充分发挥"土壤水库"的作用。偏关谷子一般在4月25日至5月5日播种,播种方式可采用耧播或机播。为了延长生育期,达到增温保墒增产、提高品质的作用,采用地膜覆盖技术。旱地谷子杜绝重茬种植,重施底肥,以有机肥为主,做到轻氮重磷补钾,并在拔节期、开花期适时追肥,以满足谷子对养分的需求。等到谷穗95%以上籽粒发黄后,要及时收割。

偏关羊肉

登记证书编号：AGI01738

地域范围

偏关县隶属山西省忻州市，位于晋西北黄土高原，地处黄河中上游黄土丘陵区，地理坐标为东经111°21′~112°00′，北纬39°12′~39°39′。偏关羊肉农产品地理标志保护范围包括偏关县境内的老营镇、天峰坪镇、新关镇、万家寨镇、水泉乡、陈家营乡、窑头乡、楼沟乡、尚峪乡、南堡子乡10个乡镇，涉及248个村。

品质特色

偏关羊肉肉质鲜嫩，红白分明，肥而不腻，主要来源于乌珠穆沁和小尾寒羊的杂交品种。羊肉中蛋白质含量不低于16.5%，水分含量不低于60.1%，脂肪含量不超过9.6%，不饱和脂肪酸含量不低于0.47%，并含有钙、磷、钾、钠等，属高蛋白质、低脂肪、低胆固醇的保健食品。

人文历史

偏关县当地农户有传统的养羊习惯，具有悠久的养殖历史。养羊是偏关主要的传统优势产业，早在党的十一届三中全会前，全县年存栏数就稳定在12万只左右；到20世纪90年代，偏关县养羊稳定在36万只左右，养羊已由农户的家庭副业逐步上升为主导产业和家庭收入的主要来源。近年来，偏关县把舍饲育肥羊作为农业结构战略调整的重点科技开发项目，从传统的数量型放牧养羊向现代的效益型舍饲育肥

转变，逐步走上专业化、工厂化、市场化的生态农业发展道路。偏关县被国家确定为生态环境建设重点县和优质肉羊生产技术示范县，被山西省政府确定为畜牧产业化开发示范县，是山西省的养羊大县，养殖数量已发展到60多万只，成为当地的支柱产业。

生产特点

偏关县属纯农业县，农作物秸秆种类繁多而且非常充足，由于地处丘陵区，境内沟壑纵横，天然牧草资源极为丰富，人工机械种草面积广阔。偏关县地处黄河之滨，拥有关河、县川河、杨家川河等众多河流，地下水可采量0.24亿立方米/年，水质优良，矿化度小于0.5克/升，属轻碳酸钙镁型水质，非常适合人畜饮用，加上饮水解困工程的全面实施，通过集雨面村村全覆盖实现了羊优质饮用水的供给。偏关县属北温带大陆性气候，冬季寒冷少雪，春季温暖干燥，夏季炎热而雨量集中，秋季凉爽，年平均气温为3~8℃，年均日照时数2 677小时，气候凉爽、光照充足、昼夜温差大，这样的气候条件使得羊在生长发育阶段疾病发生率很小，羊肉品质也颇高。

羔羊进入育肥圈后，不论采用强度育肥，还是一般育肥，都要经过预饲过渡期，预饲期大致为半个月。正式育肥期，可采取精饲料型日粮、粗饲料型日粮或青贮饲料型日粮。全县拥有牧坡120万亩，其中以柠条为主的改良草地60万亩，由于采用放牧和圈养相结合的饲养方式，羊能吃到丰富的含有高蛋白质的紫花苜蓿草和多种天然药材植物，羊肉品质不言而喻。随着退耕还林还草的全面推进，偏关县以养羊为主的畜牧业还会有更长远的发展。

内蒙古自治区

乌海葡萄

登记证书编号：AGI00003

地域范围

乌海市位于内蒙古自治区（以下简称内蒙古）西南部，地处黄河流域，东接鄂尔多斯高原，西靠贺兰山的余脉——五虎山，北起乌兰布和沙漠的东南边缘，南至银川平原，辖3个市辖区，即海勃湾区、乌达区、海南区，3个区共有8个涉农镇（街道）。乌海葡萄的地域保护范围包括乌海市整个辖区，地理坐标为东经106°36′~107°06′，北纬39°15′~39°52′。

品质特色

乌海市日照时间长，太阳辐射强，昼夜温差大，积温高，所产葡萄含糖量高，酸度适中，酚类物质积累丰富，色泽鲜艳，香气浓郁，成熟度高，无农药污染，品质极佳。乌海葡萄有多个品种，不同品种的特色各有不同，其中无核白葡萄果皮颜

色绿黄色，采收时的可溶性固形物含量达到19%以上，含酸量在0.5%左右；红地球葡萄蜡质厚，果粉匀，肉硬脆，种子深褐色，颗粒内向一侧及各果蒂周围也着色鲜红，采收时的可溶性固形物含量达18%以上；森田尼葡萄淡黄绿色，果粉完整，采收时的可溶性固形物含量达到17%以上。

人文历史

乌海市种植葡萄始于20世纪60年代，当时主要引进了无核白、龙眼、元白等若干品种进行试验，引种成功后陆续建立了一批生产园并在庭院中同步发

展。目前，乌海市全市葡萄种植面积3.2万亩，引入优良品种130多个，乌海市市委、市政府因地制宜、因势利导，加大政策引导扶持力度，大力扶持农业龙头企业发展，针对温室建设、育苗、生产种植、酿酒葡萄收购价格、贷款贴息等出台了一系列资金补贴政策，保障葡萄及其加工业健康发展，制定了有机葡萄生产基地建设的长远发展规划，确立了到2020年建成葡萄种植基地10万亩，建成酒庄（堡）、家庭酒庄、葡萄庄园100家的发展目标，着力打造品牌效益。

生产特点

乌海地区因黄河流经而分成河东、河西两部分，土壤大部分为灰漠土、棕钙土，含有丰富的有机质和矿物质。乌海市河流均属于黄河水系。黄河是全市农业用水的主要水源，黄河在灌水期的水温在14~22℃，矿化度1克/升，农业种植灌溉便利。乌海市地处大陆深处，是显著的大陆性气候，日照时间长，太阳辐射强，昼夜温差大，气候干燥，风沙大，年平均气温9.0~9.2℃，无霜期156~165天，适合北方大部分农作物的生长，特别是对葡萄的种植极为有利。

乌海葡萄的种植对土壤有特殊要求，以沙壤土、壤土为宜，对渗漏较重，持水率差的砾质土要进行改良。种植的品种有多种选择，主要包括无核白、红地球、龙眼、玫瑰香、巨峰、森田尼等，在生长过程中要进行修剪、施肥、灌溉。采收一般选择在晴天，酿酒的葡萄采收时的可溶性固形物含量需达到19%以上，选晴天采收，果实采后及时装车，在12小时内运至酒厂压榨，以保持果实新鲜及酿造要求。

天山明绿豆

登记证书编号：AGI00033

地域范围

阿鲁科尔沁旗位于赤峰市东北部，现有1个办事处，7个镇，3个乡，4个苏木。除北部高山区罕苏木苏木和巴颜温都尔苏木外，坤都镇以南地域被划定为天山明绿豆地理标志区域保护范围，地理坐标为东经119°02′~121°01′，北纬43°21′~45°24′。

品质特色

天山明绿豆粒大适中，百粒重5.5~6.5克，颗粒饱满，色泽明亮，鲜绿，无杂色。天山明绿豆营养丰富，蛋白质含量为27.18%，脂肪含量为0.97%，淀粉含量为49.39%，并含有钙、磷、铁等矿物质，还富含B族维生素、叶酸胡萝卜素、硫胺素等。绿豆芽中还含有维生素C和维生素P。食用天山明绿豆对防治高血压、动脉硬化、坏血病、夜盲症等都有一定的疗效。

人文历史

根据《阿鲁科尔沁旗农产品志》记载，20世纪70年代末，阿鲁科尔沁旗开始种植绿豆，1977年国民经济统计资料显示，当年播种面积7 590亩，总产80吨。其后，种植面积逐年增加，到1997年种植面积突破50万亩，总产量19 610吨。2002年种植面积高达79.6万亩，总产量33 080吨。2004—2012年，绿豆种植面积年均在50万亩，年均产量在25 000吨。2006年，阿鲁科尔沁旗被农业部《特色农产品区域布局规划

（2006—2015年）》列为特色粮油——绿豆产品主要种植区域。近10年来，阿鲁科尔沁旗已成为内蒙古主要绿豆生产基地，是全国三大绿豆主产区之一，已成为阿鲁科尔沁旗农业的主导产业之一，是农民经济收入的主要来源。

生产特点

阿鲁科尔沁旗北依大兴安岭山脉，由中山地过渡到倾斜平原，土壤类型主要是栗钙土、灰色草甸土，土壤肥力氮少，磷中等偏下，钾大部分地区富足，少部分地块欠缺。阿鲁科尔沁旗境内河流属于西辽河流域上游，有多条河流流经，水源较好，灌溉水源充足。当地属温带半干旱大陆性气候区，春季干旱多风，夏季温热而多雨，秋季低温而霜早，冬季寒冷少雪而漫长，日光充足，积温有效性高，年日照时数2 700~3 100小时，无霜期95~140天，年降水量300~400毫米，良好的气候适宜天山明绿豆的种植。

天山明绿豆播前要精细整地，要做到翻、耙细碎、平整。由于天山明绿豆生育期短，需肥集中，所以施肥应以底肥为主，一次性施入。播种时间集中在5月下旬至6月上旬，采用点播或条播的播种方式，下种要散落均匀。田间管理中，间苗、定苗要本着肥地宜稀、薄地宜密的原则进行。进入花期需水量剧增，此时要及时灌水，此外还要根外追肥保证肥力。收获期的确定很重要，在80%的荚已成熟即可全收。收获后要及时脱粒，晾晒。收获季节，因雨季尚未过，要注意防止捂垛出芽。

乌兰察布马铃薯

登记证书编号：AGI00034

地域范围

乌兰察布市地处内蒙古中部，位于黄土高原、晋冀山地和内蒙古高原交错地带，地理坐标为东经110°20′~114°48′，北纬41°10′~43°23′。乌兰察布马铃薯的地域保护范围分布在乌兰察布市11个旗县（市、区）。

品质特色

乌兰察布马铃薯的种植品种多样，不同品种的品质各有特色。克新一号的特色品质为：株型开展，株高70厘米左右，茎绿色，长势强；叶绿色，复叶肥大；花序总梗绿色，花柄节无色，花冠淡紫色，雄蕊黄绿色，柱头2裂，雌雄蕊均不育；块茎椭圆形，白皮白肉，表皮光滑，芽眼多深度中等，结薯集中，块大整齐；块茎休眠期长，耐贮藏。大西洋的特色品质为：株型直立，生长势中等；茎秆粗壮，基部有分布不规则的紫色斑点；叶亮绿色，紧凑；花冠浅紫色，开花多，天然结实性弱；块茎卵圆形或圆形，白皮白肉，表皮光滑，有轻微网纹，鳞片密，芽眼浅。此外，乌兰察布马铃薯还有夏波蒂、费乌瑞它和底西芮等品种，品质优良，各有特色。

人文历史

乌兰察布市种植马铃薯有着悠久的历史，是内蒙古三件宝"莜面、马铃薯、羊皮袄"之一。乌兰察布市马铃薯科研起步早、发展快，早在20世纪60年代，乌兰察布市就开始了脱毒种薯生产。全国第一个脱毒种薯组培室就建在乌兰察布市。乌兰察布市农业科学研究所是国内最早研究应用马铃薯茎尖剥离、切段繁殖、组织培养技术的单位之一，已形成经过茎尖脱毒、温网室生产脱毒薯和原原种，在控制条件下生产原种，使种薯生产走上了产业化的道路。经过多年研究，在马铃薯遗传育种、专用品种选育、病虫害防治、马铃薯模式化栽培技术研究方

面取得了较大进展，积累了丰富的种植技术和经验，育成了蒙薯10号、蒙薯11号等10余个优良品种。

乌兰察布市是马铃薯的主产区，也是华北地区面积最大的马铃薯种植区。从1994年开始实行"进退还"战略、调整产业结构开始，马铃薯种植面积就稳定在420万亩左右。2009年3月，乌兰察布市被中国食品工业协会正式命名为"中国马铃薯之都"。乌兰察布马铃薯名列2013年"全国100大最具综合价值地理标志"第三十八位，荣获2015年"中国最具影响力品牌价值评估"第十七位。

生产特点

乌兰察布市深居内地，属中温带半干旱大陆性季风气候，年平均气温3.4℃，无霜期110天，全年日照时数2 850~3 250小时，属我国光能资源高值区，年平均降水量为250~350毫米，降水主要集中在6月下旬至9月中旬，降水量年际变化大。乌兰察布市境内共有48条干河流，这些河道分属黄河、永定河和内陆河三大水系，水源充足。乌兰察布市地区土壤主要类型为栗钙土，多呈沙性，有机质含量平均2.9%，适宜种植马铃薯。

乌兰察布市马铃薯首先培育出试管脱毒苗，脱毒苗经温室扩繁成扦插苗，再栽于网室中生产原原种，而后逐年生产原种、一级种和二级种。乌兰察布市马铃薯种植全部选用原种级别的脱毒种薯，品种选择多样化，生产方式上采用膜下滴灌、喷灌、高垄栽培等方式。播种前种薯催芽，将种薯置于室内催芽，并覆盖地膜结合早播，使种薯早出苗、早结薯、早收获。在马铃薯生长过程中科学施肥，适当增加磷肥、钾肥可促进结薯及成熟。

中国农产品地理标志

乌珠穆沁羊肉

登记证书编号：AGI00035

地域范围

乌珠穆沁羊肉农产品地理标志产地范围为内蒙古锡林郭勒盟东乌珠穆沁旗、西乌珠穆沁旗、锡林浩特市、阿巴嘎旗和乌拉盖管理区所辖行政区域内的 23 个苏木镇 246 个嘎查。地理坐标为东经 115°10′~119°50′，北纬 43°02′~46°30′。

品质特色

乌珠穆沁羊体格大，体质结实，体躯深长，肌肉丰满，母羊产羔率 105%~110%。6 月龄羔羊屠宰率 50%，净肉率 39%。乌珠穆沁羊肉香味浓郁、肉质细嫩、食之爽口。

乌珠穆沁羊肉中水分含量较一般的羊肉低，干物质的含量明显高于一般羊肉。成年羊羊肉干物质的含量高达 56.19%。乌珠穆沁羊肉中谷氨酸的含量很高，成年羊羊肉中可达 13.32 毫克 /100 克；人体必需的几种氨基酸含量也很高，其中，成年羊羊肉中赖氨酸的含量平均为 6.59 毫克 /100 毫克。

人文历史

乌珠穆沁羊是蒙古羊系统中的一个优良类群，属于肉用脂尾粗毛羊。据《蒙古族简史》所述，辽代时期的塔塔儿部"鞑靼"所处地，正是如今内蒙古锡林郭勒盟的北部。在《汉书匈奴传》中也有"骑羊引弓射鸟鼠"的描述，因此可推测，早在

7—8世纪，乌珠穆沁草原已有大量脂尾粗毛羊。在当地特定的自然气候和生产方式下，经过长时间的自然选择和人工选育，逐渐形成了具有放牧采食抓膘快、保膘强、贮脂抗寒、体大肉多、脂尾重、羔羊发育快、肉质鲜美等特点的乌珠穆沁羊，成为我国宝贵的肉羊资源，1986年，正式命名该品种为乌珠穆沁羊。

生产特点

乌珠穆沁羊生产地域地貌以高平原为主，间有丘陵、平地、低洼地。土壤为黑钙土、暗栗钙土和栗钙土，草原以草甸草原和干旱草原为主。产区牧草资源丰富，主要植物群

落为大针茅与羊草群落，多数牧草以禾本科为主，其次为菊科、豆科，优良植物达400多种。产区内河流为内陆河，分属巴拉格尔河水系和乌拉盖河水系，水资源较丰富，地表水含量较高。产区为典型的大陆性气候，冬季严寒而漫长，夏季短稍热，年平均气温0.3~1.3℃，无霜期108~118天，年均降水量在200~400毫米。

乌珠穆沁羊耐寒，耐粗饲，生长发育快，成熟早，抗灾抗病力强。乌珠穆沁羊是在乌珠穆沁草甸草原和干草原生态环境条件下，独特的气候、优良的草质、纯天然、无污染的环境下生长，以自然放牧为主的饲养方式，夏、春、秋季应用水井饮用，冬季饮用天然雪为主。6月龄羔羊体重达35千克以上、成年羯羊体重达65千克以上、母羊体重达50千克以上，即可按伊斯兰教风俗适龄屠宰。

鄂尔多斯细毛羊

登记证书编号：AGI00067

地域范围

乌审旗位于内蒙古鄂尔多斯市西南部，地处东经108°17′~109°41′，北纬37°38′~39°23′。乌审旗是鄂尔多斯细毛羊的主产区，主要分布在全旗6个苏木镇，包括嘎鲁图镇、乌审召镇、图克镇、乌兰陶勒盖镇、无定河镇和苏力德苏木。

品质特色

鄂尔多斯细毛羊羊毛细度均匀，有明显的正常弯曲，呈白色。成年公羊毛长11厘米，产毛10.9千克，成年母羊毛长9.36厘米，产毛5.75千克，羊毛细度以66支为主，净毛率50.9%。

鄂尔多斯细毛羊羊皮具有厚度好、弹性强、柔软性好等特点，是皮革制品的最佳原料。

鄂尔多斯细毛羊羊肉具有香味浓郁、鲜嫩多汁、无膻味、肥而不腻、色泽鲜美、肉层厚实紧凑、口感好等特点。

人文历史

鄂尔多斯细毛羊是在当地蒙古羊的基础上培育而成的，已经具有50多年历史。

20世纪50年代，乌审旗就开始了鄂尔多斯细毛羊培育改良工作，1985年被内蒙古自治区人民政府正式命名为鄂尔多斯细毛羊。同年，农业部将乌审旗列为"鄂尔多斯细毛羊生产基地"。20世纪80年代乌审旗确定了鄂尔多斯细毛羊走"毛肉双向型"的培育方向，引进澳洲美利奴羊进行导血，建立了澳美型细毛羊种羊培育场。1993年，经区内外专家测试鉴定，新育成的鄂尔多斯细毛羊种羊在毛、肉生产性能等方面均达到全国先进水平。到20世纪90年代末，毛肉双向高产型鄂尔多斯细毛羊趋于成熟。2006年鄂尔多斯市政府启动了"鄂尔多斯选育提高工程"，对鄂尔多斯细毛

羊进行进一步改良提高。2015年乌审旗人民政府又把"鄂尔多斯细毛羊良种化率达100%、'十三五'末饲养量达150万只"列入乌审旗国民经济发展"十三五"总体规划，为鄂尔多斯细毛羊产业科学发展明确了方向。

生产特点

乌审旗位于鄂尔多斯市西南部、内蒙古最南端、毛乌素沙地边缘，地形以沙漠和草滩为主，土壤类型主要为风沙土和草甸栗钙土，土质较好。鄂尔多斯细毛羊产区主要以天然带状草地为主，人工种植牧草主要有草木犀、沙打旺、紫花苜蓿、杨柴等优良品种，草原生态环境优良。黄河二级支流无定河流经乌审旗全境，流域面积达2 060平方千米，水库库容达9 350立方米，其他季节性河流有纳林河、海流图河、白河等，境内有70多个湖泊，较大的有16个，农田、草场、牧场主要利用地下水资源灌溉。乌审旗位于北温带南部季风区的边缘，属温带极端大陆性气候，降水少，干旱多风且蒸发强，日照充足，无霜期短，无霜期平均为140~150天，年平均气温为7.1℃，年平均降水量为355.1毫米。

鄂尔多斯细毛羊主要实行舍饲与放牧相结合的饲养方式，并根据季节性特点，灵活选择饲养方式，一般在冬春枯草季节以舍饲育肥鄂尔多斯细毛羊为主。在生产规模上，专业养殖大户与规模经营企业并存，以专业养殖大户为主。在品种改良上，良种引入与本地选育兼顾，以引种改良为主。

阿尔巴斯白绒山羊

登记证书编号：AGI00068

地域范围

阿尔巴斯白绒山羊主要分布在内蒙古鄂托克旗6个苏木镇，包括蒙西镇、棋盘井镇、阿尔巴斯苏木、乌兰镇、木凯淖镇和苏米图苏木，其中阿尔巴斯苏木是阿尔巴斯白绒山羊中心产区。地理坐标为东经106°41′~108°54′，北纬38°18′~40°11′。

品质特色

阿尔巴斯白绒山羊主要是以本品种选育为主，对个别低产地区引入杂交，其体质结实，结构匀称，背腰平直，后躯稍高，体长略大于体高，四肢端正有力，蹄质坚实。面部清秀，鼻梁微凹，眼大有神，两耳向两侧展开或半垂，有前额和下颌须，公母羊均有角，向后、上、外方向伸展呈倒八字形，尾短而小，向上翘立。全身被毛均为白色，光泽良好，分内外两层，外层为长粗毛，内层为细绒毛。

绒山羊主要产品是山羊绒和羊肉。阿尔巴斯白绒山羊毛长一般在8~28厘米，绒毛长不低于4厘米，细度14~16微米，净绒率为60%。山羊绒光泽明亮而柔软，手感光滑细腻。纤维强力和弹性好，含有微量易于脱落的碎皮屑。

阿尔巴斯白绒山羊肉肌肉色泽鲜红或深红，有光泽，脂肪呈乳白色，肌纤维致密、坚实、有弹性，指压后的凹陷立即恢复。冻羊肉外表微干或有风干膜、不黏手。羊肉煮沸后肉汤透明澄清，脂肪团聚于液面，具有香味。

人文历史

阿尔巴斯白绒山羊是举世公认的珍贵畜种,是经过长期的自然选择和人工选育而形成的地方良种,是一流的绒肉兼用型品种,为内蒙古白绒山羊中优秀的群体。所产山羊绒因纤维细长、手感柔软、拉力大、光泽好、颜色正白、含异色毛少而享有"纤维钻石""软黄金"的美誉,曾获意大利"柴格纳"奖。凭借世界上品质最好的内蒙古白绒山羊绒,以鄂尔多斯集团为代表的一大批名牌企业,从高原走向全国、走向世界,成为民族工业和地方经济的一大亮点。内蒙古白绒山羊已列入我国首批发布的动物遗传资源保护名录一级保护品种。

生产特点

鄂托克旗地处鄂尔多斯高原西部,属荒漠半荒漠地区,土壤类型主要是风沙土和草甸栗钙土,土质较好,牧草中的微量元素和氨基酸含量较高。阿尔巴斯白绒山羊分布区主要有都斯图河和黄河过境两大水系,地下水资源丰富。产区为典型的大陆性气候,干旱少雨,风大沙多,夏季炎热干燥,冬季寒冷,常有冷空气侵袭,冬季要注意山羊的保护。

阿尔巴斯白绒山羊的养殖坚持自繁自养,选择健康的良种公羊和母羊自行繁殖。牧草是羊的主要饲料,根据草场的不同情况,以及羊的年龄、性别、数量进行组群放牧,合理利用草场。在牧草枯死、营养下降或放牧采食不足的季节进行补饲。为了净化周围环境,对羊的圈舍、活动场地及用具等要保持清洁、干燥、卫生。

敖汉旗荞麦

登记证书编号：AGI00100

地域范围

敖汉旗位于内蒙古赤峰市的东南部，地理坐标为东经119°32′~120°54′，北纬为41°42′~43°01′。在敖汉旗境内，下洼镇、大甸子乡、林家地乡、玛尼罕乡的53个村划定为敖汉旗荞麦的农产品地理标志区域保护范围。

品质特色

敖汉旗荞麦茎直立，高60~120厘米，节间光滑、中空、有棱，节处膨大，略弯曲且有少量茸毛。茎初为绿色，后红色，成熟时变为褐色，有分枝。叶为心脏形，叶面光滑无毛，绿色，叶脉、叶柄含有花青素而呈红紫色。花为伞状花序，簇生、白色，异型花，异花授粉。果实为3棱卵圆形瘦果，果皮浅灰色、深灰色、黑色不等。单株粒重4~6克，千粒重28克；籽粒粗蛋白含量15.28%，淀粉含量66.59%，粗脂肪含量3.32%，芦丁含量0.40%。

敖汉旗特产荞麦的丰富营养和医疗保健价值很早就被人们认识，其蛋白质、纤维素、各种维生素和矿物元素含量均高于其他禾谷类粮食作物。荞麦中的赖氨酸含量较高，铁、锰、锌等微量元素比一般谷物丰富，而且含有丰富膳食纤维，特别是荞麦中含有其他粮食没有的维生素P（芦丁），具有软化血管、降低人体血脂和胆固醇的作用，对预防和治疗高血压、心血管病、糖尿病有很好的效果。荞麦皮填充枕芯的枕头可预防毛细血管脆弱所诱发的出血症，尤其对偏头疼、颈椎病、失眠患者效果更佳，被誉为"21世纪农作物明星"。

人文历史

敖汉旗荞麦发展历史悠久，早在清朝，敖汉旗就种植荞麦，但并没有形成规模，近10年来，敖汉旗已成为内蒙古主要荞麦生产基地，是农民经济收入的一项主要来源。荞面可以制作很多美食，尤其是"敖汉拨面"，在敖汉旗人的心目中就是"家乡味道"。敖汉旗荞麦面畅销北京、辽宁等地，并远销日本、韩国等国家。

生产特点

敖汉旗地处燕山山脉努鲁儿虎山北麓，科尔沁沙地南缘，是燕山山地丘陵向松辽平原的过渡地带，地形复杂、地貌类型多样，由浅山、丘陵、沙沼及河川平原地貌组成，海拔300~800米，海拔最高点为1 255米。土壤有黄土、轻壤、中壤和沙壤，土质较肥沃。敖汉旗荞麦地理标志区域保护范围内的玛尼罕乡属于孟克河流域，下洼镇属于叫来河流域，多数地区贫水，且埋藏深。当地属于四季分明的温带大陆性季风气候，春季干旱多风，夏季炎热且雨热同季，秋季气温剧降且降水少，冬季干旱而寒冷，年日均气温高于2℃的天数在110天以上，高于10℃的年积温在2 200℃以上，年降水量310~460毫米，无霜期130~150天。

敖汉旗荞麦选择优质、高产、商品性好的品种，如美国温莎、日本大粒、大三棱、小三棱、茶色黎麻道、吉荞10号、甘荞2号等。荞麦春播选择在5月下旬至6月上旬，夏播选择在7月上旬或7月下旬，可以采用条播或撒播两种方式播种。合理密植是实现荞麦合理群体结构的基础，是获得高产的保证，播种密度每公顷100万~105万株为最佳。为了提高结实率，可采用放蜂授粉和人工辅助授粉。

苏尼特羊肉

登记证书编号：AGI00101

地域范围

苏尼特羊肉农产品地理标志保护范围为内蒙古锡林郭勒盟苏尼特左旗、苏尼特右旗和二连浩特市3个旗市所辖行政区域的12个苏木镇，涉及104个嘎查，地理坐标为东经111°24′~115°12′，北纬42°45′~45°15′。

品质特色

苏尼特羊体格大，体质结实，结构匀称。苏尼特羊肉具有香味浓郁的特点，其肉质鲜嫩、肥瘦相间、肥而不腻、食之爽口。煮沸后肉汤透明澄清，脂肪具有清香之味，食后回味无穷，食而不腻。苏尼特羊肉营养价值高，其水分含量为72.80%；粗蛋白质含量较高，平均为19.59%；粗脂肪含量较低，平均为3.14%；富含多种氨基酸，特别是谷氨酸和天门冬氨酸的含量相当高。

人文历史

苏尼特羊肉始于明代，距今至少有600多年的历史。在明代就有苏尼特封建领主沿"张库商道"向明廷进贡苏尼特羊的记载，开苏尼特羊肉专供宫廷御用的先例，也就是在这个时候，东北和蒙古地区的"涮锅"食法传入京都。因苏尼特羊肉具有中医学说中的"强筋壮骨、

滋补元气、开胃、健脾、固肾、强肝"等功能,当地妇女在产期有喝羊肉汤、羊肉粥的传统。

生产特点

苏尼特羊的养殖区域地貌以高平原为主,土壤主要以栗钙土、棕钙土、风沙土为主,植被以荒漠草原和干草原为主要类型,草场营养类型以氮碳型为主,优质牧草主要有小针茅、隐子草、沙生冰草、冷蒿、葱类、小叶锦鸡儿等。苏尼特羊产地区域内无常年性河流,地下水的主要补给为大气降水,水源相对缺乏。气候属于温带干旱、半干旱大陆性季风气候,高于10℃的年积温为2 100~2 500℃,无霜期130~140天,年均降水量在200毫米左右,全年日照时数为3 196.4小时,大风次数多,全年大风日数70~76天。

苏尼特羊耐寒、耐粗、宜牧,是小脂尾型肉质优良的绵羊品种。苏尼特羊饲养在苏尼特草原上,以天然放牧为主,夏、春、秋饮用井水,冬季饮用天然雪。每年都适时进行羊三联苗、口蹄疫等防疫注射,实行早春驱虫和夏秋药浴,确保养殖安全。6月以上龄羔羊体重达35千克以上、成年羯羊体重达65千克以上、母羊体重达50千克以上,即可按伊斯兰风俗适龄屠宰。

扎兰屯大米

登记证书编号：AGI00125

地域范围

扎兰屯市地处内蒙古东北部呼伦贝尔市南端，地理坐标为东经121°08′11″~123°47′33″，北纬47°04′10″~48°06′14″。扎兰屯大米农产品地理标志地域保护范围包括高台子办事处、成吉思汗镇、雅尔根楚办事处、中和办事处、萨马街鄂温克民族乡、蘑菇气镇、关门山办事处、色吉拉呼办事处8个乡镇（办事处），涉及74个行政村。

品质特色

扎兰屯大米外观晶莹透亮，米粒饱满，整齐匀称，色泽洁白鲜亮，质地松软，米粒蒸煮时饭香四溢，饭粒结构紧密、油亮，入口后滑爽、有黏性、不黏牙，且软硬适中、口味甜香浓郁、口感细腻。

扎兰屯大米生产中保留了大米中绝大部分营养物质，避免了米中蛋白质、维生素的大量流失，整精米率不低于69%，胶稠度76毫米以上，垩白率不高于14%，直链淀粉含量不大于14%，粗蛋白质含量6.52%以上，扎兰屯大米还含有维生素B_1、维生素B_2、葡萄糖、麦芽糖、钙、磷、铁等。

人文历史

扎兰屯大米种植的历史悠远，早在1908年就开始种植大米，至今已有百年历史。被列入国家"首批绿色农业示范区"的扎兰屯市，依靠优越的地理环境积极发展绿色高

效生态农业。2005年，在远离市区无污染、植被葱茏、土地肥沃、水资源充沛、素有"水稻之乡"之称的关门山办事处建立了绿色食品水稻基地，并同时引进粮食深加工企业在乡镇投资建厂。2006年12月，扎兰屯大米在绿色食品2006上海博览会上获"畅销产品奖"。

生产特点

扎兰屯市地域内地层发育较为齐全，土壤以暗棕壤土和暗色草甸土居多。产区境内河流密布，水网发达，水资源丰富，流向有利，适合大面积绿色食品水稻种植。这里干旱少雨，蒸发强烈，是典型的大陆性干旱气候，年日照时数2 214~3 128 小时，无霜期为133~156天。根据优质大米最佳灌浆气候生态条件来衡量，在水稻灌浆结实期，扎兰屯大米产区的日平均温度均在21~25℃，日平均日照时数在7小时以上，相对湿度60%~65%，气候生态环境适合生产优质大米。

扎兰屯大米的生产品种以龙粳14为主，种植基地应选择生态环境优良、外界隔离条件好、水源充足、排灌分家、沟系配套、土壤有机质含量高的水田，最好集中连片便于规模化生产。扎兰屯大米施肥以有机肥为主，有机肥料与无机氮的比例不超过1∶1。当籽粒的90%以上变黄成熟、穗轴有2/3黄熟、基部有很少一部分绿色籽粒存在时收获，收获时间要在晴天上午9时以后。

扎兰屯葵花

登记证书编号：AGI00126

地域范围

扎兰屯市隶属内蒙古呼伦贝尔市。扎兰屯葵花农产品地理标志地域保护范围包括扎兰屯市的南木鄂伦春民族乡、哈拉苏办事处、卧牛河镇、达斡尔民族乡、高台子办事处、大河湾镇、成吉思汗镇、雅尔根楚办事处、中和镇、萨马街鄂温克民族乡、蘑菇气镇、洼堤镇、色吉拉呼办事处、浩饶山镇14个乡镇（办事处），涉及101个行政村，生产面积3.3万公顷，地理坐标为东经120°28′51″~123°17′30″，北纬47°05′40″~48°36′34″。

品质特色

扎兰屯葵花植株茎秆高大粗壮，根系发达，抗倒、耐水、耐肥；籽粒大、圆滑、光亮，色泽一致，饱满性好，空壳少，产量高。

扎兰屯葵花籽仁，整仁率93%以上，水分含量8%以下，杂质含量0.6%以下，仁中含蛋白质22%~27%，脂肪53%~58%。葵花籽仁口感纯香，香脆可口，不油腻。用其压榨出的葵花籽油，营养丰富，富含亚油酸，有"健康油""延寿油"之称，是上等油脂。

人文历史

清末及民国时期，扎兰屯地区油脂、油料为自由买卖，城乡油磨房常年收购地产大豆、葵花籽等油料，加工成成品油出售，或代为加工。东北沦陷时期，日伪当局通过粮谷公社、农产公社、兴农合作社及各地粮油交易所，大量收购大豆、葵花籽油料作物运回日本。1946年10月，纳盟利民实业公司建立后，在收购粮食作物的同时，通过各地供销部门收购大豆、葵花籽等油料作物。1947年7月，扎兰屯公粮中心仓库及各地公粮仓库、粮油接收站相继建立，在收购粮食的同时，收购大豆、葵花籽、油菜籽、线麻籽等油料。1982—1984年，油料实行购、销、调大包干。近年来，随着种植业结构的调整，葵花种植面积逐年上升，2007年，扎兰屯市葵花种植面积3.3万公顷，年产量达7.5万吨。

生产特点

扎兰屯市地势由北向南倾斜，地形复杂，土壤多为暗棕壤土、黑土和草甸土，土壤肥沃，耕地性良好，含有丰富的有机质，具有良好团粒结构，非常适宜葵花生长发育。扎兰屯市境内河流均发源于大兴安岭东麓，密度较大，天然水体水质良好，为优质葵花生产创造了得天独厚的自然条件。扎兰屯市属中温带大陆性半湿润气候区，全年日照时数平均为2 722小时，年平均气温3.4℃，高于10℃的年有效积温平均为2 495℃，年降水量在450~550毫米，无霜期短，平均为100~125天，独特的气候适宜发展具有特色的扎兰屯葵花生产，为扎兰屯葵花的丰产奠定了基础。

扎兰屯葵花种植的品种以食葵三道眉为主，种植前进行整地，达到无漏耕、无立垡、无坷垃，整地时施用腐熟优质农家肥。为把花期安排在8月下旬，选择在5月5—10日播种，一般选择浅播，播种方法有穴播、条播或机播。葵花授粉主要依靠昆虫、自然风力以及人工辅助授粉。扎兰屯葵花耐旱力较强，开花至种子灌浆时期保证水分的供应是高产丰收的关键。

扎兰屯沙果

登记证书编号：AGI00181

地域范围

扎兰屯沙果的地域保护范围为内蒙古扎兰屯市境内，地理坐标为东经122°28′~123°17′，北纬47°35′~48°06′，主要涉及扎兰屯市的哈拉苏办事处、卧牛河镇、高台子办事处、中和办事处、萨马街鄂温克民族乡、蘑菇气镇、关门山办事处、色吉拉呼办事处、洼堤镇9个乡镇（办事处），包括74个行政村。

品质特色

扎兰屯沙果果实大小均匀，直径3~5厘米，呈圆形。成熟时果实外表颜色呈红色或红黄色，着色均匀，有光泽，果皮薄，香气浓。果肉黄白色，肉质细嫩、松脆、汁多、酸甜适口、风味独特。

扎兰屯沙果可食率80%以上，含糖量11%~14%，含酸量为3.5%~4.1%，维生素C含量为3~5毫克/100克。此外，扎兰屯沙果还富含多种维生素、矿物质、抗氧化因子，其保健、药用价值突出，具有生津止渴、驱虫明目的功效，在当地备受喜爱。扎兰屯沙果除鲜食外，也是加工果汁、果脯、果酱、果丹皮及果酒等产品的上等原料。

人文历史

扎兰屯沙果栽植历史久远，是我国北方优质沙果的主产区，扎兰屯沙果又有冷金丹、林檎、无色来、联珠果等别称，在《医疗本草》《日华子本草》《开宝本草》《医林纂要》等文献中均有记载。扎兰屯沙果从19世纪末就开始有零星人工种植。1950年扎兰屯市进行小规模果树示范栽培，取得了在高寒地区栽培果树的经验。此后，扎兰屯市又从黑龙江、吉林等地相继引进了太平果、大秋等小苹果苗木，同时开始用山丁子进行人工嫁接培育地产沙果

树苗。2000年，扎兰屯市沙果种植面积近10万亩，年采收量约在6万吨左右。目前，扎兰屯市积极培育、扶持发展地方绿色、特色产业，利用当地特有的气候条件和资源、区位优势，瞄准沙果系列产品这一市场空白，引导农户发展沙果林下间作、庭院种植，以"公司+基地+农户"的经营模式发展专业化林果产业基地，真正实现农林特色产业良性循环和产品保鲜、贮藏、加工、销售一体化经营，促进农业增效和县域经济的快速发展。

生产特点

扎兰屯沙果产区主要以山区丘陵漫岗为主，主产区土壤以暗棕壤土为主，土层深厚，土壤肥沃，保水保肥能力强，适宜沙果的生长。扎兰屯沙果产区年平均降水量718.6毫米，水利条件配套齐全，地下水源充足，农田排灌设施配套，水质清澈纯净，水资源保持良好。产区属中温带大陆性半湿润气候，年均日照时数2 411小时，10℃以上的年有效积温平均达2 147℃，无霜期短，独特的气候条件，非常适于生产优质沙果。

扎兰屯沙果果园种植果树前，在9月中旬到10月上旬进行土壤改良，土壤土质不佳时结合深翻采取多施有机肥、农作物秸秆以及黏土掺沙土等办法进行改良。由于幼年果树对肥料的吸收能力较弱，为确保扎兰屯沙果树的健康生长，肥料一般多次少施；成年树的施肥分别在5月中旬至6月中旬，以及9—10月。根据品种、采后用途、销售途径、市场环境条件及气候条件等确定适宜采收期。

扎兰屯黑木耳

登记证书编号：AGI00182

地域范围

扎兰屯黑木耳农产品地理标志地域保护范围为东经 120°06′~122°19′，北纬 47°50′~48°02′，具体包括内蒙古呼伦贝尔市的南木鄂伦春民族乡、哈拉苏办事处、卧牛河镇、萨马街鄂温克民族乡、蘑菇气镇、关门山办事处、色吉拉呼办事处、洼堤镇、浩饶山镇、柴河办事处10个乡镇（办事处），涉及71个行政村。

品质特色

扎兰屯黑木耳外观呈黑褐色，背面浅灰色，有光亮感，自然卷曲状，大小均匀一致。干时肉厚色正，泡开有弹性，富光泽；食用时口感细嫩，风味特殊，干湿比大于 1:13。

扎兰屯黑木耳营养丰富，每 100 克扎兰屯黑木耳中总糖含量为 66.0~67.3 克，含有蛋白质 12.5~13.8 克、脂肪 1.60~1.82 克；此外，还含有丰富的磷、胡萝卜素、人体必需微量元素等，其维生素 B_2 含量远高于一般谷物、肉类产品。

人文历史

1901 年，中东铁路在扎兰屯地区修筑与通车后，扎兰屯地区人口渐繁，农工商各业初步形成，扎兰屯黑木耳也从此走出山林。扎兰屯市人工培植食用菌首先从黑木耳着手，已有近百年历史。20 世纪 60—70 年代为试验和典型示范阶段；进入

20世纪80年代，扎兰屯市西南各乡镇普遍开始人工培植黑木耳；1989年是扎兰屯市人工培植黑木耳的高潮年，共有黑木耳段约3 000万段。扎兰屯黑木耳从1980年开始就是当地主要出口农产品，出口到前苏联等国家。扎兰屯市为大兴安岭地区黑木耳主要产地，每年黑木耳产量达700吨以上。

生产特点

扎兰屯地貌大体呈现"七林二草一分田"之格局，森林覆盖率高，土壤类型为黑土和草甸土，有机质含量平均6.11%，土质肥沃，耕性良好。产区境内水资源丰富，降水比较充沛集中，年降水量460~580毫米，河川径流量季节变化很大，水质保持良好。扎兰屯属中温带季风气候区，四季分明，雨热同期。年均日照时数2 619小时，高于10℃的年有效积温平均达2 515℃，年降水量450~550毫米，无霜期110~130天，对优质黑木耳栽培极为有利。

扎兰屯黑木耳生产基地选择在地势平坦、背风向阳、日照时间长、空气流通、水源方便、水质优良、自然整枝良好、林下杂灌木稀少、通风、透光、保湿性能良好的林地。生产过程主要有6个阶段：段木准备、接种、上堆发菌、翻堆、排场及管理、黑木耳的袋料栽培。当耳片展开、边缘稍卷变软、肉质肥厚、耳根收缩、腹面见到少量白色孢子粉时进行采收。

夏家店小米

登记证书编号：AGI00188

地域范围

夏家店小米农产品地理标志地域保护范围为内蒙古赤峰市松山区夏家店乡的霍家沟村、东新井村、兴隆沟村、鸡冠山村、二道坡村、新井村、平房村、干沟村，地理坐标为东经123°57′~125°45′，北纬45°23′~45°59′。

品质特色

夏家店小米颗粒圆润，金黄透亮，含有丰富的色氨酸，具有香醇的口感和丰富的营养成分，被誉为"草原金米"。夏家店小米经初选、脱皮、抛光、去石、除杂、人工手选、轻磨、冷加8道工序，最大限度地保留谷物天然营养成分，成就天赐好米。

人文历史

夏家店地区有着4 000年以上的农耕历史，该地区生产的小米曾是大辽王朝的专用贡米。夏家店下层文化距今4 000年左右，为中国北方早期青铜文化，出土的彩绘陶器系用红白两彩在烘制后的陶器上绘有饕餮纹、云雷纹、蟠螭纹、龟蛇纹等图案，

与商周时期青铜器同等重要。夏家店下层文化的经济结构以农业为主,兼畜牧业和狩猎。主要农业作物为粟和稷,其农业文明不晚于中原地区。夏家店上层文化属晚期青铜文化,距今3 000年左右,系中华民族史上影响较大的北方少数民族东胡族所创造,被史学界称为"东胡文化"。

生产特点

夏家店地区土壤是沙和黑色黏土混合而成,具有极强的透水性和透气性,并含有丰富的钠、钾、铜、铁、钙、镁、锰、锌、硒等人体所必需的矿物质元素。该地区空气纯净清新,日照充足,土质肥沃,尤其适宜杂粮杂豆等谷物生长。

夏家店小米采用传统原始的耕种方式,天然雨水浇灌,不使用化肥农药,得天独厚的自然环境配合科学的栽培和管理方法,使出产的小米营养成分丰富,口感香醇。夏家店小米生产基地实行轮作倒茬制度,不允许出现重茬种植现象;注重培肥土壤,做到用地与养地相结合,精细整地;产地施肥以农家肥为主,并适时追水、追肥,满足其生长过程中的营养需求。

莫力达瓦大豆

登记证书编号：AGI00233

地域范围

莫力达瓦大豆农产品地理标志地域保护范围包括内蒙古呼伦贝尔市莫力达瓦达斡尔族自治旗的尼尔基镇、汉古尔河办事处、登特科办事处、宝山镇、杜拉尔乡、阿尔拉镇、库如奇办事处、西瓦尔图镇、塔温敖宝镇、坤密尔堤办事处、卧罗河办事处、腾克镇、哈达阳镇、额尔和办事处、巴彦乡、红彦镇、奎勒河办事处 17 个乡镇（办事处），涉及 220 个行政村，地理坐标为东经 123°33′~125°16′，北纬 48°05′~49°51′。

品质特色

莫力达瓦大豆属于蝶形花科大豆属，籽粒黄色圆润、整齐匀称。莫力达瓦大豆营养丰富，品质优，非转基因，脂肪含量在 21% 以上，蛋白质含量在 33% 以上，大豆苷含量在 165 毫克/千克以上，氨基酸总量大于 31%，并富含大豆异黄酮等物质。

人文历史

莫力达瓦达斡尔族自治旗种植大豆的历史悠久，素有"大豆之乡"之美誉。据《辽史丛考》《达斡尔族社会历史调查》等文献记载，达斡尔族是在我国最北方从事农业的民族，有悠久深厚的农耕历史。在 19 世纪中叶以后逐渐开始大面积种植大豆，已有百余年的大豆种植历史，时至今日大豆种植规模在410万亩左右。

莫力达瓦达斡尔民族自治旗依托地理位置，以莫力达瓦大豆品质上乘为优势，使产品具备较强的市场竞争力。由于莫力达瓦达斡尔族自治旗工业基础薄弱，现代工业的发展也极为有限，由工业造成的农田污染非常少，故大豆种植区域又是生产绿色食品的最佳地域。从1999年开始，有多家加工莫力

达瓦大豆的企业被认定为绿色食品生产企业，莫力达瓦大豆产业化生产已具备很好的基础，产业化发展前景广阔。

生产特点

莫力达瓦达斡尔族自治旗地处大兴安岭支脉形成的低山区，土壤以暗棕土壤、黑土居多，土壤肥力较高，有机质含量为4.15%~10.09%，肥沃的土壤适合优质大豆生长。莫力达瓦大豆产区地表水资源丰富，有56条河流横贯全境，水量充沛，流向有利，是理想的农业用水，可保证莫力达瓦达斡尔族自治旗17个乡镇（办事处）的农业生产灌溉用水。莫力达瓦大豆种植地域属于寒温带半湿润大陆性气候区，年平均降水量为450~520毫米，年平均日照时数为2 500~2 800小时，10℃以上年有效积温为1 780~2 490℃，无霜期为100~145天，独特的气候生态环境决定了莫力达瓦大豆独特的品质。

莫力达瓦大豆品种以疆莫豆1号、蒙豆30号等品种为主，具有高油、高蛋白质的特点，在生产中采取标准化的模式进行。这些标准化的流程包括整地、肥料的严格使用、病虫害的防治及生产过程中的质量检查等。植株有10%叶片尚未脱落、豆粒归圆时收获。

莫力达瓦菇娘

登记证书编号：AGI00234

地域范围

莫力达瓦菇娘农产品地理标志地域保护范围包括内蒙古呼伦贝尔市莫力达瓦达斡尔族自治旗的尼尔基镇、汉古尔河办事处、登特科办事处、宝山镇、杜拉尔乡、阿尔拉镇、库如奇办事处、西瓦尔图镇、塔温敖宝镇、坤密尔堤办事处、卧罗河办事处、腾克镇、哈达阳镇、额尔和办事处、巴彦乡、红彦镇、奎勒河办事处17个乡镇（办事处），涉及220个行政村。地理坐标为东经123°33′~125°16′，北纬48°05′~49°51′。

品质特色

莫力达瓦菇娘属茄科，果实黄色圆润，果粒整齐匀称，香味浓郁，入口酸甜鲜美，风味独特。

莫力达瓦菇娘果实中富含蛋白质、脂肪、碳水化合物、有机酸、多种维生素、多种矿物质元素、酸浆醇等，均为人体不可缺少的营养成分。其中，每100克果实含赖氨酸约30毫克、锌约2.10毫克、维生素C约379.0毫克、亚油酸约36毫克、柠檬酸约392.4毫克。

人文历史

莫力达瓦达斡尔族自治旗栽植菇娘有着悠久的历史，并从20世纪80年

代开始规模化发展。为了把这一产业做大做强,莫力达瓦达斡尔族自治旗旗委、旗政府把发展菇娘产业作为农民增收的主要产业之一,全旗每年定期召开生产技术交流现场会,加快新技术推广,加强种植户的培训,注重保护独特品质,使莫力达瓦菇娘成为当地的名优特产。莫力达瓦菇娘2006年在呼伦贝尔(扎兰屯)绿色食品节上获得"优秀产品奖",2007年在(中国)齐齐哈尔绿色食品博览会上获得"畅销产品奖",2009年在内蒙古(扎兰屯)第二届绿色食品交易会上荣获"优秀产品奖"。截至2009年,莫力达瓦菇娘种植面积达5.8万亩,年销售量达8万吨。

生产特点

莫力达瓦达斡尔族自治旗所处位于大兴安岭支脉形成的低山区,土壤以暗棕土壤、黑土居多,土壤肥力较高。莫力达瓦达斡尔族自治旗境内地表水资源丰富,有56条河流横贯全境,水量充沛,流向有利,是理想的农业用水,可保证产区的农业生产灌溉用水。莫力达瓦菇娘种植地域属于寒温带半湿润大陆性气候区,年平均降水量为450~520毫米,年平均日照时数为2 500~2 800小时,高于10℃的年有效积温为1 780~2 490℃,无霜期为100~145天,独特的气候生态环境决定了莫力达瓦菇娘独特的品质。

莫力达瓦菇娘种植基地应选择生态环境优良、水源充足、肥力中等、土壤质地结构好、易于排水、避风向阳、土层深厚的沙壤土地块。施肥以有机肥为主,生产过程严格按照地方标准《莫力达瓦达斡尔族自治旗无公害菇娘栽培技术规程》操作。当果实变黄并稍发软时采收,一般提前2~3天采收,盛果期5~6天采收一次。

达里湖鲫鱼

登记证书编号：AGI00368

地域范围

达里湖鲫鱼主要分布于内蒙古赤峰市克什克腾旗境内达里湖湖区及周边注入水系，属达里诺尔国家级自然保护区管辖。地理坐标为东经116°22′~117°00′，北纬43°11′~43°27′。

品质特色

达里湖鲫鱼体形呈纺锤形，显细长，体色黑灰或显金黄，口端位，可伸缩，无须，鳞片大，易脱落。背鳍较其他地区鲫鱼小，背鳍、臀鳍具粗壮带锯齿的硬刺。

达里湖鲫鱼肉质细腻，味道鲜美，营养丰富，富含多种微量元素和氨基酸，具有调节人体代谢平衡以及增强免疫力的功效，有助于延缓衰老，并且对肝功能衰竭和降低血糖有一定辅助疗效。

人文历史

达里湖自古便有大洛泊、大水泊、渔儿泺、答儿海子、大儿湖、捕鱼尔海之称。相传，当年康熙皇帝亲临草原，从达里湖捕鱼后烹制，鲜香的美味使康熙皇帝胃口大开，回到京城后仍念念不忘，多次派人来捕鱼，飞马送入京城。有记载称，清康熙年间，塞外灾荒，上遣官携网具来达里湖教牧民捕鱼为食，后关内农民大量涌入达里湖地区以捕鱼为业。雍正

三年（1725年）、雍正十三年（1735年）、乾隆六年（1741年）、乾隆十七年（1752年），清廷先后4次下诏禁往达里湖捕鱼。道光年间（1821—1850年），扎萨克府允许人民捕鱼，以提取赋税。

2001年，达里湖鲫鱼被评为赤峰市消费者协会推荐产品，此后连续多年获得该项荣誉。2009年3月26—27日，中央电视台第七套《乡土》栏目播出了达里湖冬捕的情景。

生产特点

达里湖地处内蒙古高平原东南边缘，现有面积约19 500公顷，属典型的高原内陆湖泊，湖面开阔，湖水不深，为封闭式苏打型半咸水湖，水质为氯化物重碳酸钙镁型水，盐分以碳酸盐为主，是赤峰市最大的渔业基地。达里湖属温带半干旱大陆性季风气候，冬季漫长严寒，夏季短促温热，降水多集中于7—8月，日温差和年温差大，风沙多，蒸发旺盛，无霜期为60~80天。

达里湖鲫鱼在北方地区同类鱼中生长速度最慢、鱼体最大、鱼龄最长，鱼龄平均在5~10龄，素有"赛甲鱼"之称。达里湖鲫鱼采取成鱼自然放养模式，不投饵，不施肥，不使用药物，纯自然生长。繁殖主要以自然繁殖为主，人工辅助孵化为辅。人工辅助繁殖所得鱼苗孵出后，在鱼池短期暂养，补充投喂少量豆浆；鱼苗全长1厘米以上时放归湖区。达里湖鲫鱼达3龄以上，体长15厘米以上，体重150克以上，方可采用达里湖特有的传统方式捕捞。

达里湖华子鱼

登记证书编号：AGI00369

地域范围

达里湖华子鱼主要分布于内蒙古赤峰市克什克腾旗境内达里湖湖区及周边注入水系，属达里诺尔国家级自然保护区管辖。地理坐标为东经116°22′~117°00′，北纬43°11′~43°27′。

品质特色

达里湖华子鱼梭形体型，体侧银白，背部青绿，腹部纯白或灰白，口端位，略向上倾斜，鳞片小，尾鳍青色。侧线鳞较多，变幅为51~58片；背鳍前鳞和围尾柄鳞较多，背鳍前鳞为24~29片，围尾柄鳞为15~18片；鳃耙较多，为9~17片。

达里湖华子鱼肉质细腻，味道鲜美，富含多种微量元素和氨基酸，蛋白质含量较高，而脂肪含量却较低，风干样中蛋白质含量在72%~85%，脂肪含量5%~10%，钠含量250~400毫克/100克，铜含量0.5~1.5毫克/100克。

人文历史

达里湖自古便有大洛泊、大水泊、渔儿泺、答儿海子、大儿湖、捕鱼尔海之称。肥美的达里湖华子鱼，古称滑子鱼、哈鲁鱼。《蒙古志》记载达里湖"鱼族多滑子鱼"。清朝《口北三厅志》记载："哈鲁鱼产达里湖，每三四月间，其鱼溯流而进，填塞河内，民人随意取之。"《经棚县志》记载："民国十八年（1929年），达里湖年产鱼

12万斤,其中哈鲁鱼11万斤,鲫鱼1万斤。"

2006年3月16日,纪录片《达里诺尔·生命的奇迹》在中央电视台《探索·发现》栏目播出,介绍了达里湖华子鱼在达里湖这个几乎是生存极限的环境下如何适应环境生存并发展壮大。

生产特点

达里湖地处内蒙古高平原东南边缘,属温带半干旱大陆性季风气候,冬季漫长严寒,夏季短促温热,降水多集中于7—8月,日温差和年温差大,风沙多,蒸发旺盛,无霜期为60~80天。达里湖区现有面积约19 500公顷,属典型的高原内陆湖泊,湖面开阔,湖水不深,为封闭式苏打型半咸水湖,水质为氯化物重碳酸钙镁型,盐分以碳酸盐为主,是赤峰市最大的渔业基地。

达里湖华子鱼生长水域海拔为1 210~1 230米。达里湖华子鱼成鱼采用自然放养模式,不投饵,不施肥,不使用药物,纯自然生长。繁殖主要以自然繁殖为主,人工辅助孵化为辅。4月中旬至5月中旬,达里湖华子鱼溯河洄游或抢边产卵,卵附着于河流沿岸植物根系或人工布置的产卵巢上,产卵后亲鱼回归湖区。人工辅助繁殖所得鱼苗孵出后,在鱼池短期暂养,补充投喂少量豆浆;鱼苗全长1厘米以上时放归湖区。达里湖华子鱼达3龄以上、体长14厘米以上、体重60克以上方可捕捞。

扎兰屯榛子

登记证书编号：AGI00375

地域范围

扎兰屯榛子农产品地理标志地域保护范围为内蒙古呼伦贝尔市扎兰屯市境内13个乡镇（办事处），涉及89个行政村，包括南木鄂伦春民族乡、哈拉苏办事处、达斡尔民族乡、成吉思汗镇、中和办事处、雅尔根楚办事处、萨马街鄂温克民族乡、蘑菇气镇、关门山办事处、色吉拉呼办事处、洼堤镇、浩饶山镇、柴河办事处，地理坐标为东经122°32′~123°10′，北纬47°55′~48°02′。

品质特色

扎兰屯榛子为平榛。榛子籽粒光滑呈圆形，外壳坚硬，黄褐色。榛树为灌木，丛生，株高1~2米；叶倒卵形，顶端平截，中央具三角形突尖；果苞钟状，每序结实1~6粒；坚果金黄褐色，为圆球形，果仁无空心。

扎兰屯榛子果仁脂肪含量51.4%~66.4%，蛋白质含量17.32%~25.92%，富含多种维生素、矿物质元素和氨基酸，营养丰富。扎兰屯榛子出仁率在33%~41%，榛仁可生食、炒食，不仅风味好，且热量高。在食品工业中，榛仁是巧克力、糖果、糕点等加工食品的优质原料。

人文历史

扎兰屯榛子是扎兰屯市林果业品牌，种植历史悠久。据史料记载，元太祖成吉思汗经今雅鲁河畔扎兰屯西南乡，见榛树结

满榛子,"子如小栗,铁木真采而尝之。仁满粒香、掌击而裂,食后神清气爽,气力倍增,太祖甚喜谓之:此乃山神赐我之神食也"。元建国大都后,每逢祭祀元太祖,贡品必有采自扎兰屯地区的榛子等干果,称为"神食"。

榛子采集业是扎兰屯市较早开发的产业,产区分布33 000公顷榛子林,是内蒙古乃至全国重要的榛子生产基地。近年来,随着市场经济的发展,当地贯彻"开发促发展"的发展思路,现已形成垦复、加工、销售一条龙的综合开发之势。

生产特点

扎兰屯市地域内地层发育较为齐全,土壤以暗棕壤土和暗色草甸土居多,境内河流密布,水网发达,水资源丰富,流向有利,适合大面积榛子的种植。这里干旱少雨,蒸发强烈,是典型的大陆性干旱气候,年日照时数2 214~3 128小时,年平均气温8.1~9.5℃,无霜期为133~156天,相对湿度60%~65%,良好的自然资源为扎兰屯榛子优良的品质创造了先天条件,极有利于榛子的生长和挂果。

扎兰屯榛子是野生,开花期为3月下旬至4月中下旬,果实成熟期为8月下旬至9月上旬。榛果成熟的标志是果苞和果顶的颜色由白色变成黄色,而且果苞基部出现一圈黄褐色,俗称"黄绕",采收方式分为人工采收和机械采收。采收的新鲜榛果带果苞,其含水量很大,杂质多,要经过脱苞、除杂、晾晒、干燥、烘烤、分级等工序处理才能达到商品榛子的要求。

扎兰屯白瓜籽

登记证书编号：AGI00433

地域范围

扎兰屯白瓜籽农产品地理标志保护范围为内蒙古呼伦贝尔市扎兰屯市辖区内的南木鄂伦春民族乡、哈拉苏办事处、卧牛河镇、达斡尔民族乡、高台子办事处、成吉思汗镇、中和办事处、萨马街鄂温克民族乡、蘑菇气镇、关门山办事处、色吉拉呼办事处、洼堤镇12个乡镇（办事处），涉及95个行政村，地理坐标为东经121°18′21″~123°47′10″，北纬47°35′41″~48°16′24″。

品质特色

扎兰屯白瓜籽外观呈白色，光面平滑，具有籽粒大、皮薄、饱满、仁厚、光泽好等明显特点，籽粒大小在1.5~2.3厘米，籽仁味道香美，回味悠长。

扎兰屯白瓜籽与同类产品相比，营养丰富，富含多种对人体有益成分。每100克扎兰屯白瓜籽中含蛋白质36~38克、脂肪35~38克、锌7.1~7.5毫克、硒27.3~29.0毫克。

人文历史

扎兰屯市具有悠久的白瓜籽种植历史，白瓜籽是当地出口农产品之一。据《扎兰屯市志》记载，1966年，内蒙古地区的白瓜籽就开始由外贸部门组织收购出口。1970年，从天津引进优良品种后，扎兰屯市建立了出口生产基地，采用先进的种植方法，白瓜籽产量猛增。1980年开始，扎兰屯市白瓜籽播种面积、总产量和出口量大幅度上升，年生产白瓜籽100~400吨。

近年来，扎兰屯市实施"优质白瓜籽新技术示范推广"项目，安排地膜覆盖和育苗移栽技术示范田，推广全营养平衡施肥技术和无公害病虫

害防治技术。随着白瓜籽产业的发展,扎兰屯白瓜籽产品已远销辽宁、河北、天津、青岛、北京、河南等地。

生产特点

扎兰屯市白瓜籽产地属于低矮丘陵山地,土壤类型主要为暗棕壤土、黑土两个土类,以暗棕壤土为主,有机质含量平均7.1%,土壤肥沃,耕地性状良好,适合白瓜籽生产。扎兰屯白瓜籽产地河流属嫩江水系右岸支流,水资源丰富,水质清澈、纯净。当地属中温带大陆性半湿润气候区,一年四季分明,年平均气温3.6℃,降水主要集中在7—8月,无霜期短,平均为110~125天。扎兰屯市的光、热、水、土等自然条件对白瓜籽的生长非常有利。

扎兰屯白瓜籽品种为熟期适宜、优质高产、抗病性强的"雁窝鸟雪白",特点是籽粒大、皮薄、饱满、仁厚,含有丰富的脂肪、蛋白质。扎兰屯市白瓜籽种子选择要保证千粒重在25克以上,前茬以玉米、高粱、小麦为最好,大豆和马铃薯为中等,尽量避免重迎茬移栽。定植后的白瓜籽应搭架供其攀缘,将其固定在爬蔓架上;移栽后及时拔除杂草,根系周围禁止锄草,以防损伤根系;肥料允许使用农家肥料、商品有机肥、无机肥料、微生物肥料等;灌溉用井水、雨水和无污染的河水。9月中旬,下霜前将种植的白瓜收回,未成熟的白瓜做饲料用,成熟的白瓜剖瓜取籽并晾晒。

阿荣旗柞蚕

登记证书编号：AGI00466

地域范围

阿荣旗柞蚕主要产自内蒙古呼伦贝尔市阿荣旗，地域保护范围包括那吉镇、六合镇、亚东镇、霍尔奇镇、向阳峪镇、得力其尔鄂温克族乡、查巴奇鄂温克族乡、音河达斡尔鄂温克族乡、新发朝鲜族乡5个镇与4个民族乡。地理坐标为东经122°02′30″~124°05′40″，北纬47°56′54″~49°19′35″，柞蚕保护规模60万亩。

品质特色

阿荣旗柞蚕属于鳞翅目大蚕蛾科柞蚕属，古称野蚕、槲蚕。卵色发白，蚁蚕体为红色，壮蚕体主色为淡绿色、侧色为淡黄色，蛹为淡褐色。蚕体长4.5~6.5厘米，直径3.5~4.5厘米，新鲜成熟蛹体体态饱满，手感挺实，不松软。

阿荣旗柞蚕中蛋白质含量15.87%，人体必需氨基酸含量为13.59%，粗脂肪含量8.02%，灰分为1.21%，水分含量71.84%，并富含钙、镁、锌等。

人文历史

据《阿荣旗大事记》记载，1644年，阿伦河地区为索伦牧地，一些山东流民迁入，引白瓜、柞蚕、玉米进行农事生产。1957—1974年阿荣旗开始大规模放养柞蚕。近些年，阿荣旗大力发展蚕业，现已成为内蒙古最大的柞蚕放养基地。

生产特点

阿荣旗境内土质以暗棕壤和黑土为主,腐殖质厚度40~100厘米,土质疏松肥沃,有机质含量6.29%,全旗各河流均属嫩江水系右岸支流,较大河流有20条,水资源丰富。当地属中温带大陆性半湿润气候区,无霜期110~130天,年平均气温1.7℃,年平均日照时数1 550~1 650小时,具有雨热同季、昼夜温差大的特点。

阿荣旗柞蚕是经过长期的自然选择和人工选择,逐渐形成的遗传性相对稳定、生物学性状相对一致、并具有一定经济价值的柞蚕品种,有珍珠1号、双丰1号等。阿荣旗柞蚕养殖采用二移放养法,树龄要求收蚁用一年生嫩枝,1~3龄稚蚕期用1~2年生枝条,4~5龄蚕用2~3年生枝条,窝茧用3~4年生枝条;阿荣旗柞蚕养殖有严格的食叶要求,稚蚕场食叶2/3,壮蚕场食叶3/4,窝茧场食叶1/3,不允许把树叶食光。同时,选出迟眠蚕食偏嫩叶,使蚕发育齐一。

阿荣旗白鹅

登记证书编号：AGI00467

地域范围

阿荣旗白鹅主要产于内蒙古呼伦贝尔市阿荣旗，地域保护范围包括那吉镇、六合镇、亚东镇、霍尔奇镇、向阳峪镇、得力其尔鄂温克族乡、查巴奇鄂温克族乡、音河达斡尔鄂温克族乡、新发朝鲜族乡5个镇与4个民族乡，地理坐标为东经122°02′30″~124°05′40″，北纬47°56′54″~49°19′35″。

品质特色

阿荣旗白鹅属于鸟纲雁形目鸭科，体型中等偏大，结构紧凑、背平直、翅紧贴、尾上翘、体态均称；全身羽毛洁白，成年鹅羽毛一年自然换羽一次，换羽次序一般为主翼羽、副翼羽、尾羽、短羽、绒羽依次脱换；头大小适中，喙、肉瘤呈黄色，颈细长并与头、身躯衔接良好；蹠、蹼粗壮厚实，呈橘黄色。公鹅眼亮有神，昂首挺胸，体格健壮，步履稳健，有较强的自卫能力。母鹅行动敏捷，鸣声响亮，性情温和，群体自律性强，环境应激能力强。雏鹅绒毛金黄色，体型较宽，头大颈长，眼圆有神，鸣声清脆，动作活泼，反应灵敏。

白鹅肉含有丰富的蛋白质，还富含脂肪、维生素B_1、维生素B_2、钙、镁、锌、磷、铁、钾、钠等营养成分。

人文历史

据《阿荣旗大事记》记载，1689年布特哈总管衙门设立，阿伦河流域

为其管辖地，鹅大范围养殖。经过时间推移，20世纪70年代开始引进太湖鹅等优良品种，形成规模养殖；到80年代，白鹅存栏达到41万羽；截至2016年，阿荣旗白鹅存栏已达到500万羽。近些年来，阿荣旗大力发展白鹅产业，全力打造"东北鹅都"。

生产特点

阿荣旗境内土质以暗棕壤和黑土为主，腐殖质厚度40~100厘米，土质疏松肥沃，有机质含量6.29%，全旗各河流均属嫩江水系右岸支流，较大河流有20条，全旗境内自北向南贯穿阿伦河、格尼河、音河三大河流，水资源丰富，广阔的水域适宜阿荣旗白鹅的养殖。当地属中温带大陆性半湿润气候区，无霜期110~130天，年有效积温2 895.6℃，年平均日照时数1 550~1 650小时，具有雨热同季、昼夜温差大的特点。

白鹅分为羽用型、蛋用型、肉用型，目前，阿荣旗白鹅主要品种均为引入的莱茵鹅为父本和当地白鹅杂交的后代，属羽肉兼用型，具有极大的发展潜力。阿荣旗白鹅养殖按照地方标准《阿荣旗白鹅饲养管理技术操作规范》执行，统一孵化、统一防疫，孵化后雏鹅经过技术员集中饲养15天后，再发放给养殖户，这样大大地提高了白鹅成活率。阿荣旗白鹅采用天然草场放养法，在水质干净无污染、草鲜嫩的地方放养，放牧鹅群以300~500只为宜。

阿荣旗白瓜籽

登记证书编号：AGI00468

地域范围

阿荣旗白瓜籽主要产自内蒙古呼伦贝尔市阿荣旗，地域保护范围包括那吉镇、六合镇、亚东镇、霍尔奇镇、向阳峪镇、得力其尔鄂温克族乡、查巴奇鄂温克族乡、音河达斡尔鄂温克族乡、新发朝鲜族乡5个镇与4个民族乡。地理坐标为东经122°02′30″~124°05′40″，北纬47°56′54″~49°19′36″，区域总面积13 600平方千米，白瓜籽保护规模30万亩。

品质特色

阿荣旗白瓜籽是葫芦科蔬菜作物，是南瓜和西葫芦的籽。外部形态白色、粒大、皮薄而不硬、有光泽、光滑，籽粒大小在1.5~2.3厘米。

阿荣旗白瓜籽中粗蛋白质含量约28.3%，粗脂肪含量约51.54%，碳水化合物含量约9.56%，不溶性膳食纤维含量约3.31%，维生素B_2含量约0.16毫克/100克，并含有钙、钾、镁、钠、锌、硒等营养成分。

人文历史

据《阿荣旗大事记》记载，1644年，阿伦河地区为索伦牧地，一些山东流民迁入，引白瓜、柞蚕、玉米进行农事生产。20世纪初，当地土著鄂温克人开始种植白瓜，但面积较少。1978—1985年，阿荣旗开始大面积种植白瓜。近些年，阿荣旗大力

发展白瓜籽产业,阿荣旗音河乡有"白瓜籽之乡"的美誉,阿荣旗音河乡富吉村的白瓜籽交易市场,已成为呼伦贝尔市新农村的又一亮点。

生产特点

阿荣旗境内土质以暗棕壤和黑土为主,腐殖质厚度40~100厘米,土质疏松肥沃。全旗各河流均属嫩江水系右岸支流,较大河流有20条,水资源丰富,利于农业灌溉。当地属中温带大陆性半湿润气候区,无霜期110~130天,年有效积温2 895.6℃。年平均日照时数1 550~1 650小时,具有雨热同季、昼夜温差大的特点,适宜阿荣旗白瓜籽的生长。

阿荣旗白瓜籽生产选择优质、高产、抗逆性强、早熟、分叉少的品种,适宜当地生长的主栽品种是音河大白板等优良品种。栽培方式按照地方标准《阿荣旗白瓜籽生产技术操作规程》执行。阿荣旗白瓜籽种植采用隔双垄种植法,隔空两垄、种植两垄,株距45厘米。田间管理要注意及时铲趟、合理整枝、进行人工授粉等。

莫力达瓦苏子

登记证书编号：AGI00544

地域范围

莫力达瓦达斡尔族自治旗位于内蒙古呼伦贝尔市的大兴安岭东南麓，海拔 173~638 米。莫力达瓦苏子农产品地理标志地域保护范围为莫力达瓦达斡尔族自治旗全旗，地理坐标为东经 123°33′~125°16′，北纬 48°05′~49°51′。

品质特色

莫力达瓦苏子属管花目唇形科，小坚果棕褐色近球形；果皮薄而脆，易压碎；果实特异芳香；味微辛、性温。

莫力达瓦苏子有着所有同类产品中的优良品质，并有独特的营养物质，含有丰富的蛋白质、维生素 E 和大量的不饱和脂肪酸。此外，其种子还含有 18 种氨基酸和多种矿物质元素，具有较高的营养价值和药用保健功效。

人文历史

苏子，又名荏，一年生草本油科植物。茎直立，高 50~120 厘米，叶对生，两面呈紫色或绿色，或仅下面呈紫色。喜光，喜湿润、肥沃的土地，但适应性很强，从海边沙地到海拔 2 000 米的高原均能生长。在不丹、印度、缅甸、印度尼西亚、日本、朝鲜半岛等地均有种植。在我国东北、

西北、华东、西南等地区均有栽培。每公顷苏子产量可达 1 500~2 250 千克。莫力达瓦达斡尔族自治旗栽植苏子有着悠久的历史，17 世纪以前就开始种植。

生产特点

莫力达瓦达斡尔族自治旗土壤主要有山地、丘陵、平原等地形单元，以暗棕土壤、黑土居多，土壤肥力较高，非常适合苏子生长。莫力达瓦苏子产区地表水资源丰富，有 56 条河流横贯全境，水量充沛，流向有利，水质清澈、纯净，是理想的农业用水，可保证农业生产灌溉用水。莫力达瓦苏子种植基地所处的自然环境属于中温带大陆性季风气候，年平均气温 –1.3~2.6℃，年平均日照时数为 2 500~2 800 小时，10℃以上的年有效积温为 1 780~2 490℃，无霜期为 100~145 天，盛行偏北风或西北风，气候适宜苏子生产。

在生产管理上，莫力达瓦苏子以农业防治、生物防治、物理防治为主。当大田有 2/3 植株叶片由绿色变成浅黄色，结穗变成浅褐色，种子由白色变成浅褐色时即可收获。

阿尔山黑木耳

登记证书编号：AGI00545

地域范围

阿尔山市自然条件优越，位于内蒙古兴安盟西北部，地处大兴安岭中段，地理坐标为东经119°28′~121°23′，北纬46°39′~47°39′。阿尔山黑木耳农产品地理标志保护范围包括阿尔山市的五岔沟镇、白狼镇、天池镇、温泉街道、新城街道、林海街道6个镇（街道），共涉及18个村，地域保护面积7 408.7平方千米。

品质特色

阿尔山黑木耳细嫩可口，风味独特，子实体胶质，半透明，耳片薄，有弹性，有耳状、环状、花瓣状或叶状；直径一般为3~12厘米，表面光滑，有脉状皱纹，密生有短毛；新鲜时呈红褐色，晾干收缩后呈褐色或暗青褐色。阿尔山黑木耳营养价值和经济价值较高。

阿尔山黑木耳中含蛋白质约10.6%、脂肪约0.2%、碳水化合物约65%，还有多种维生素等。它还具有一定的药用价值，可滋阴壮阳、清肺益气、补血活血，有治疗妇女产后虚弱和手足抽筋麻木、分解纤维杂质、清涤肠胃等功效。

人文历史

黑木耳生长在阿尔山原始森林中，由于阿尔山独特的自然环境和气候条件，形成了阿尔山黑木耳独特的质地。据阿尔山文史资料记载，早在成吉思汗时期，就有一些蒙古族人、俄罗斯人在此狩猎和温泉洗浴，当时就有采食木耳的活动。随着时间的推移，当地居民采伐林木建房、立栅栏，上面经常长出黑木耳。

由于阿尔山当地气候环境非常适合黑木耳生长，近几年，阿尔山市也将黑木耳产业当作一项重要的产业来发展。阿尔山黑木耳已获"内蒙古自治区名牌产品"和"消费者协会推荐产品"称号，目前，阿尔山黑木耳已达到菌棒300万棒的规模，并

且还在不断发展，产品远销日本、韩国等国家。

生产特点

阿尔山市地貌属中低山地貌，土壤类型主要为灰色森林土、棕色针叶林土、暗棕壤、黑钙土、草甸土等，有机质含量7~13%，自然肥力较高，素有"黑土明珠"之称。阿尔山市境内有15条河流，地表径流与地下水总量9.1亿立方米，矿泉水资源丰富，可开发为农业灌溉用水。当地属寒温带大陆性季风气候，年均日照时数2 468小时，高于10℃的年有效积温1 865℃，无霜期95天左右，年均降水量445.3毫米，集中在6—8月。

阿尔山黑木耳接种前先做培养料，要全部为有机的营养料，一般在每年的12月初开始备料。每年12月底开始接种，接种时动作要快、准确，并做好消毒工作。接种40天后挪地，将棒从上挪到下，4月下旬左右将菌棒挪到室外，5月下旬根据黑木耳生长的情况不定期喷水，6月下旬当木耳长熟后收获。

阿拉善双峰驼

登记证书编号：AGI00546

地域范围

阿拉善双峰驼主要产自内蒙古最西端阿拉善盟，地域保护范围包括阿拉善左旗、阿拉善右旗、额济纳旗3个行政区域，具体包括巴彦浩特镇、额肯呼都格镇、达来呼布镇等23个苏木镇。地理坐标为东经97°10′~106°52′，北纬37°21′~42°47′，总面积27万平方千米。

品质特色

阿拉善双峰驼体质结实，肌肉发达，头高昂过体，颈长呈"乙"字形弯曲，体形呈高方形，胸宽而深，背短腰长，膘满时双峰挺立而丰满，四肢关节强大，筋腱明显，蹄大而圆。毛色多为杏黄色或红棕色。分为沙漠型驼、戈壁型驼两种生态类型。阿拉善双峰驼役用性能良好，是乘、挽、驮的良好役畜。挽载重可达1吨，驮运175千克，日行程35千米，单人骑乘，日可行53千米。

驼肉是一种含动物性蛋白质较高的瘦肉型肉类。肌纤维虽较粗，但无异味，又由于骆驼的脂肪沉积，绝大部分是在两峰和腹腔两侧，皮下脂肪很少，肌纤维间脂肪更少。肉质含水率在76.1%左右，蛋白质含量大于20.8%，脂肪含量在2.2%左右。骆驼肉益气血，壮筋骨，润肌肤，主治恶疮；驼峰味甘胜温无毒，具有润燥、祛风、活血、消肿的功效。

人文历史

阿拉善双峰骆驼作为一个古老的原始品种，骆驼总数曾占中国骆驼总数的2/3，为阿拉善赢得了"中国驼乡"的赞誉。阿拉善双峰驼是荒漠地区特有的畜种资源，经过长期的随机选育，已成为独具特色的地方良种，具有适应性强、耐干旱、耐风沙、耐酷暑严寒、耐粗饲等特点，具有其他畜种无可比拟的特性。

蒙古族养驼习俗源远流长，在双峰驼产区最具代表性风俗的是阿拉善蒙古族祭驼，祭驼是区域性的活动，一般在寺庙集中举行。生活在大漠戈壁的蒙古人是驯服、使用骆驼最早的民族，他们不仅把骆驼用于生产、生活中，而且把骆驼引入竞技比赛，形成了传统的体育运动项目——蒙古族赛驼。起初，骆驼主要被用于驮运，而赛驼则交融在走亲

访友的追逐游戏中。后来，蒙古族人民群众在祭祀敖包、举办庙会、举行那达慕等群体活动时开展赛驼，并逐步形成规模，传承延续下来。阿拉善双峰驼集产绒毛、产肉、产奶、役用等多种经济形态于一体，有很高的经济价值，有相当一部分牧民完全依靠养驼为生，是重要的生产资料和生活资料。同时，阿拉善双峰驼在边防巡逻、发展民族文化、体育竞技和特色旅游等方面均有重要作用。

生产特点

阿拉善盟地形复杂，土壤受地貌及生物气候条件影响，主要有灰钙土、灰漠土、灰棕漠土。境内有黄河、额济纳河流经，并分布有大小不等的湖盆500多个，被称为沙漠中的绿洲，是良好的牧场。阿拉善盟为内陆高原，远离海洋，是典型的大陆性气候，气候条件恶劣，干旱少雨，风大沙多，冬寒夏热，四季气候特征明显，昼夜温差大，年均气温6.0~8.5℃，无霜期130~165天。

阿拉善双峰驼是唯一能长期生活在阿拉善荒漠、半荒漠地区的家畜，一般采取传统的远距离放牧方式。为充分合理地利用天然草场植被，可根据放牧时间、草场类型及骆驼数量和生产性质等，有计划地安排草场，实行轮牧。骆驼的围栏饲养是以放牧和半放牧为主，一般精饲料补饲量少，在草质不佳和孕驼较瘦弱时，给予少量精饲料。骆驼饮水量相当大，饮水速度也相当快，干渴的时候，骆驼能一次饮水130升。骆驼从饲料中摄取的水分量因季节、牧草及牧场的不同而异。骆驼即使只采食干饲料、秸秆和精料，缺水10天也不会受影响。秋季放牧时，骆驼每天的饮水量为4.5升，在春季每天增至13升；山谷牧场中，骆驼每天从牧草上能获得24升水。从10月到翌年5月，植物中有许多水分，这时骆驼饮水量较少。

阿拉善白绒山羊

登记证书编号：AGI00547

地域范围

阿拉善白绒山羊主要产于内蒙古最西端阿拉善盟，地域保护范围包括阿拉善左旗、阿拉善右旗、额济纳旗3个行政区域，具体涉及巴彦浩特镇、额肯呼都格镇、达来呼布镇等23个苏木镇。地理坐标为东经97°10′~106°52′，北纬37°21′~42°47′，保护区域总面积27万平方千米。

品质特色

阿拉善白绒山羊体躯结构匀称，骨骼结实，四肢强健有力，公母羊均有角，额部有半弯形粗毛，须长颈粗，体形长方，全身被毛纯白，分内外两层，外层为有髓粗毛，长10~30厘米，内层为无髓绒毛，自然厚度4~5厘米，绒毛与粗毛混生，腰毛较短。阿拉善白绒山羊体质结实，抗旱抗病能力强、耐粗饲、耐盐碱、耐酷暑严寒，在自然状态下适应范围广，通过长期进化，具备了稳定的生态性。

阿拉善白绒山羊肉具有香味浓郁的特点、鲜嫩多汁、无膻味、肥而不腻、色泽鲜美、肉层厚实紧凑。鲜羊肉外表微干或有风干膜、不黏手，肌肉色泽鲜红或深红、有光泽、脂肪呈乳白色，肌纤维致密、坚实、有弹性，指压后的凹陷立即恢复。鲜羊肉中蛋白质含量高于16%，脂肪含量在3%左右。

人文历史

阿拉善地区自有史以

来，当地牧民就从事山羊业的生产活动，距今已有300多年历史。阿拉善白绒山羊属克什米尔绒山羊的一支，是在阿拉善特定生态条件下，经长期自然选择和人工培育（本品种选育）而形成的地方良种，1988年被内蒙古自治区政府命名为内蒙古白绒山羊—阿拉善型，是内蒙古白绒山羊三大类型之一，属绒肉兼用型，以其绒毛细柔、光泽好等特性驰名中外，曾荣获意大利"柴格那"绒毛奖和中国第二届农业博览会金奖。在历史上，阿拉善白绒山羊绒被赐名为"软黄金"，定为朝廷贡品。阿拉善蒙古族冬季服饰、被褥、毛毡、面袋、绳子等生活生产用品多以阿拉善白绒山羊绒（毛）制成，因此产生了花色品种多样的绒毛制品、服饰文化。

生产特点

阿拉善盟地形呈南高北低状，平均海拔900~1 400米，地貌类型有沙漠戈壁、山地、低山丘陵、湖盆、起伏滩地等。阿拉善盟地处亚洲大陆腹地，为内陆高原，远离海洋，周围群山环抱，形成典型的大陆性气候，气候条件恶劣，干旱少雨、风大沙多，四季气候特征明显，昼夜温差大，年平均气温6.0~8.5℃，无霜期130~165天，年日照时数达2 600~3 500小时。由于受东南季风影响，雨季多集中在7—9月，年降水量从东南部的200多毫米，向西北部递减至40毫米以下；而年蒸发量由东南部的2 400毫米向西北部递增到4 200毫米。在这种典型的荒漠草原地理环境中经过自然选择和演化，形成了独特的阿拉善白绒山羊种质类型。

阿拉善白绒山羊是我国珍贵畜产品遗传资源保护品种，其养殖繁育严格遵守阿拉善盟行政公署《关于严禁阿拉善白绒山羊引入外血的通知》，严禁引入外地绒山羊进行杂交。饲养方式按照地方标准《阿拉善白绒山羊养殖技术规范》执行。

莫力达瓦黄烟

登记证书编号：AGI00595

地域范围

莫力达瓦达斡尔族自治旗隶属内蒙古呼伦贝尔市，莫力达瓦黄烟农产品地理标志地域保护范围包括莫力达瓦达斡尔族自治旗的尼尔基镇、汉古尔河办事处、登特科办事处、宝山镇、杜拉尔乡、阿尔拉镇、库如奇办事处、西瓦尔图镇、塔温敖宝镇、坤密尔堤办事处、卧罗河办事处、腾克镇、哈达阳镇、额尔和办事处、巴彦乡、红彦镇、奎勒河办事处17个乡镇（办事处），涉及220个行政村，地理坐标为东经123°33′~125°16′，北纬48°05′~49°55′。

品质特色

莫力达瓦黄烟属于茄科烟草属，成品黄烟的烟色金黄或正黄，烟叶齐整，吸食时略有甜味，使人感到醇和舒适，气味芳香。

莫力达瓦黄烟的化学成分可分为有机物和无机物两大类，无机物主要是氯、硫、镁、钾、钙；有机物中含有蛋白质、氨基酸、烟碱、叶绿素、芳香油、树脂、苹果酸、柠檬酸等，还含葡萄糖、果糖、蔗糖、麦芽糖、淀粉、纤维素等。

人文历史

我国的商品烟草按其烟叶的调制方法不同，可分为烤烟、晒烟和晾烟三大类。达斡尔人在长期的生产实践中，总结出一整套科学的黄烟栽培技术和独特的烟叶调制技术。烟叶采摘分为上、中、下3种，上尖的烟叶调制以后为优品。莫力达瓦黄烟要经过一道很独特的热锅蒸熏的工序。莫力达瓦黄烟在区内外市场上深受欢迎，尤其是在黑龙江、吉林、辽宁3省特别畅销。1985年以前，莫力达瓦达斡尔族自治旗烟草年产量可达3 500担[①]左右；2009年，全旗种植面积3 500亩，年产量可达250吨，莫力达瓦黄烟远销哈尔滨、沈阳、长春、呼和浩特等地，备受消费者青睐。

生产特点

莫力达瓦达斡尔族自治旗主要有山地、丘陵、平原等地形，以暗棕土壤、黑土居多，土壤肥力较高，土壤地貌情况非常适合烟草生长。莫力达瓦达斡尔旗自治区地表水资源丰富，有56条河流横贯全境，水量充沛，流向有利，水质清澈、纯净，是理想的农业用水。莫力达瓦烟草种植基地属于寒温带半湿润大陆性气候区，由于地处大兴安岭森林之边缘的低山丘陵地带，受到地形、地势、植被及纬度的影响，形成了温度由西北向南递升、降水由西北向南递减、山地风速小于平原、风向呈河谷走向等特征，年平均日照时数为2 500~2 800小时，高于10℃的年有效积温为1 780~2 490℃，无霜期为100~145天，盛行偏北风或西北风，气候生态适宜黄烟的生产。

种植烟草的苗床基地应建立在背风向阳的空地上，烟田应选择大豆或玉米为前茬、土壤质地结构好、易于排水、避风向阳、土层深厚的地块。莫力达瓦黄烟以有机肥为主，当烟叶由绿色变为黄绿色、叶面绒毛脱落、主脉变白发亮、叶柄发脆时开始采收，通常要分5~7次采收，相距时间约4~7天，采收结束后在烟叶软而不发脆时穿烟晾晒，然后进行烟叶调制。

---

① 1担=50千克，全书同

阿拉善锁阳

登记证书编号：AGI00596

地域范围

阿拉善锁阳主要产自于内蒙古自治区最西端的阿拉善盟，农产品地理标志地域保护范围包括阿拉善左旗、阿拉善右旗、额济纳旗3个行政区域，涉及巴彦浩特镇，额肯呼都格镇、达来呼布镇等23个苏木镇。地理坐标为东经97°10′~106°52′，北纬37°21′~42°47′，保护区域总面积27万平方千米。

品质特色

阿拉善锁阳属根寄生多年生肉质草本，全株红棕色，无叶绿素；茎圆柱形，肉质，分枝或不分枝，具螺旋状排列的脱落性鳞片叶；花杂性，极小，由多数雄花、雌花与两性花密集形成顶生的肉穗花序，花序中散生鳞片状叶；花被片通常4~6，少数1~3或7~8；雄花具1雄蕊和1密腺；雌花具2雌蕊，子房下位，1室，内具1顶生悬垂的胚珠；两性花具1雄蕊和1雌蕊；果为小坚果状，种子具胚乳。

阿拉善锁阳表面棕色或棕褐色，粗糙，具明显纵沟及不规则凹陷，有的残存三角形的黑棕色鳞片；体重，质硬，难折断，断面浅棕色或棕褐色，有黄色三角状维管束。阿拉善锁阳营养丰富，氨基酸含量不低于8.5%，总黄酮含量55%以上。

人文历史

锁阳发展历史悠久，在先秦就有相关的文字记载，汉代的时候开始作为药物使用。《本草纲目》描述锁阳"甘、温、无毒。大补阴气，益精血，利大便。润燥养筋，治痿

弱"。它分布在新疆[1]、甘肃、青海、宁夏[2]及内蒙古等地，是有多种用途的中药。阿拉善锁阳种植面积为0.9万亩，年产量达200吨，有"锁阳王"之美誉。

生产特点

阿拉善盟地形南高北低，平均海拔900~1 400米，地貌类型有沙漠戈壁、山地、低山丘陵、湖盆、起伏滩地等，土壤受地貌及生物气候条件影响，具有明显的地带性分布特征。因地处亚洲大陆腹地，为内陆高原，远离海洋，周围群山环抱，形成典型的大陆性气候，气候条件恶劣，干旱少雨，风大沙多，昼夜温差大，年均气温6.0~8.5℃，无霜期130~165天，年日照时数达2 600~3 500小时。

锁阳属多年生肉质寄生草本，寄生在白刺属植物的根部，寄主根系庞大，主侧根很发达，主根可深入沙土2米以下，侧根一般趋于水平走向，四周延伸达10米以上，地上部分枝很多，耐沙埋能力极强。寄主根上着生的锁阳芽体生命力很强，只要不铲断寄生根，不伤芽体，及时填埋采挖坑，可以连年生长。锁阳在完成一个生命发育周期的过程中，整个植株大部分时间都潜埋于地下，只有在开花时生于茎顶部的花穗才伸出地面，进行有性繁殖。种子成熟后地下茎枯朽腐烂，植株死亡，完成一个生命周期。

---

[1] 新疆维吾尔自治区，全书简称新疆
[2] 宁夏回族自治区，全书简称宁夏

呼伦贝尔油菜籽

登记证书编号：AGI00649

地域范围

呼伦贝尔油菜籽以内蒙古海拉尔垦区 16 个农牧场为主施业区，农产品地理标志地域保护范围涵盖呼伦贝尔市 13 个旗市区，即海拉尔区、满洲里市、扎兰屯市、牙克石市、根河市、额尔古纳市、阿荣旗、莫力达瓦达斡尔族自治旗、鄂伦春自治旗、鄂温克自治旗、新巴尔虎左旗、新巴尔虎右旗、陈巴尔虎旗。地理坐标为东经 115°31′~126°04′，北纬 47°05′~53°20′，地域保护总面积 300 万亩。

品质特色

呼伦贝尔油菜籽为"双低"高含油品种。角果密，结荚多，籽粒饱满，种皮呈黑色、暗褐或红褐色，少数暗黄色，油量较高。

呼伦贝尔油菜籽营养丰富，蛋白质含量不低于 38%，含油量一般为 42%~46%，不饱和脂肪酸占脂肪酸总量的 90% 以上，亚油酸含量不低于 17.8%，亚麻酸含量不低于 8.5%，平均芥酸含量不高于 1%，硫苷含量不高于 26 微摩尔/克，副产品菜粕硫苷含量 11.0~27.7 微摩尔/克。

人文历史

油菜籽作为呼伦贝尔市农作物区主栽作物之一，已有近 60 年的种植史，在呼伦贝尔市农业生产中始终占有重要位置。油菜籽是传统的油料农作物之一，随着经济的发展现代科学的进步，油菜籽育种和产品开发也得到了很大的发展。油菜籽的用途已扩展到各个行业领域，它与蛋白质、饲料、工业原料、医药等行业都有着紧密关系。

生产特点

呼伦贝尔油菜籽产地呼伦贝尔市处于东部季风区与西北干旱区的交会处，是大兴安岭—内蒙古高原过渡带，多变的气候条件、复杂的地形条件，兼以额尔古纳河水系对地形纵横切割，形成多样的景观生态类型，生长着丰富的植物区系，具有较高的生态服务价值和生产资源价值，是我国重要的自然生态遗产之地。呼伦贝尔油菜籽产地土壤以黑土、黑钙土、暗棕土和草甸土为主，土质肥沃，自然肥力高，土壤表层深度为35~50厘米，有机质含量高。当地水资源丰富，年降水量在500~800毫米，冬季寒冷干燥，夏季炎热多雨；年有效积温1 900~2 300℃，昼夜温差大，无霜期90~120天，年日照时数为2 500~3 100小时。良好的自然条件极有利于油菜籽的生长。

呼伦贝尔油菜籽的生产按照地方标准《呼伦贝尔双低油菜籽生产技术规程》执行。种植呼伦贝尔油菜选用优质丰产、耐病虫、抗逆性强、商品性好的"双低"油菜品种，肥料以有机肥为主，病虫草害防治采用农业防治、物理防治和生物防治等措施，配合使用化学防治措施。

三河马

登记证书编号：AGI00650

地域范围

三河马以内蒙古海拉尔垦区三河马场为骨干的主施业区，农产品地理标志地域保护范围涵盖呼伦贝尔市13个旗市区，包括海拉尔区、满洲里市、扎兰屯市、牙克石市、根河市、额尔古纳市、阿荣旗、莫力达瓦达斡尔族自治旗、鄂伦春自治旗、鄂温克自治旗、新巴尔虎左旗、新巴尔虎右旗、陈巴尔虎旗。地理坐标为东经117°15′~124°02′，北纬47°05′~51°30′。

品质特色

三河马头大小适中，直头，眼大明亮，耳大直立，鼻孔开张良好；颌凹宽，颈长短适中，呈直颈和斜颈，高低适中；颈肩结合良好，鬐甲明显，肩倾斜适度；背腰平直而宽广，尻部略斜丰满；胸部深宽，肋骨拱圆；腹部大小适中；四肢干燥，骨量充实；关节明显，飞节发育良好，腱和韧带坚实，管部较长，系长中等，蹄大小适中，蹄质坚实，多为正肢势，部分个体后肢稍外向。三河马毛色主要为骝毛和栗毛，黑毛和青毛少。

三河马是在寒温带大陆性气候地区采取群牧管理办法育成的，严酷的气候条件形成了三河马一些可贵的品种特征。繁殖性能高，代谢机能旺盛，血液氧化能力较强。在低海拔地区，三河马体质结实紧凑、骨骼坚实、结构匀称、外貌骏美、性情温驯，具有耐寒、耐粗饲、

恋膘性强、增膘快、掉膘慢、抗病力强、适应性良好的特征特性。三河马属兼用型，部分马匹偏乘或偏挽。

人文历史

三河马主要是由俄罗斯的贝加尔马、奥尔洛夫和比秋克血统的改良马、当地蒙古马综合杂交而来，后期又相继引进盎格鲁诺尔曼、盎格鲁阿拉伯、英纯血等种马，进一步杂交改良后形成，三河马已有100多年的驯养史。

生产特点

三河马产地呼伦贝尔市处于东部季风区与西北干旱区的交会处，是大兴安岭—内蒙古高原过渡带，多变的气候条件、复杂的地形条件，兼以额尔古纳河水系对地形纵横切割，形成多样的景观生态类型，生长着丰富的植物区系，具有较高的生态服务价值和生产资源价值，是我国重要的农牧业生产基地、宝贵的自然生态遗产。呼伦贝尔草原是世界著名的温带半湿润典型草原，也是我国乃至世界上生态保持最完好、纬度最高、位置最北、未受污染的大草原之一，素有"牧草王国"之称，草场总面积1.49亿亩，多为天然草场。

三河马的选种是按血统来源、体尺类型、体质外貌、生产性能和后裔品质综合指标进行选择。主要采取利用天然草场群牧的方式饲养，一年之中马群的饲养大体分为夏秋放牧抓膘期和冬春补草补料期，夜晚归牧，适量补给干草和精料。种公马一般都用棚舍，三面有墙，一面敞开，隔成单间，向阳背风，保持干燥。繁殖母马都用敞棚，大小视马群大小而定，每匹马占5~6平方米。

三河牛

登记证书编号：AGI00651

地域范围

三河牛农产品地理标志地域保护范围以内蒙古海拉尔垦区谢尔塔拉种牛场为骨干的16个农牧场为核心区，地域保护范围涵盖呼伦贝尔市13个旗市区，包括海拉尔区、满洲里市、扎兰屯市、牙克石市、根河市、额尔古纳市、阿荣旗、莫力达瓦达斡尔族自治旗、鄂伦春自治旗、鄂温克自治旗、新巴尔虎左旗、新巴尔虎右旗、陈巴尔虎旗。地理坐标为东经117°15′~124°02′，北纬47°05′~51°30′。

品质特色

三河牛属于细致紧凑型，有乳肉兼用型外貌，毛色以红白花或黄白花为主，少量为黑白花。三河牛体躯高大，体质结实匀称，头部清秀，头颈结合良好，肩宽，胸深，肋骨开张好，背腰平直，体躯较长，四肢结实，肢势端正，蹄质坚实。种公牛雄性特征非常明显，母牛体大而不下垂，乳房大部分呈盆状和圆形，乳腺发育良好，乳房附着良好、前后伸展稍差，乳头大小、长短适中，乳静脉长、较粗，但弯曲不够，乳井较大，有少数母牛斜尻。

三河牛是我国培育的第一个乳肉兼用品种，适应性强、耐粗饲、耐高寒、抗病力强、宜牧、乳脂率高、遗传性能稳定。三河牛肉脂肪少，肉质细，大理石纹明显，色泽鲜红，鲜嫩可口，具有完善的氨基酸组成，尤为突出的是赖氨酸含量较高，明显高于其他品种。三河牛鲜奶质量好、色香、味佳，是补虚损、益肺胃、生津润肠的营养佳品。

人文历史

三河牛因起源于呼伦贝尔额尔古纳市三河（根河、得尔布河、哈乌尔河）地区而得名。三河牛的形成历史比较长，早在1898年帝俄修建中东铁路时，铁路员工带入一批奶牛，分布在满洲里、滨洲铁路沿线；1954年，在呼伦贝尔大草原上相继成立了以养牛为主的国有牧场，根据地名改称"滨洲牛"为"三河牛"。经过多年有计划的系统选育，逐步形成了一个体大结实、耐寒、耐粗、适应性强、乳脂率高、乳肉兼用性能好、体型趋于一致、遗传稳定性好、具有一定生产潜力的新品种，内蒙古自治区人民政府命名三河牛为"内蒙古三河牛"。

生产特点

呼伦贝尔草原位于大兴安岭以西，由东向西呈规律性分布，地跨森林草原、草甸草原和干旱草原3个地带。呼伦贝尔市素有"牧草王国"之称，天然草场总面积1.49亿亩。除东部地区约占本区面积的10.5%的地域为森林草原过渡地带外，其余多为天然草场。多年生草本植物是组成呼伦贝尔草原植物群落的基本生态性特征，草原植物资源约1 000余种。羊草草原是呼伦贝尔地区分布最广的草原类型，质量好，分布集中连片、地势平坦（适宜机械化操作），是牲畜的主要饲草。呼伦贝尔地区水资源丰富，牧草繁茂，草质优良，是三河牛得天独厚的天然牧场，也是育成三河牛的主要因素之一。

三河牛的养殖环境须具备一定的条件，能够无害化地处理废污水且不影响周边环境、满足卫生防疫需求、水源水足、交通便利。三河牛选配是根据血统来源，避免亲缘选配，采取利用天然草场群牧的方式饲养。在整个三河牛的养殖过程中，繁育、饲养和防疫是养殖工作的重中之重，当地都有着严格的标准化流程，这也为养殖提供了便利。

鄂托克螺旋藻

登记证书编号：AGI00766

地域范围

鄂托克旗位于内蒙古鄂尔多斯市西部，鄂托克螺旋藻农产品地理标志地域保护范围为鄂托克旗螺旋藻产业园区，产业园区位于鄂托克旗哈马太嘎查境内，地理坐标为东经108°01′25″~108°01′34″，北纬39°05′11″~39°09′06″。

品质特色

鄂托克螺旋藻是一类低等植物，属于蓝藻门颤藻科。蓝藻的细胞结构原始，且非常简单，是地球上最早出现的光合作用生物，距今已有35亿年。鄂托克螺旋藻生长于水体中，呈蓝绿色或墨绿色，在显微镜下可见其形态为螺旋丝状，故而得名。

鄂托克螺旋藻是优秀的纯天然蛋白质食品源，蛋白质含量高达60%~70%，且含有丰富的叶绿素与大量的γ-亚麻酸。鄂托克螺旋藻含有特有的藻蓝蛋白和螺旋藻多糖，并富含维生素B_1、维生素B_2、维生素B_6、维生素B_{12}、维生素E、维生素K等维生素，以及锌、铁、钾、钙、镁、磷、硒、碘等。螺旋藻中脂肪含量只有5%，且不含胆固醇，可使人在补充蛋白质时避免摄入过多热量，具有很高的营养价值和药用保健功效。

人文历史

1996年，内蒙古农业大学教授乔辰带领螺旋藻课题组对鄂尔多斯沙区碱湖进行考察，意外地在鄂托克旗的察汗淖尔碱湖发现了天然钝顶螺旋藻。

2003年以来，鄂托克旗依托资源优势，采取招商引资和鼓励本土企业自主发展的方式，积极发展螺旋藻产业。2009年，依托鄂托克旗得天独厚的地理位置、天然碱资源和优质水源等优势，当地着手规划建设螺旋藻产业园区，计划打造"中国藻都"。经过几年的发展，螺旋藻产业产能已达到全国生产能力一半左右，形成产业规模优势。

生产特点

鄂托克旗地处鄂尔多斯高原西部，地势东高西低，地形复杂多样，土壤类型主要是风沙土和草甸栗钙土，土质较好，境内有丰富的天然碱资源，非常适宜螺旋藻的养殖。螺旋藻养殖区主要有都斯图河和黄河过境两大水系，地下水资源丰富，水质清澈、纯净，发展食品工业条件得天独厚。鄂托克螺旋藻养殖园区自然环境属于典型的大陆性气候，干旱少雨，风大沙多，夏季炎热干燥，冬季寒冷，年日照时数2 900~3 200小时，年平均气温3.9~6.8℃，无霜期120~160天，年降水量40~400毫米，光、热资源良好，紫外线强烈，气候生态适宜螺旋藻生产。

螺旋藻的养殖生产分为养殖投料、放液、收藻、洗藻、藻泥烘干、筛粉、包装7个环节。养殖投料使用符合生活饮用标准的水，选用合格的小苏打及农用肥料养殖投料；大棚养殖藻液经3~5日生长成熟后便可放液收藻；洗藻泥次数依据季节确定，使总碱含量小于0.1%，藻粉灰分含量控制在7%以下，藻泥存放时间不超过2小时，以确保烘干藻粉细菌不超标。藻泥烘干使螺旋藻粉含水控制在8%以下，产品颜色为深墨绿色；筛粉要做到人与物料分离，包装用内膜袋直接通至筛粉口。

根河卜留克

登记证书编号：AGI00767

地域范围

根河市位于呼伦贝尔市北部，是内蒙古最北部的旗市之一。根河卜留克农产品地理标志地域保护范围包括根河市的满归镇、阿龙山镇、金河镇、得耳布尔镇、敖鲁古雅乡、好里堡办事处、森工路办事处、河西办事处、中央路办事处。保护范围位于大兴安岭北段西坡，地理坐标为东经120°12′~122°55′，北纬50°20′~52°30′。

品质特色

根河卜留克为十字花科，芸蔓属，植株高20~50厘米，主根细长，茎直立球状，叶色深绿，叶面有白粉，叶肉厚，叶片裂刻深。根河卜留克味道爽口，鲜、嫩、脆、辣。

根河卜留克营养丰富，具有高钙、低脂、低钠等特点，含有人体所需的多种氨酸和微量元素，是餐桌上的美味佳肴。

人文历史

"卜留克"是俄罗斯语的音译，意为"美味佳肴"，又叫芜菁甘蓝，是种耐寒蔬菜，是大兴安岭原始森林林间空地特产。根河卜留克是在1956年从前苏联引入根河地区种植，从最初几亩试种到目前已发展为33 000多亩，年产量8万吨。1961年，刘少奇同志视察根河地

区，对根河卜留克的种植前景给予高度评价。

由于根河卜留克产品深受消费者青睐，近几年来，根河卜留克产品正在以强劲的发展势头占领内蒙古酱腌菜行业市场，卜留克小菜已经成为内蒙古消费者心目中的"雅桌小菜"。根河市是内蒙古卜留克主产区，同时还拥有技术领先的中小型卜留克加工企业，具备卜留克产业化发展的独有优势。

生产特点

根河市森林覆盖率75%，居内蒙古之首，属典型的国有林区。大兴安岭山地构成了地貌的总体，自然植被以落叶松为主，林下土壤为暗棕壤和针叶林土，土壤地貌情况非常适合卜留克生长。根河市境内地表水资源丰富，是内蒙古的丰水区之一，而且水量的地域分布也较均衡。流域内林草繁茂，植被良好，水土流失现象轻微，河流含沙量甚小，天然水质优良，是理想的农业用水。根河卜留克生长所处的自然环境属于寒温带湿润型森林气候，年日照时数为2 719小时左右，年平均降水量440毫米，年均有效积温为1 732.8℃，常年盛行西南风，气候生态适宜卜留克生长。

根河卜留克根据不同品种的生长期，待肉质根充分长，在霜降前即9月中旬左右采收后切去顶芽，在地窖贮存或挖沟埋藏，冬季可随时取出食用或上市销售。收获的卜留克可直接腌制块茎，也可用来腌制卜留克酱或加工成卜留克粉。

阿拉善肉苁蓉

登记证书编号：AGI00874

地域范围

阿拉善肉苁蓉主要产于内蒙古最西端阿拉善盟，农产品地理标志地域保护范围包括阿拉善左旗、阿拉善右旗、额济纳旗3个行政区域，涉及巴彦浩特镇、额肯呼都格镇、达来呼布镇等23个苏木镇。地理坐标为东经97°10′~106°52′，北纬37°21′~42°47′，保护区域总面积27万平方千米。

品质特色

阿拉善肉苁蓉属高大草本，高40~160厘米，大部分地下生。茎不分枝或自基部分2~4枝，下部直径可达5~15厘米，向上渐变细，直径2~5厘米。叶宽卵形或三角状卵形，长0.5~1.5厘米，宽1~2厘米，生于茎下部的较密，上部较稀疏并变狭，披针形或狭披针形，长2~4厘米，宽0.5~1厘米，两面无毛。蒴果卵球形，长1.5~2.7厘米，直径1.3~1.4厘米，顶端常具宿存的花柱，2瓣开裂。种子卵圆形或近卵形，长0.6~1.0毫米，外面网状，有光泽。花期5—6月，果期6—8月。阿拉善肉苁蓉断面棕褐色，有淡棕色点状维管束，排列成波状环纹。肉苁蓉营养丰富，干样中总氨基酸含量4.8%以上，粗糖含量2%以上。

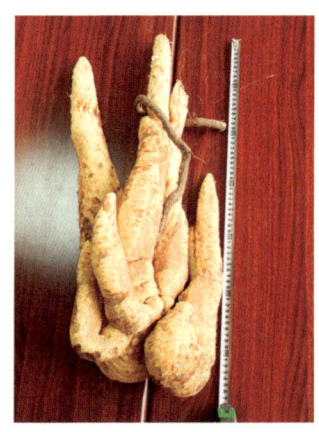

人文历史

内蒙古阿拉善盟是肉苁蓉的最大产地,拥有基地4个,面积4.4万亩,肉苁蓉年产量50吨,拥有"世界苁蓉之乡"的美誉。中医认为,肉苁蓉性温,味甘、咸,归肾、大肠经,有补肾阳,益精血,润肠通便之功效。肉苁蓉除了可食用鲜品,也可以晾干食用,服用肉苁蓉最简单的方法是直接去药店购买饮片,煮水饮用或泡茶。

生产特点

阿拉善盟地形类型丰富,土壤受地貌及生物气候条件影响,具有明显的地带性分布特征,分布有灰钙土、灰漠土、灰棕漠土。境内有黄河和额济纳河流经,水源较为充足。阿拉善盟地处内陆,是典型的大陆性气候,气候条件恶劣,干旱少雨,风大沙多,冬寒夏热,四季气候特征明显,昼夜温差大,年均气温 $6.0 \sim 8.5 ℃$,无霜期130~165天,雨季多集中在7—9月,适宜阿拉善肉苁蓉的生长。

阿拉善肉苁蓉生产地宜选光照充足,昼夜温差大,排灌条件良好的平缓沙地或低缓沙丘地。可利用天然梭梭林较为集中的沙丘地进行围栏,浇水施肥保护并抚壮寄主。春天或秋天播种最佳,第二年苗床内有部分肉苁蓉寄生,少数出土生长,大部分在播种后2~4年内出土,开花结实。沙漠里风沙大,寄主根经常被风吹露,要注意培土,或用树枝围在寄主附近防风。为提高结实率,肉苁蓉在5月开花时进行套袋或人工授粉。

牛家营子北沙参

登记证书编号：AGI00875

地域范围

牛家营子镇隶属内蒙古赤峰市喀喇沁旗，是北京市通往塞外草原的咽喉。牛家营子北沙参农产品地理标志地域保护范围东至南荒村与红山区文中镇柳条沟村、大营子村交界处，南至水泉村与锦山镇全太村接壤处，西与松山区城子镇相邻，北到赤峰市新城区交界处，地理坐标为东经118°08′~119°02′，北纬41°53′~42°14′。

品质特色

牛家营子北沙参呈细长圆柱形，偶有分枝，长30~45厘米，直径0.5~1.2厘米。表面淡黄白色，略粗糙，偶有残存外皮，不去外皮的表面黄棕色。全体有细纵皱纹及纵沟，并有棕黄色点状细根痕。顶端常留有黄棕色根茎残基；上端稍细，中部略粗，下部渐细。质脆，易折断，断面皮部浅黄白色，木部黄色。

牛家营子北沙参根茎含有大量人体必需氨基酸，蛋白质含量为10.5%~11.5%，总皂苷含量为0.3%~0.4%，总黄酮含量为0.09%~0.10%。北沙参味甘甜，是临床常用的滋阴药，主治肺燥干咳、热病伤津、口渴等症，为药食同源物。

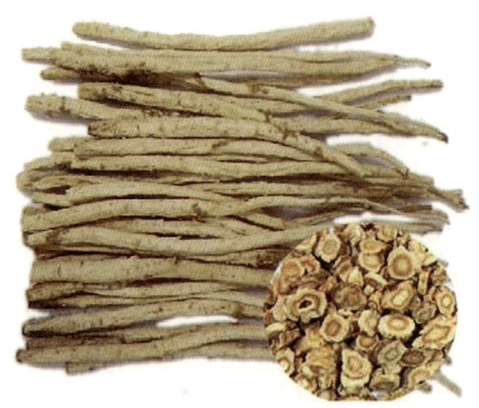

人文历史

牛家营子镇中药材种植已有300多年历史，早在清朝康熙年间，当地就建有"药王庙"，供奉药王孙思邈。1784年，乾隆皇帝狩猎至此，闻药香醉人，赏药花悦目，遂赐名"药王村"。从此名扬各州郡，家家种药，户户得益，历久不衰，延续至今。牛家营子镇北沙参产量占全国总产量的80%，并以色白、条长、味正而誉满全国，产品远销中国香港、东南亚。1999年，牛家营子中药材基地被科技部[①]列为中药材现代化研究与产业开发专项研究基地之一，被誉为"中国北沙参之乡"。

生产特点

牛家营子镇地处喀喇沁旗中东部，是耕地面积较大的镇，土壤类型丰富，平均有机质含量为1.3%，富含硅、锌、铁、锰等元素。锡伯河穿镇而过，年平均降水量为420毫米，水量集中在7—8月，灌溉多井灌。当地属中温带半干旱大陆性季风气候区，冬季漫长而寒冷，春季干旱多大风，夏季短促炎热、雨水集中，秋季短促、气温下降快、霜冻降临早。年均日照时数2 900小时，无霜期130天左右，环境条件和气候条件非常适宜牛家营子北沙参的生长。

牛家营子北沙参的种植选用小顶北沙参或大顶北沙参等品种，病虫害防治以农业防治、生物防治、物理防治为主，生产过程必须按照地方标准《牛家营子北沙参种植技术规程》操作。一般在9月末至10月初进行采收，多以人工用特制药叉采挖。挖回的参根用清水洗净泥土后，放入开水中烫煮加工去皮，一般烫煮的时间为2~3分钟，捞出放入冷水中，及时剥皮，然后晒干或烘干。

---

① 中华人民共和国科学技术部，全书简称科技部

牛家营子桔梗

登记证书编号：AGI00876

地域范围

牛家营子镇是北京市通往塞外草原的咽喉，位于内蒙古自治区中东部。牛家营子桔梗地理标志保护范围东至南荒村与红山区文中镇柳条沟村、大营子村交界处，南至水泉村与锦山镇全太村接壤处，西与松山区城子镇相邻，北到赤峰市新城区交界处，年均种植面积3万亩，采挖期为2年，地理坐标为东经118°08′~119°02′，北纬41°53′~42°14′。

品质特色

牛家营子桔梗呈圆柱形或略呈纺锤形，下部渐细，有的有分枝，略扭曲，长30~40厘米，直径0.7~2.0厘米。表面白色至淡黄白色，不去外皮者表面白色或黄白色。质脆，断面不平坦，形成层黄棕色，皮部类白色，有裂隙，木质部淡黄白色。

牛家营子桔梗中总皂苷含量为3%~4%，总黄酮含量为0.02%~0.03%，蛋白质含量为7%~8%，还含有大量人体所必需的氨基酸类物质、多糖等，具有祛痰止咳、宣肺、排脓的作用。

人文历史

牛家营子镇中药材种植已有300多年历史,早在清朝康熙年间此地就建有"药王庙",供奉药王孙思邈。1784年,乾隆皇帝狩猎至此,闻药香醉人,赏药花悦目,遂赐名"药王村"。至此,农户家家种药,延续至今。当地桔梗质量属全国一流,除药用外还可食用,年产鲜桔梗15 000吨以上,全部销往韩国、日本。1999年牛家营子中药材基地被科技部列为中药材现代化研究与产业开发专项研究基地之一,被誉为"中国桔梗之乡"。

生产特点

牛家营子镇地处喀喇沁旗中东部,是耕地面积较大的镇,土壤类型丰富,有褐土、草甸土、棕壤土和黄土,耕地主要分布在褐土上,平均有机质含量为1.3%,富含氮、磷、钾、硅、锌、铁、锰等。锡伯河穿镇而过,年平均降水量为420毫米,降水量集中在7—8月,灌溉多井灌。当地属中温带半干旱大陆性季风气候区,冬季漫长而寒冷,春季干旱多大风,夏季短促炎热、雨水集中,秋季短促、气温下降快、霜冻降临早,年均日照时数2 900小时,无霜期130天左右,环境条件和气候条件非常适宜牛家营子桔梗的生长。

牛家营子桔梗种植选用山东大桔梗或三道红等品种,病虫害防治以农业防治、生物防治、物理防治为主,生产过程必须按照地方标准《牛家营子桔梗种植技术规程》操作。牛家营子桔梗一般在9月中下旬采收,待植株枯萎后,割去茎叶、芦头,以人工用特制药叉采挖,挖出直根,不伤不碰。挖出的桔梗将根部泥土洗净后,浸在水中趁鲜用竹片或玻璃片刮去表面粗皮,洗净,晒干或用无烟煤火烘干即成。

阿荣玉米

登记证书编号：AGI01065

地域范围

阿荣玉米主要产于内蒙古呼伦贝尔市阿荣旗，地域保护范围包括向阳峪镇、新发乡、那吉镇、六合镇、亚东镇、霍尔奇镇、三岔河镇、复兴镇、得力其尔鄂温克族乡、查巴奇鄂温克族乡、音河达斡尔鄂温克族乡、新发朝鲜族乡共7个镇与4个民族乡，地理坐标为东经122°02′30″~124°05′40″，北纬47°56′54″~49°19′35″。

品质特色

阿荣玉米植株高大，茎强壮，挺直。叶窄而长，边缘波状，于茎的两侧互生，顶端为雄穗，中部为雌穗，穗长20~30厘米。

阿荣玉米营养丰富，干籽粒中蛋白质含量8%以上，脂肪含量低于4.5%，碳水化合物含量大于60%，钾含量300毫克/100克以上，钙含量大于5毫克/100克，维生素E含量大于8毫克/100克，核黄素含量0.11毫克/100克以上。

人文历史

据《阿荣旗大事记》记载，自顺治元年（1644年），一些山东人开始移民东北。1732年，为了解决无粮食可吃的问题，当地人用锹镐开垦土地，引种、试种玉米等多种作物。

20世纪70年代末，阿荣旗开始推广实用增产技术的应用；80年代开始

试验、示范引入玉米杂交种,带动阿荣旗玉米产业蓬勃发展;1991年,阿荣旗玉米播种面积17 589公顷。近些年来,当地进一步推动阿荣玉米的大规模种植。

生产特点

阿荣旗境内土质以暗棕壤和黑土为主,腐殖质厚度40~100厘米,土质疏松肥沃,有机质含量5.2%,适宜农作物的种植。阿荣旗各河流均属嫩江水系右岸支流,境内有阿伦河、格尼河、音河三大河流贯穿,径流面积在100平方千米以上较大河流有20条,水源较为充足。阿荣旗属中温带大陆性半湿润气候区,无霜期100~130天,年平均气温1.7℃,年均日照时数1 550~1 650小时,年均有效积温2 895.6℃,降水集中在6—8月,气候条件适宜阿荣玉米的生长。

阿荣玉米品种选择九玉二、罕玉五、德美亚、丰单三号、冀承单三等。阿荣玉米的种植采用玉米地膜覆盖栽培技术,用塑料薄膜把适播农田从地面上封盖起来,造成不同于露地栽培的农田土壤环境,能够增温保墒、蓄水防旱、保持土壤疏松、减少养分流失,在一定程度上起到抑制杂草生长、促进作物根系发育等作用。玉米覆膜栽培根据品种特性和土壤肥力、施肥水平确定播种密度,一般亩保苗3 500~4 000株。结合播种,窄行中间或苗带侧深施种肥,切忌化肥与种子接触,以免影响种子发芽出苗。

阿荣大豆

登记证书编号：AGI01066

地域范围

阿荣大豆主要产于内蒙古呼伦贝尔市阿荣旗，地域保护范围包括那吉镇、六合镇、亚东镇、霍尔奇镇、三岔河镇、复兴镇、向阳峪镇、得力其尔鄂温克族乡、查巴奇鄂温克族乡、音河达斡尔鄂温克族乡、新发朝鲜族乡7个镇与4个民族乡，地理坐标为东经122°02′30″~124°05′40″，北纬47°56′54″~49°19′35″。

品质特色

阿荣大豆是豆科油料作物，也是重要的粮食作物。外观呈圆形，颗粒饱满，色泽明黄。

阿荣大豆营养丰富，干籽粒中蛋白质含量30%以上，磷脂含量大于5克/100克，大豆异黄酮含量不低于150毫克/100克。

人文历史

阿荣旗素有"粮豆之乡"的美誉。据《阿荣旗大事记》记载，1664年，阿伦河

地区为索伦牧地，一些山东流民迁入，引豆、薯、玉米、沙果、白瓜、柞蚕等进行农事生产。20世纪50年代，当地大豆播种面积在14万亩左右，70年代播种面积在15万亩左右，90年代播种面积达到200万亩。目前，大豆耕地面积为150万亩，年产量达到27万吨，大豆成为阿荣旗农民的主要经济来源。

生产特点

阿荣旗境内土质以暗棕壤和黑土为主，腐殖质厚度40~100厘米，土质疏松肥沃，有机质含量5.2%，适宜农作物的种植。阿荣旗各河流均属嫩江水系右岸支流，境内有阿伦河、格尼河、音河三大河流贯穿，径流面积100平方千米以上较大河流有20条，水源较为充足。阿荣旗属中温带大陆性半湿润气候区，无霜期100~130天，年均日照时数1 550~1 650小时，年均有效积温2 895.6℃，降水集中在6—8月，气候条件适宜阿荣大豆的生长。

阿荣大豆选择适合本地区积温的优质高产大豆品种，发芽率不低于95%，如疆丰7734、蒙豆30、合丰50等。阿荣大豆采用大豆垄上三行窄沟密植栽培方式，将垄的宽度增加，改垄上单行深施肥为垄上三行行间双行均衡供肥，这样既保留了深松、深施肥、垄上精量播种、便于中耕除草等优点，又实现了合理密植和均衡供肥，从而使植株分布合理，实现群体增产。

四子王旗杜蒙羊肉

登记证书编号：AGI01067

地域范围

四子王旗属内蒙古自治区，是乌兰察布市唯一的牧业旗县之一。四子王旗杜蒙羊肉保护地域包括其全部行政区域，涉及12个苏木乡镇场，地理坐标为东经110°20′~113°00′，北纬41°10′~43°22′。

品质特色

四子王旗杜蒙羊是在天然草原自然放牧条件下生长的耐寒、耐粗、宜牧、生长快、无脂尾的瘦肉型绵羊，黑头白身，体格大，体质结实，结构匀称。四子王旗杜蒙羊羊肉肉质细嫩、肉层厚实紧凑，瘦肉率高，肌肉色泽鲜红或深红、有光泽，脂肪呈乳白色，味美多汁、无膻味、香味浓郁、风味独特。杜蒙羊肉高蛋白质、低脂肪，蛋白质含量20%以上，脂肪含量6.0%~6.5%，不饱和脂肪酸比重大，脂肪品质好，被誉为"肉中之人参"。

人文历史

杜蒙羊是在天然草原自然放牧条件下，利用黑头杜泊公羊与当地的戈壁羊（即蒙古羊）经过10多年的人工杂交改良选育而成，显示出蒙古羊和杜泊羊固有的突出优点，而独特的地理环境和自然气候也造就了其独特的羊肉品质。

生产特点

四子王旗境内地貌总体趋势是南高北低，地形复杂多样，土壤类型丰富，有机质含量分布不均。草原面积为203.34万公顷，主要天然牧草以小针茅、小禾草、葱类等杂类草为主，有碱韭（多根葱）、蒙古葱（沙葱）、小型针茅、野韭菜、细叶韭等优良植物240多种，其中90%以上种类可作牧草，属于良等以上牧草不少于100种，是非常适合饲养杜蒙羊的天然草场。四子王旗深居内陆，海拔较高，具有高原气候特点，属温带大陆气候，年均气温3℃，寒暑变化强烈，昼夜温差较大，降水量少，年际变化和年内变化较大，年降水量平均为313.8毫米，分布不均匀，年际变化和年内变化较大，光能资源丰富，利于牧草的生长。

四子王旗境内荒漠草原的自然环境干旱，牧草干物质含量高。夏、春、秋三季杜蒙羊饮用井水，冬季以天然雪为主。四子王旗杜蒙羊饲养方式主要以在天然草原放牧为主，一般在冬春进行少量补饲。全年放牧在严格的草畜平衡条件下进行，3个月补饲、3个月放牧补饲、6个月放牧；羔羊在45~60天龄断乳进入育肥期，4~6个月龄后出栏。

阿荣马铃薯

登记证书编号：AGI01068

地域范围

阿荣马铃薯主要产自于内蒙古呼伦贝尔市阿荣旗，地域保护范围包括复兴镇、那吉镇、六合镇、亚东镇、霍尔奇镇、向阳峪镇、得力其尔鄂温克族乡、查巴奇鄂温克族乡、音河达斡尔鄂温克族乡、新发朝鲜族乡11个镇与4个民族乡，地理坐标为东经122°02′30″~124°05′40″，北纬47°56′54″~49°19′35″。

品质特色

马铃薯是茄科茄属一年生草本，其块茎可供食用，是重要的粮食、蔬菜兼用作物。块茎圆形、卵圆形或长圆形。薯皮的颜色为白色、黄色、粉红色、红色、紫色和黑色；薯肉为白色、淡黄色、黄色、黑色、紫色及黑紫色。阿荣马铃薯中粗蛋白质含量不低于2.4%，淀粉含量不低于15%，干物质含量不低于26%，并富含维生素C。

人文历史

据《阿荣旗大事记》记载，1732年，清朝政府开辟从齐齐哈尔至海拉尔驿路，设驿站10台，其第三站在现在的音河达斡尔鄂温克族乡，旧名蒙古勒乌克察旗，又名乌尔楚克，现名旧三站。音河达斡尔鄂温克族乡以马铃薯为著，过往客商无不称赞。1905年，清朝政府取

消封禁政策，允许开荒，汉族人开始进入阿伦河地区，种植马铃薯逐渐成为当地的一种产业。

生产特点

阿荣旗境内分布有黑土、草甸土、沼泽土和暗棕壤4个土壤类型，土质以暗棕壤和黑土为主，腐殖质厚度40~100厘米，土质疏松肥沃，适宜农业种植。阿荣旗境内有较大河流20条，阿伦河、格尼河、音河三大河流自北向南贯穿全旗，水源丰富，灌溉充足。阿荣旗处于高纬度地区，属中温带大陆性半湿润气候区，无霜期100~130天，平均降水量400~458毫米，降水集中在6—8月，年均有效积温2 895.6℃，气候条件适宜马铃薯的生长。

阿荣马铃薯的种植选用最适合当地的优良品种，采用马铃薯大垄栽培技术栽培，集优良品种、优质脱毒种薯、合理密度、科学施肥、综合防治、田间管理和机械化操作等综合高产生产技术，有效增强土壤贮水保墒、供肥能力，确保苗全、苗齐、苗壮，减少块茎晚疫病侵染，从而达到马铃薯生产高产高效、增产增收的目的。

阿尔山卜留克

登记证书编号：AGI01272

地域范围

阿尔山市自然条件优越，位于内蒙古兴安盟西北部，阿尔山卜留克地域保护范围包括阿尔山市下辖的五岔沟镇、白狼镇、天池镇、温泉街道、新城街道、林海街道6个镇（街道），共涉及18个行政村，地域保护面积30万亩，地理坐标为东经119°28′~121°23′，北纬46°39′~47°39′。

品质特色

阿尔山卜留克个体大，平均2~3千克，肉质根扁圆形或纺锤形，表皮淡黄色、平滑、顶部灰绿色，有草质皱褶，下部两侧有一相对纵沟，其上密布顶根，无辣味，微甜，肉质致密。

阿尔山卜留克氨基酸总量达到2.43%，维生素C含量286毫克/千克，富含粗纤维，并含有镁、钙、钾、钠、锌、磷等多种对人体有益的矿物质元素，适宜鲜食或制作酱腌菜。

人文历史

卜留克源于俄罗斯语"美味佳肴"之意，又名芜菁甘蓝，为十字花科芸薹属草本植物，原产于欧洲地中海沿岸，以其膨大的肉质根为食用器官。据《阿尔山文史资料》记载，成吉思汗大军远征东欧时发现卜留克，并将其列为随军食品，除了肉制品之外，是当时征战必带的食物之一。又据《兴安盟志》和《科右前旗旗志》记载，在中国与前苏联联合抗日期间，为了后勤补给，将卜留克引入我国内蒙古阿尔山地区种植。

阿尔山卜留克多年生长在原始森林腹地，产量高、质地好，形成独特的鲜、香、嫩、脆等优良品质，经检验，卜留克含有多种对人体有益的维生素，有"维生素之王"的美誉。据"中国酱腌菜调研"资料显示，卜留克产品不仅享誉我国大江南北，在欧美市场更是备受青睐，有"雅桌小菜""有机美食"等雅号，我国"南榨北卜"酱腌菜市场格局正在形成。

生产特点

阿尔山卜留克种植区域土壤类型丰富，有机质含量7%~13%，而且土层厚，是自然肥力高的土壤，非常适合卜留克生长。阿尔山市境内有15条河流，主要河流有哈拉哈河、洮儿河等，地表径流与地下水总量9.1亿立方米，矿泉水资源丰富，适于饮用、灌溉。阿尔山市地处于特殊的地理环境，属寒温带大陆性季风气候，年均日照时数2 468小时，高于10℃的年均有效积温1 865℃，无霜期95天左右，年均降水量445.3毫米，降水集中在6—8月，正值卜留克块茎膨大需水多的时期，这些气候特点适宜卜留克生长所需的冷凉、长日照、膨大块茎水肥需求量大的生理特性。

阿尔山卜留克耐寒性强，生长习性适合阿尔山地区高纬度、气候冷凉的自然环境。阿尔山卜留克种植品种为俄罗斯大平头，普遍推广土壤深耕深松技术，应用大垄栽培技术，施肥采用有机肥料和经过无害化处理的农家肥。除中耕培土用农用拖拉机之外，其他田间管理从播种到收获全部采用人工方式，生产管理严格遵守地方标准《阿尔山卜留克生产技术规范》。阿尔山卜留克的收获期依用途和供应要求而定，待地上部茎叶由绿变黄、块茎停止膨大后，根据上市与贮藏时间适期收获，收获后保证一定的晾晒时间。

河套番茄

登记证书编号：AGI01273

地域范围

河套番茄农产品地理标志地域保护范围是内蒙古巴彦淖尔市所辖的7个旗县区，涉及40个苏木乡镇的601个嘎查村，地理坐标为东经105°12′~109°53′，北纬40°13′~42°28′。

品质特色

河套番茄属茄科，果形椭圆，平均果重60克左右，成熟果为红色，果面光滑，果实肉厚，口感好，酸甜适中，清润鲜美，汁多爽口；果实可以生食、煮食，也可加工番茄酱、番茄汁或整果罐藏。河套番茄果实营养丰富，番茄红素含量11.0~13.0毫克/100克，可溶性固形物含量4.5%左右，产品有促进消化、利尿、抑制多种细菌的作用。

人文历史

20世纪以前，在河套地区农民一直种植少量的番茄供自己食用。河套番茄不仅是蔬菜，还可以当水果来直接食用。巴彦淖尔市从20世纪90年代初就开始发展番茄产业，但是进程缓慢，没有形成规模。到20世纪末，番茄产业在巴彦淖尔市一直处于小规模开发阶段，番茄种植面积维持在2万~3万亩。

跨入21世纪以后，河

套番茄产业得到了重视和支持，发展迅猛。目前，巴彦淖尔市年产番茄酱能力达50多万吨，番茄制品远销美国、意大利、德国、英国等20多个国家和地区。

生产特点

巴彦淖尔市地处于河套平原内，灌区的主要耕作土壤是灌淤土，其表土层为壤质灌淤层，耕作性好，含钾量高，对农作物糖和淀粉的积累非常有利。黄河流经河套平原，河套灌区由黄河三盛公水利枢纽自流引水灌溉，每年引水量40亿~50亿立方米，是亚洲最大的一首制自流引水灌区，也是全国三大灌区之一。

巴彦淖尔市属中温带大陆性气候，平均海拔高度1 102.7米，具有光能丰富、日照充足、昼夜温差大、降水量少而集中的特点，无霜期127~135天，10℃以上的年积温2 876~3 221℃，年平均降水量180毫米，独特的气候条件，适宜河套番茄的生长发育。由于巴彦淖尔市得天独厚的地理环境条件，充足的光照有利于糖分的积累，优良的土壤、洁净的黄河水和无污染的空气使得番茄的品质优渥，在漫长的生产过程中逐渐形成了与众不同的河套番茄。

河套番茄的种植土壤选择土层深厚、富含有机质的肥沃土壤，品种有屯河系列、石红系列、里格尔87-5系列等，生产过程有严格的操作流程。河套番茄从开花到成熟，早熟品种为40~50天，中晚熟品种为50~60天，采收时应根据不同的目的确定适宜的采收期。

呼伦贝尔芸豆

登记证书编号：AGI01274

地域范围

呼伦贝尔芸豆农产品地理标志地域保护范围为内蒙古呼伦贝尔市辖区内的扎兰屯市、阿荣旗、莫力达瓦达斡尔族自治旗、鄂伦春自治旗4个旗市，包括25个镇、10个乡（民族乡）、7个街道，地理坐标为东经120°28′~126°04′，北纬47°05′~51°25′。

品质特色

呼伦贝尔芸豆外观光滑、颗粒饱满、色泽鲜亮、整齐均匀，食用口味极佳，富含沙性。

独特的地理位置、气候条件及栽培方式造就了呼伦贝尔芸豆独特的品质、风味和营养价值，呼伦贝尔芸豆品种多样，籽粒中蛋白质含量不低于18%、脂肪含量不超过2%、淀粉含量30%~45%，为高蛋白质、低脂肪、中淀粉、高钾、高镁食物，且铁、磷含量丰富。

人文历史

芸豆在呼伦贝尔市有着悠久的种植历史，各族农民历来有种植和食用芸豆的经验和传统习惯。呼伦贝尔地区1905年开始种植芸豆，新中国成立后发展迅速，目前种植面积已达100万亩左右，并形成了独特的栽培方式。

生产特点

呼伦贝尔市耕地土壤以黑土、暗棕壤、黑钙土和草甸土为主，土壤有机质含量在5%~7%，土质肥沃，土层深厚，开发利用时间短，自然肥力高，土壤地貌情况非常适合芸豆生长。呼伦贝尔市有嫩江和额尔古纳河两大水系，有大小河流3 000多条，水质清澈、纯净，是理想的农业用水。呼伦贝尔芸豆生长所处的自然环境属寒温带和中温带大陆性季风气候，年降水量在500~800毫米，昼夜温差大，日照充足，利于绿色植物光合作用和干物质的积累，降水期集中于7—8月的植物生长旺期，且雨热同期，气候适宜芸豆生长。

呼伦贝尔芸豆种植选择生态环境优良、外界隔离条件好、土壤有机质含量高、无污染、土层深厚、排水条件良好、历年病虫害发生少、非重茬的平川或平岗地。呼伦贝尔芸豆施肥以有机肥为主，在芸豆全株80%的豆荚变黄，大部分叶片已脱落时，选择晴天的早、晚采用人工或机械进行收获，以防炸荚。芸豆脱粒后的籽粒含水量为18%左右，需要晾晒和烘干，使含水量达到14%时，方可贮存待销。

河套巴美肉羊

登记证书编号：AGI01275

地域范围

河套巴美肉羊出产于内蒙古巴彦淖尔市，保护范围是巴彦淖尔市所辖的乌拉特前旗、乌拉特中旗、乌拉特后旗、五原县、杭锦后旗和临河区 6 个旗县区，涉及 113 个嘎查村，地理坐标为东经 105°12′~109°53′，北纬 40°13′~42°28′。

品质特色

河套巴美肉羊为肉毛兼用品种，无角，体格较大，体质结实，结构匀称，胸部宽而深，背腰平直，四肢结实、相对较长，肌肉丰满，肉用体型明显，呈圆桶形，具有早熟性。被毛同质白色，闭合良好，密度适中，细度均匀，以 64 支为主，头部至两眼连线、前肢至腕关节、后肢至飞节均覆盖有细毛。

河套巴美肉羊羊肉蛋白质的含量为 20.2% 左右，钙含量 61.6 毫克/千克，铁含量 24.6 毫克/千克，磷含量 38 毫克/千克，所含脂肪酸比例适宜，有较高的营养价值。

人文历史

河套巴美肉羊是多个品种杂交的产物。在 20 世纪 60 年代初，当地政府就有计划地引进了林肯、盖茨、罗姆尼等半细毛羊对当地蒙古羊进行杂交改良。1978 年，又引进新疆细毛羊、强毛型奥美羊，通过人工授精技术开展大面积杂交，形成一定

数量的毛肉兼用细杂羊。1992年,开始采用德美羊级进杂交,又形成一定数量的接近肉用羊理想型标准的群体。前后经过近50年的杂交改良,逐渐形成了适合舍饲圈养、耐粗饲、抗逆性强、适应性好、羔羊肥育增重快、性成熟早,特别是对巴彦淖尔农区自然环境具有良好适应性的巴美肉羊品种。2007年经过国家畜禽遗传资源委员会审定,农业部第878号公告对河套巴美肉羊予以正式命名和公告。

生产特点

巴彦淖尔市北部有乌拉特草原,是天然的草牧场,南部为河套平原,是全国著名的商品粮基地,也是内蒙古地区重要的畜产品基地。巴彦淖尔市水源充沛,有黄河流经,是亚洲最大的一首制自流引水灌区,现已形成7级灌溉体系,灌溉便利。当地属典型温带大陆性气候,高于10℃的年积温2 876~3 221℃,日平均温差13~14℃,无霜期127~135天,年平均降水量180毫米,独特的气候条件,适宜河套巴美肉羊生长发育,并且产区远离污染,产品品优质佳。

河套巴美肉羊主要采用舍饲、半舍饲饲养,并实施以养促种、为养而种、种养结合,形成粮多—草多—畜多—肥多—收入多的种养结合良性循环,促进了生态农业的发展。根据羊对温度、光照的要求,结合巴彦淖尔市冬春严寒多风的特点,羊圈应采用半棚式塑料暖棚。养殖过程中种公羊、基础母羊、羔羊应分群饲养。羊舍内要备足饲槽、饮水槽及活动场,并定期消毒,保持舍内通风、光照、地面干燥。春秋两季进行羊痘、羊三联疫苗注射;育肥羊要按品种、年龄、体质分别组群。

阿巴嘎黑马

登记证书编号：AGI01276

地域范围

阿巴嘎黑马地理标志保护范围为内蒙古锡林郭勒盟阿巴嘎旗的吉日嘎朗图苏木、伊和高勒苏木、那仁宝力格苏木、别力古台镇、洪格尔高勒镇、查干淖尔镇6个苏木镇，涉及71个嘎查，地理坐标为东经113°28′~116°11′，北纬43°05′~45°26′。

品质特色

阿巴嘎黑马是在锡林郭勒盟阿巴嘎旗的草原上全天放牧饲养条件下，经过长期人工与自然选育的品种，具有耐粗饲、易牧、抗严寒、抓膘快、抗病力强、恋膘性和合群性好等特点。

阿巴嘎黑马身被毛乌黑发亮，体质较清秀结实，结构协调匀称，骨骼坚实，肌肉发达有力；头略显清秀，直头或微半兔头，额部宽广，眼大而有神，嘴桶粗，鼻孔大，耳小直立，耳根粗大；颈略长，颈础低，多数呈直颈，颈肌发育良好，头颈结合、颈肩背结合良好；鬐甲低而厚；前胸丰满多为宽胸；背腰平直而略长，结合良好；尻短而斜；四肢端正，四肢关节、筋腱明显且发达，蹄质坚实，蹄小而圆，系部较长，蹄掌厚而弹性良好；鬃毛、距毛发达，尾毛长短、浓稀适中。在产奶性能上，每匹母马平均泌乳期天数90天左右，年产马奶300千克左右。

人文历史

阿嘎巴黑马原名僧僧黑马，因闻名遐迩的一泓清泉——僧僧宝力格（蒙

古语意为"最好的泉水")而得名，在2006年正式更名为阿巴嘎黑马。长期以来，广大牧民群众在选留种马时，将毛色乌黑发亮、体躯发育良好、奔跑速度快的马匹留作种用，久而久之，形成了现在的阿巴嘎黑马。

1958年4月，阿巴嘎旗原宝格都乌拉苏木赛汗图门嘎查（现名别力古台镇）建立了草原民兵连，1960年，八一电影制片厂为"黑马连"拍摄了专题片，电影《阿巴嘎旗黑马连》和电视剧《今天的黑马连》在全国范围内放映播出，"黑马连"成为全国民兵的先进典型和榜样。2009年6月，阿巴嘎黑马经国家畜禽遗传资源管理委员会审定，鉴定为畜禽遗传资源，列入《国家级畜禽遗传资源保护名录》。

生产特点

阿巴嘎黑马保护区域土壤以栗钙土、淡栗钙土和风沙土为主，草原植被由旱生或广旱生植物群落组成，共有植被426种。当地水资源较丰富，水质良好，尤其多处的泉水富含各种矿物质和微量元素，适于牧草的生长和黑马的饮用。当地气候属中温带干旱、半干旱大陆性气候，多大风和寒潮，冷暖多变，光照充足，4—9月为牧草生长期。

阿巴嘎黑马繁殖以本交配种为主，在核心群里生产种公马，提供给其他选育群。阿巴嘎黑马采用纯天然的牧养方式，一年四季都自然放牧。在马的整个饲养管理过程中，做好配种、产驹、哺乳、断奶、体尺体重、疫病防治、产奶性能、速度耐力测试等记录。

乌冉克羊

登记证书编号：AGI01277

地域范围

阿巴嘎旗位于内蒙古锡林郭勒盟中北部。乌冉克羊地理标志保护范围为阿巴嘎旗的吉日嘎朗图苏木、伊和高勒苏木、那仁宝力格苏木、别力古台镇、洪格尔高勒镇、查干淖尔镇6个苏木镇，涉及71个嘎查，地理坐标为东经113°28′~116°11′，北纬43°05′~45°26′。

品质特色

乌冉克羊是喀尔喀蒙古羊血统，属肉用短脂尾粗毛羊，是蒙古羊的一个优秀类群，素以生长发育迅速、抗严寒、合群性好、遗传性能稳定、具有多脊椎多肋骨特征、瘦肉多、肉质优良而著称。乌冉克羊以黄头（颈）、褐青头（颈）为主，体躯白色。体格大，头略小，额较宽，鼻隆起。眼大而凸出，颈中等长，颈基粗壮，鬐甲稍高，部分个体颈上部有鬃毛。胸宽而深，前胸凸出，肋骨拱圆，胸深约为体高的1/2，背腰平宽，体躯较长，后躯发育良好，肌肉丰满，十字部略低于鬐甲部。尾形呈方圆形，尾长度与宽度多数接近，尾中线有道微纵沟，尾尖细小而向上卷曲，并紧贴于尾端纵沟里或为S形细小尾尖。全身结构匀称，体质结实，骨骼健壮肌肉发育良好，皮肤致密而富有弹性，被毛厚密而绒多。公羊有角的占50%左右，母羊一般无角。

乌冉克羊肉具有香味浓郁、肉质柔嫩、食之爽口等风味特点，蛋白质含量21%以上，皮下脂肪含量平均为17%。

人文历史

史料记载，"乌冉克"是蒙古诸部之一，原居住在蒙古国西北部唐努山一带，故名为"唐努乌冉克"。据《清史稿》记载，康熙二十七年（1688年），

为逃避噶尔丹战乱，当时居住在唐努山一带的乌冉克人，携带畜群向东南迁至阿巴嘎左翼旗，乌冉克人视该地为吉祥之地，自此便有部分人畜留在此地，并隶属于阿巴嘎左翼旗，被划分为6个佐领（苏木），至今已有300多年的历史。在这漫长的历史演变过程中，乌冉克羊随着它的主人，在当地特定的生态环境中，经过长期的自然选择和牧民们精心培育，逐渐形成了一个独特的地方良种——乌冉克羊。2009年，经国家畜禽遗传资源委员会审定，乌冉克羊列入《国家级畜禽遗传资源保护名录》。

生产特点

乌冉克羊保护区域地貌以蒙古高原低山丘陵为主，地势由东北向西南倾斜，平均海拔1 127米。土壤以栗钙土、淡栗钙土和风沙土为主，草原植被由旱生或广旱生植物群落组成，共有植物426种。当地水资源较丰富，水质良好，尤其多处的泉水富含各种矿物质和微量元素，有利牧草的生长和乌冉克羊饮水。气候属中温带干旱、半干旱大陆性气候，多大风和寒潮，冷暖多变，年平均气温0.7℃，光照充足，4—9月为牧草生长期。

乌冉克羊配种以本交配种为主，采用纯天然的牧养方式，冬春适当补饲青干草。每年都适时进行羊三联疫苗、口蹄疫等防疫注射，实行早春驱虫和夏秋药浴以加强防治羔病，提高接羔保育率。6月龄以上的中羯羊活重35千克以上，成年羯羊65千克以上，母羊50千克以上，即可适龄屠宰。

河套向日葵

登记证书编号：AGI01378

地域范围

巴彦淖尔市地处我国北部边疆，位于内蒙古自治区西部，地理坐标为东经 105°12′~109°53′，北纬40°13′~42°28′。河套向日葵农产品地理标志地域保护范围是巴彦淖尔市所辖的7个旗县区，涉及40个苏木乡镇的601个嘎查村。

品质特色

河套向日葵植株茎秆高大粗壮，根系发达，抗倒、耐水、耐肥。籽粒大、圆滑、光亮，色泽统一、饱满性好、空壳少、产量高。河套向日葵籽仁口感纯香，香脆可口，不油腻，脂肪含量约41.2克/100克，油酸含量约6.06克/100克，亚油酸含量约8.38克/100克。

人文历史

河套向日葵种植历史悠久，新中国成立前巴彦淖尔市曾经零星种植染葵，可作染料染土布，食用甚少。后由于化学工业的发展，染葵逐渐绝迹，被食葵所代替。

20世纪70年代前，河套地区的向日葵多在屋前屋后、地边地堰零星种植。巴彦淖尔市从1972年开始大片种植河套向日葵，1975年全市种植河套向日葵34 900亩，1980年河套向日葵面积猛增到620 000亩，其中专种面积307 500亩。为提高单位面积产量，在单种的基础上，逐步扩大粮油草套种面积，既使农民增加了收入，又培肥了地力。

巴彦淖尔市近年来立足向日葵生产优势，从文化到经济，全方位建设向日葵大市，并举办了"中国河套葵花节"，打响巴彦淖尔市向日葵品牌战略。

生产特点

河套平原地势平坦、土层深厚、土质较好，灌区的主要耕作土壤是灌淤土，其表土层为壤质灌淤层，土壤肥沃，耕性良好，有机质含量高，微量元素丰富，非常适宜向日葵的生长。黄河流经河套平原，有亚洲最大的一首制自流引水灌区，现已形成7级灌溉体系，灌溉便利。当地属典型温带大陆性气候，无霜期127~135天，10℃以上的年积温2 876~3 221℃，全年日照时数3 210.8~3 305.8小时，充足的光照条件非常适宜向日葵的生长。

河套向日葵土壤适应性强，一般土地均能种植。河套向日葵比较耐寒，种子在6~10℃时即可发芽，幼苗能忍受 −2℃低温，因此，非常适合在河套地区种植。河套向日葵耐旱力较强，幼苗至开花前吸水较少，只占全生育期的20%~25%，开花至种子灌浆时期保证水分的供应是高产丰收的关键。花盘形成至开花期吸收营养物质最多，占其所吸收全部营养物质的3/4，为保证葵花优质高产，籽仁饱满充实，应注意施全肥，前期以磷为主，中后期以氮、钾为主。葵花授粉主要依靠昆虫，也有一部分借助风力。

鄂托克阿尔巴斯山羊肉

登记证书编号：AGI01379

地域范围

鄂托克旗位于内蒙古鄂尔多斯市西部。鄂托克阿尔巴斯山羊肉的地理标志保护范围为鄂托克旗全境，包括乌兰镇、棋盘井镇、蒙西镇、木凯淖镇、阿尔巴斯苏木和苏米图苏木 6 个苏木镇，涉及 75 个嘎查的 367 个牧业小组，保护区总面积 3 150 万亩，地理坐标为东经 106°41′~108°54′，北纬 38°18′~40°11′。

品质特色

鄂托克阿尔巴斯山羊肉具有肉质细嫩、高蛋白质、低脂肪、富含铁、胆固醇含量低、无膻味、风味独特等特点。鄂托克阿尔巴斯山羊肉蛋白质含量高于 19%，脂肪含量只有 4.0%~4.5%，是独具特色的极品山羊肉。阿尔巴斯山羊肉质鲜嫩多汁、香味浓郁、肥而不腻、肉层厚实紧凑，色、香、味俱全，牧民称之为"自带佐料"。

人文历史

鄂托克阿尔巴斯山羊品种久远，属古老的亚洲山羊的一支，上溯至新石器时代，鄂托克草原上的游牧民族就开始放养阿尔巴斯山羊，它是经过当地广大农牧民长期的饲养选育及自然进化而形成的珍稀地方优良畜种，因其最早发源于鄂托克旗阿尔巴斯苏木，故称为阿尔巴斯山羊。

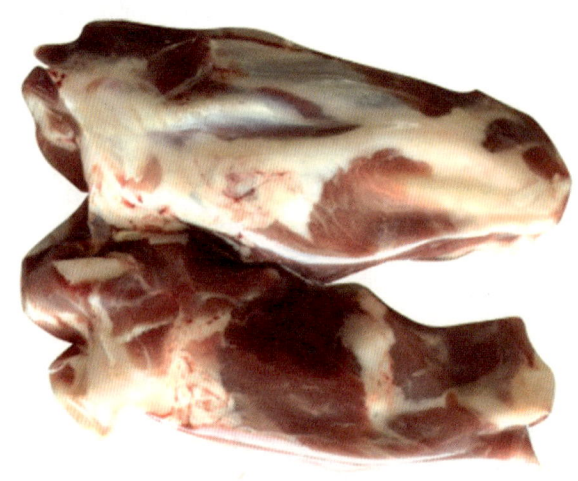

鄂托克阿尔巴斯山羊是世界一流的肉绒兼优型珍稀品种，其绒毛轻如云、白如雪、细如丝，在国际市场上被誉为"纤

维宝石""软黄金",其品质被全球公认为是最好的,曾荣获意大利"柴格纳"绒毛品质奖。

生产特点

鄂托克旗地形复杂多样,地势东高西低,属荒漠半荒漠地区,平均海拔1 300米。土壤类型主要是风沙土和草甸栗钙土,土质较好,较适宜牧草的生长。养殖区内有都斯图河和黄河水系经过,地下水资源丰富,多为氯化钠类型或硫酸盐类型,矿化度1~3克/升,水质清澈无污染。鄂托克阿尔巴斯山羊养殖区域属于典型的温带半干旱草原气候,干旱少雨,年平均气温3.9~6.8℃,无霜期

120~160天,年降水量40~400毫米,4—9月为牧草生长期,光热资源良好。

据资料分析表明,世界上的山羊基本是生活在北纬35°~55°范围内,鄂托克旗位于北纬38°~40°,非常适合阿尔巴斯山羊的繁殖发展。当地牧草草种优良,草原植被由旱生和广旱生植物群落组成,以多年生牧草和半灌木为主,有藏锦鸡、狭叶锦鸡儿、油蒿、冷蒿、叶茅、羊草、隐子草、沙竹、四合木、芨芨草等牧草,并有山葱等山羊喜食的植物,共有草种百余种。一些葱韭类牧草胱氨酸含量很高,是羊肉味美鲜嫩的重要因素。鄂托克阿尔巴斯山羊在无任何污染的环境中自然放牧,选育出耐寒、耐粗、宜牧、肉质精良的品种,保持了纯天然的草原风味。

呼伦湖秀丽白虾

登记证书编号：AGI01459

地域范围

呼伦湖秀丽白虾地理标志地域保护范围为呼伦湖。呼伦湖位于内蒙古呼伦贝尔市东北部，呼伦贝尔草原腹地新巴尔虎左旗、新巴尔虎右旗及满洲里市之间，地理坐标为东经116°58′~117°47′，北纬48°40′~49°20′，地域保护总面积23万公顷。呼伦湖盛产鲤鱼、餐条鱼、鲫鱼、鲇鱼、狗鱼、秀丽白虾等31种水产品。

品质特色

呼伦湖秀丽白虾是呼伦湖唯一的经济虾类，

虾体洁白，具有生长快、食性广、繁殖能力强、营养价值高等特点。秀丽白虾体呈圆筒形，稍侧扁，体表光滑，身体透明，体长为1.5~8.0厘米。呼伦湖秀丽白虾营养价值极高，是高蛋白质、低脂肪食品，鲜品蛋白质含量19.8%，并富含钙、锌、镁等。

人文历史

呼伦湖史前就已有人居住，2 000多年前的《山海经》称呼伦湖为"大泽"，《明史》称呼伦湖为"阔滦海子"，从清代开始，当地居民称呼伦湖为"达赉湖"。1912年，当时的呼伦贝尔自治政府同意俄国人进入湖区捕鱼。1920年以后，内地人陆续开始在呼伦湖区采取单独经营或合股经营的方式操持渔业。1932年日本侵略军占领呼伦湖区，由伪满洲国统一经营渔业。1948年内蒙古渔业公司在满洲里成立，呼伦湖回归国家所有，渔业统一经营。从此，呼伦湖渔业走上了规划管理、科学捕捞的轨道。如今，呼伦湖已成为中国北方重要的绿色食品基地，全国最大的有机水产品生产基地。

生产特点

呼伦湖地区属于呼伦贝尔高原的一部分，地貌分为湖盆、低山丘陵、湖滨平原、沙地沙岗、河谷漫滩等，湖底主要是沙质，周边为呼伦贝尔草

原环绕。呼伦湖是我国第四大淡水湖，也是内蒙古第一大湖，湖水面积为2 339平方千米，平均水深5.7米，最大水深为8米左右，蓄水量为138.5亿立方米。呼伦湖天然饵料丰富、面积广阔、无工业污染，且有3条河为水源吞吐。呼伦湖周围湖泊河流较多，地下水资源丰富，为呼伦湖提供源源不断的水源。呼伦湖地区年平均气温 –1℃，无霜期110~160天，年降水量247~319毫米，年平均日照时数2 853小时，优越的气候条件适宜呼伦湖秀丽白虾的生长。

呼伦湖秀丽白虾产于呼伦湖天然水域，为野生的湖虾，产出的湖虾有着严格的质量要求。为了保持呼伦湖渔业生产的可持续发展，当地对呼伦湖秀丽白虾进行限量捕捞。

呼伦湖鲤鱼

登记证书编号：AGI01460

地域范围

呼伦湖鲤鱼地理标志地域保护范围为呼伦湖。呼伦湖位于内蒙古呼伦贝尔市东北部，呼伦贝尔草原腹地新巴尔虎左旗、新巴尔虎右旗及满洲里市之间，地理坐标为东经116°58′~117°47′，北纬48°40′~49°20′，地域保护总面积23万公顷。呼伦湖盛产鲤鱼、餐条鱼、鲫鱼、鲇鱼、狗鱼、秀丽白虾等31种水产品。

品质特色

呼伦湖鲤鱼体纺锤形，头后背部隆起，头小，明显小于体高，口亚下位，略呈马蹄形，全侧深银白色，每个鳞片的边缘颜色稍深，腹膜灰白色。

呼伦湖鲤鱼富含蛋白质，鲜鱼肉中氨基酸总量不低于16%，因此肉味鲜美。

人文历史

呼伦湖史前就已有人居住，2 000多年前的《山海经》称呼伦湖为"大泽"，《明史》称呼伦湖为"阔滦海子"，从清代开始，当地居民称呼伦湖为"达赉湖"。1912年，当时的呼伦贝尔自治政府同意俄国人进入湖区捕鱼。1920年以后，内地人陆续开始在呼伦湖区采取单独经营或合股经营的方式操持渔业。1932年日本侵略军占领呼伦湖区，由伪满洲国统一经营渔业。1948年内蒙古渔业公司在满洲里成立，呼伦湖回归国家所有，渔业统一

经营。从此,呼伦湖渔业走上了规划管理、科学捕捞的轨道。如今,呼伦湖已成为中国北方重要的绿色食品基地,全国最大的有机水产品生产基地。

生产特点

呼伦湖地区属于呼伦贝尔高原的一部分,地貌分为湖盆、低山丘陵、湖滨平原、沙地沙岗、河谷漫滩等,湖底主要是沙质,周边为呼伦贝尔草原环绕。呼伦湖是我国第四大淡水湖,也是内蒙古第一大湖,湖水面积为2 339平方千米,平均水深5.7米,最大水深为8米左右,蓄水量为138.5亿立方米。呼伦湖天然饵料丰富、面积广阔、无工业污染,且有3条河为水源吞吐。呼伦湖周围湖泊河流较多,地下水资源丰富,为呼伦湖提供源源不断的水源。呼伦湖地区年平均气温-1℃,无霜期110~160天,年降水量247~319毫米,年平均日照时数2 853小时,优越的气候条件适宜呼伦湖鲤鱼的生长。

呼伦湖鲤鱼产于呼伦湖天然水域,为野生的鲤鱼,产出的鲤鱼有着严格的质量要求。为了保持呼伦湖渔业的可持续发展,当地对呼伦湖鲤鱼限量捕捞。

五原灯笼红香瓜

登记证书编号：AGI01500

地域范围

五原县位于内蒙古自治区西部巴彦淖尔市，五原灯笼红香瓜的农产品地理标志地域保护范围为五原县下辖的隆兴昌镇、胜丰镇、天吉泰镇、新公中镇、复兴镇、塔尔湖镇、银定图镇、套海镇、和胜乡9个乡镇，涉及117个行政村，地理坐标为东经107°35′70″~108°37′50″，北纬40°46′30″~41°16′45″。

品质特色

五原灯笼红香瓜属葫芦科，是五原县的地方特色品种，因其外形酷似灯笼，故得此名并流传至今。五原灯笼红香瓜平均果重400克左右，果皮灰绿，皮薄肉厚，香脆爽甜，营养丰富，深受广大消费者青睐。

五原灯笼红香瓜果实营养丰富，维生素C含量为22~32毫克/100克，钾含量为150~200毫克/100克，可溶性固形物含量为8%~14%。

人文历史

五原县位于举世闻名的"八百里河套米粮川"的河套平原，有2 400年的悠久历史和深厚的文化积淀。近代，被当地老百姓称为"人间河神"的地方绅士王同春修渠治水，垦荒置田，首开河套大规模发展农业的先河，使五原成为土地肥沃、气候宜人、水渠纵横、旱涝保收的"塞外江南"。

20 世纪 80 年代，五原县就开始种植灯笼红香瓜，但因其果皮较薄，不耐贮运，产量较低，而且当时交通还不太发达，无法长途运输，所以只是当地农民分散种植、就近供应。近年来由于五原县政府对县域特色经济的重视，五原县设施农业得到

了快速发展，灯笼红香瓜种植形式不断优化，由原来的露地种植发展为温室、大中小拱棚、露地相结合的种植方式，种植规模不断扩大。产品供应 4—11 月不断，畅销区内外，知名度和影响力不断扩大。为了进一步扩大五原县灯笼红香瓜的知名度，五原县举办了"灯笼红香瓜评瓜会暨黄柿子展销会"，极大地调动了农民种植灯笼红香瓜的积极性。如今，灯笼红香瓜已成为广大种植户增收致富的主导产业和五原县的特色农产品。

生产特点

巴彦淖尔市地形主要有乌拉特草原、山地和河套平原，主要耕作土壤是灌淤土，其表土层为壤质灌淤层，耕作性好，含钾量高，对农作物糖分的积累非常有利。河套灌区由黄河三盛公水利枢纽自流引水灌溉，是亚洲最大的一首制自流引水灌区，充足的水资源为五原灯笼红香瓜提供了良好的灌溉条件。五原县属中温带大陆性气候，具有光能丰富、日照充足、昼夜温差大、降水量少而集中的特点，年平均气温 7.0℃，年均日照时数 3 192.5 小时，无霜期 117~136 天，独特的气候条件，适宜五原灯笼红香瓜的生长发育。

灯笼红香瓜的种植要求土壤条件好，选择土质疏松肥沃、无盐碱、土层深厚的沙壤土或轻壤土。品种选择当地多年生产的乡土品种，经过提纯复壮，培育出抗病、优质、高产、果形优美、风味好、耐贮运和适应市场需求的品种。生产过程严格按照地方标准《五原灯笼红香瓜种植技术规程》执行。五原灯笼红香瓜从定植到成熟所需天数 90~100 天，采收时应根据成熟程度，确定适宜的采收期。

五原黄柿子

登记证书编号：AGI01501

地域范围

五原县位于内蒙古西部的巴彦淖尔市。五原黄柿子地理标志地域保护范围包括五原县下辖的隆兴昌镇、胜丰镇、天吉泰镇、新公中镇、复兴镇、塔尔湖镇、银定图镇、套海镇、和胜乡9个乡镇，涉及117个行政村，地理坐标为东经107°35′70″~108°37′50″，北纬40°46′30″~41°16′45″。

品质特色

五原黄柿子属茄科，是五原县的地方特色品种番茄，该品种平均果重200~250克，颜色金黄，个大肉厚，含水量少，沙甜可口，营养丰富，深受广大消费者青睐。五原黄柿子营养丰富，经检测，维生素C含量20~30毫克/100克，可溶性固形物含量为2%~6%，总酸含量为0.4%~0.65%。

人文历史

据《内蒙古自治区农作物种子志》记载，五原县从20世纪60—70年代开始种植黄柿子，种植品种是多年流传下来的乡土品种。近几年随着经济的发展和人民生活水平的提高，黄柿子逐渐在消费者中建立了一定的影响力。

近年来，通过采取提高棚室质量、示范推广先进栽培管理技术等措施，种植效益稳步增加，菜农种植积极性空前高涨，产

品的知名度和影响力不断扩大，黄柿子已成为五原县特色农产品。

生产特点

巴彦淖尔市地形主要有乌拉特草原、山地和河套平原，主要耕作土壤是灌淤土，其表土层为壤质灌淤层，耕作性好，含钾量高，对农作物糖分的积累非常有利。河套灌区由黄河三盛公水利枢纽自流引水灌溉，是亚洲最大的一首制自流引水灌区，充足的水资源为五原黄柿子提供了良好的灌溉条件，五原县属中温带大陆性气候，具有光能丰富、日照充足、昼夜温差大、降水量少而集中的特点。年平均气温7.0℃，年均日照时数3 192.5小时，无霜期117~136天，独特的气候条件，适宜黄柿子的生长。

五原黄柿子的种植要求土壤条件好，选择土层深厚、pH值为7.0~8.0、富含有机质的肥沃土壤。品种选择当地多年生产的乡土品种，经过提纯复壮，培育出抗病、优质、高产、果形优美、风味好、耐贮运和适应市场需求的品种。生产过程严格按照地方标准《五原黄柿子种植技术规程》执行，从定植到成熟所需天数100~120天，采收时应根据成熟程度，确定适宜的采收期。

五原小麦

登记证书编号：AGI01502

地域范围

五原县位于内蒙古西部的巴彦淖尔市，五原小麦农产品地理标志保护范围为五原县下辖的隆兴昌镇、胜丰镇、天吉泰镇、新公中镇、复兴镇、塔尔湖镇、银定图镇、套海镇、和胜乡9个乡镇，涉及117个行政村，地理坐标为东经107°35′70″~108°37′50″，北纬40°46′30″~41°16′45″。

品质特色

五原小麦的主栽品种为永良4号，是河套灌区的特色品种，该小麦品种籽粒饱满，容重高，蛋白质含量高，面筋值高，加工成的面粉适应面广，做出的饺子、面条色泽好，透亮，玻璃质表现明显，食用品质好，筋道，滑爽，黏弹性好，营养丰富，深受广大消费者青睐。

五原小麦口感好，营养丰富，经检测，其碳水化合物含量为68.4%~70.2%，蛋白质含量为14%~18%，湿面筋含量为27%~33%，蛋白质含量和湿面筋含量分别比全国平均水平高1.4%和3.3%。

人文历史

五原县位于举世闻名的"八百里河套米粮川"的河套平原，有悠久历史和深厚的文化积淀。据《内蒙古自治区农作物志·农业志》记载，五原县在新石器时代已有麦类作物的种植。五原县是全国商品粮基地之一，也是

我国和内蒙古重要的绿色农畜产品生产基地。1983年，内蒙古自治区人民政府作出决定，把包括五原县在内的15个旗县有计划、有步骤地建设成为稳产高产的商品粮基地。

近年来，由于五原县政府对县域特色经济的重视及人们生活水平的提高，五原小麦知名度和影响力不断扩大，生产的高端面粉产品作为馈赠亲友的礼品远近闻名，五原县生产的优质面粉畅销全国18个省区市。

生产特点

巴彦淖尔市地形主要有乌拉特草原、山地和河套平原，主要耕作土壤是灌淤土，其表土层为壤质灌淤层，耕作性好，含钾量高，对作物糖分的积累非常有利。河套灌区由黄河三盛公水利枢纽自流引水灌溉，是亚洲最大的一首制自流引水灌区，充足的水资源为小麦提供了良好的灌溉条件。五原县属中温带大陆性气候，具有光能丰富、日照充足、昼夜温差大、降水量少而集中的特点，年平均气温7.0℃，年均日照时数3 192.5小时，无霜期117~136天，独特的气候条件，适宜小麦的生长。

五原小麦种植产地选择土层深厚、pH值为7.0~8.0、富含有机质的肥沃土壤。品种选择永良4号，生产过程严格按照《五原小麦种植技术规程》执行。五原小麦从出苗到成熟需要90~110天，收获时应根据成熟程度，确定适宜的收获期。

鄂尔多斯黄河鲤鱼

登记证书编号：AGI01503

地域范围

鄂尔多斯黄河鲤鱼具体保护地域为内蒙古鄂尔多斯市的达拉特旗、杭锦旗、准格尔旗和鄂托克旗黄河沿岸地区（以下简称黄河四旗），属鄂尔多斯市水产管理站管辖。地理坐标为东经106°41′~110°27′，北纬38°18′~40°52′。

品质特色

鄂尔多斯黄河鲤鱼体态丰满，体形纺锤状，扁长而肥，头小尾短，背脊高宽，腹部肥大。鳞大，背部鳞色呈淡黄褐色，体侧鳞色金黄。刚出水时，胸、腹、臀、尾各鳍均呈金黄色或橘红色。

鄂尔多斯黄河鲤鱼肉嫩味美、刺少肉多、营养丰富，其蛋白质的利用率高达90%以上，且鱼肉松软，易于消化吸收和利用。所以，鲤鱼很适宜儿童、产妇、孕妇、老人及身体虚弱者食用。

人文历史

据《伊克昭盟志》记载，在新中国成立前，伊克昭盟（鄂尔多斯市的旧称）有些零散的渔业捕捞，局限在杭锦旗、达拉特旗和准格尔旗，这些地方靠近河畔的农家有捕食黄河鲤鱼的习惯。"打鱼划划渡口船，海海漫漫达拉滩"，就是对这种捕捞生产的反映。自古以来，我国人民就喜食鲤鱼，烹调鲤鱼的技艺更是五花八门，红烧、清炖、清蒸、糖醋等食法，无不脍炙人口。

黄河鲤鱼在历史上曾作为贡品上贡朝廷。辽代自圣宗帝起，直至天祚皇帝，年年千里迢迢，自宫而出，群臣簇拥，嫔妃随行，浩浩荡荡，奔向北方，于黄河岸边安营扎寨，就春寒料峭之风，凿冰取鱼，祭天、祭地、祭祖先，举行"头鱼宴"。"头鱼"，即"开河鱼"，现如今北方民众无比喜食。

生产特点

鄂尔多斯沿黄河四旗地域总面积为419 154.73公顷，现有池塘面积约3 109公顷。养殖用水主要是黄河水，少量为地下水补给。黄河内蒙古鄂尔多斯段水为弱碱性水质。鄂尔多斯市属于典型的温带大陆性气候，日照充足，四季分明，无霜期短，降水少且时空分布极为不均，蒸发量大，年日照时数为2 716~3 194小时，年平均降水量348.3毫米，降水多集中于7—9月，占全年降水量的70%左右，无霜期130~160天。

黄河鲤鱼对生活环境适应性强，食性粗犷，在天然条件下以虾、虫、螺、蚌、水草、藻类为饵，喜于水草丛中、流速缓慢的松软河底游动，常栖息水底，很少上浮。有生殖洄游习性，4—8月游于河滩浅水处产卵，受精卵粘附于水草上，3~5日孵化，生长较快，且雌鲤生长速度速于雄鲤，2年即长成。

人工饲养黄河鲤鱼的池塘以长方形为主，池子方向一般以东西向为好，既增大池塘受光面积，提高水温，同时又增大池水受风面积，有利于池水增氧。池底应平坦，略向排水方向倾斜，池塘的进水、排水系统要完善，具备防漏、防逃、过滤等设施。黄河鲤鱼苗种的生产单位要有苗种生产许可证，并须得到旗以上水产行政主管部门的批准。

鄂尔多斯黄河鲶鱼

登记证书编号：AGI01504

地域范围

鄂尔多斯黄河鲶鱼主要分布在内蒙古鄂尔多斯市的达拉特旗、杭锦旗、准格尔旗、鄂托克旗沿黄河地区（以下简称黄河四旗），地理坐标为东经106°41′~110°27′，北纬38°18′~40°52′，保护区域总面积419 154.73公顷。

品质特色

鄂尔多斯黄河鲶鱼体修长，体前部较宽，后部侧扁；头大而圆，吻纵扁，眼甚小；颌须、颏须各1对，颌须特长，向后延伸超过胸鳍后缘，颏须短；鼻孔两对，前鼻孔呈管状，后鼻孔为裂缝状，前后两对鼻孔相隔较远；口裂较浅，中上位；背部黄褐色，体侧色浅，有不规则灰褐色斑纹，腹部灰白色；犁骨齿带为2条；背鳍条数在78根以上；背鳍小，无硬棘，第二根鳍条最长。

鄂尔多斯黄河鲶鱼营养丰富，蛋白质含量在13.5%~14.6%，脂肪含量1.8%~2.5%，并含有钠、钙、铜、锌、铁、锰等。黄河鲶鱼虽然丑陋、凶猛，但却以味美、肉多刺少、肉质细嫩而著称，具有很高的营养价值，是儿童、老人、产妇、病人的营养滋补佳品，是宴席上的上等佳肴，颇受消费者青睐。

人文历史

阴历五月，正值豌豆开花时节，鲶鱼最肥，鄂尔多斯市有"五月鲶鱼活人参"之说，多年来黄河鲶鱼价格一直居高不下；黄河鲶鱼还兼有一定的药用价值，主治水肿、乳汁不足。鲶鱼身上最香美的部分是尾巴，河套人说："鲶鱼尾巴鲤鱼头，宁舍一头牛，不舍个鲤鱼头。"

每年3—4月，内蒙古境内黄河流域冰雪消融的开河时节，人们把捕到的鱼称为"开河鱼"，那时的黄河鲶鱼更是身价倍增，每千克鱼价都在200

元以上。当地人有"五月的绵鱼，赛为活人参"的说法，意思是说吃一条黄河"开河鱼"，相当于吃一根活人参，可以延年益寿。

生产特点

鄂尔多斯黄河四旗地域总面积为419 154.73公顷，现有池塘面积约3 109公顷。养殖用水主要是黄河水，少量为地下水补给。黄河内蒙古鄂尔多斯段水为弱碱性水质。鄂尔多斯市属于典型的温带大陆性气候，日照充足，四季分明，无霜期短，降水少且时空分布极为不均，蒸发量大，年日照时数为2 716~3 194小时，年平均降水量348.3毫米，降水多集中于7—9月，占全年降水量的70%左右，无霜期130~160天。

鄂尔多斯黄河鲶鱼属广温性鱼类，有耐低温的特性，生活水温范围在0~32℃，适宜生长水温为12~28℃，最适生长水温20~28℃。鄂尔多斯黄河鲶鱼在pH值为7.0~9.4、总含盐量为1‰~10‰的水体中均能够正常地生活、生长，有较强的抗盐碱性能；天然条件下，以小鱼、虾、河蚌和水生昆虫等水生动物为主要食物，经人工驯化后可摄食人工配合饲料。

人工饲养鄂尔多斯黄河鲶鱼的池塘池形以长方形为主，池子方向一般以东西向为好，既增大池塘受光面积，提高水温，同时又增大池水受风面积，有利于池水增氧。池底应平坦，略向排水方向倾斜，池塘的进、排水系统要完善，具备防漏、防逃、过滤等设施。黄河鲶鱼苗种的生产单位要有苗种生产许可证，并须得到旗以上水产行政主管部门的批准。

呼伦湖白鱼

登记证书编号：AGI01505

地域范围

呼伦湖白鱼地理标志地域保护范围为呼伦湖，位于内蒙古呼伦贝尔草原腹地新巴尔虎左旗、新巴尔虎右旗及满洲里市之间，地理坐标为东经116°58′~117°47′，北纬48°40′~49°20′，地域保护总面积23万公顷。呼伦湖盛产鲤鱼、白鱼、小白鱼、餐条鱼、鲫鱼、狗鱼、秀丽白虾等31种水产品，年最高产量可达1万吨左右，其中呼伦湖白鱼年产400吨。

品质特色

呼伦湖白鱼体侧扁而高，头小，头背部平直，全侧深银白色，体侧上部鳞片的后缘有小黑斑，背鳍灰白色，臀鳍具有鲜艳的橘黄色，腹部银白色。

呼伦湖白鱼肉质细嫩其味鲜美，富含蛋白质，以及钙、铁、锌、镁等，胆固醇含量100毫克/100克以下。

人文历史

呼伦湖史前就已有人居住，2 000多年前的《山海经》称呼伦湖为"大泽"，《明史》称呼伦湖为"阔滦海子"，从清代开始，当地居民称呼伦湖为"达赉湖"。1912

年，当时的呼伦贝尔自治政府同意俄国人进入湖区捕鱼。1920年以后，内地人陆续开始在呼伦湖区采取单独经营或合股经营的方式操持渔业。1932年日本侵略军占领呼伦湖区，由伪满洲国统一经营渔业。1948年内蒙古渔业公司在满洲里成立，呼伦湖回归国家所有，渔业统一经营。从此，呼伦湖渔业走上了规划管理、科学捕捞的轨道。如今，呼伦湖已成为中国北方重要的绿色食品基地，全国最大的有机水产品生产基地。

生产特点

呼伦湖地区属于呼伦贝尔高原的一部分，地貌分为湖盆、低山丘陵、湖滨平原、沙地沙岗、河谷漫滩等，湖底主要是沙质，周边为呼伦贝尔草原环绕。呼伦湖是我国第四大淡水湖，也是内蒙古第一大湖，湖水面积为2 339平方千米，平均水深5.7米，最大水深为8米左右，蓄水量为138.5亿立方米。呼伦湖天然饵料丰富、面积广阔、无工业污染，且有3条河为水源吞吐。呼伦湖周围湖泊河流较多，地下水资源丰富，为呼伦湖提供源源不断的水源。呼伦湖地区年平均气温–1℃，无霜期110~160天，年降水量247~319毫米，年平均日照时数2 853小时，优越的气候条件适宜呼伦湖白鱼的生长。

呼伦湖白鱼产于呼伦湖天然水域，为野生的白鱼，产出的白鱼有着严格的质量要求。为了保持呼伦湖渔业的可持续发展，当地对呼伦湖白鱼进行限量捕捞。

呼伦湖小白鱼

登记证书编号：AGI01506

地域范围

呼伦湖小白鱼地理标志地域保护范围为呼伦湖，位于内蒙古呼伦贝尔草原腹地新巴尔虎左旗、新巴尔虎右旗及满洲里市之间，地理坐标为东经116°58′~117°47′，北纬48°40′~49°20′。呼伦湖盛产鲤鱼、白鱼、小白鱼、餐条鱼、鲫鱼、狗鱼、秀丽白虾等31种水产品，年最高产量可达1万吨左右，其中呼伦湖小白鱼年产7 000吨。

品质特色

呼伦湖小白鱼体长而侧扁，头小，每个鳞片的边缘颜色稍深，全身银白，鳍灰白色。

呼伦湖小白鱼富含蛋白质。鱼肉中含蛋白质15%，钙含量大于1 000毫克/100克、铁含量3毫克/100克以上、锌含量大于3.20毫克/100克，镁含量大于35毫克/100克，胆固醇含量150毫克/100克以下。

人文历史

呼伦湖史前就已有人居住，2 000多年前的《山海经》称呼伦湖为"大泽"，《明史》称呼伦湖为"阔滦海子"，从清代开始，当地居民称呼伦湖为"达赉湖"。1912年，当时的呼伦贝尔自治政府同意俄国人进入湖区捕鱼。1920年以后，内地

人陆续开始在呼伦湖区采取单独经营或合股经营的方式操持渔业。1932年日本侵略军占领呼伦湖区，由伪满洲国统一经营渔业。1948年内蒙古渔业公司在满洲里成立，呼伦湖回归国家所有，渔业统一经营。从此，呼伦湖渔业走上了规划管理、科学捕捞的轨道。如今，呼伦湖已成为中国北方重要的绿色食品基地，全国最大的有机水产品生产基地。

生产特点

呼伦湖地区属于呼伦贝尔高原的一部分，地貌分为湖盆、低山丘陵、湖滨平原、沙地沙岗、河谷漫滩等，湖底主要是沙质，周边为呼伦贝尔草原环绕。呼伦湖是我国第四大淡水湖，也是内蒙古第一大湖，湖水面积为2 339平方千米，平均水深5.7米，最大水深为8米左右，蓄水量为138.5亿立方米。呼伦湖天然饵料丰富、面积广阔、无工业污染，且有3条河为水源吞吐。呼伦湖周围湖泊河流较多，地下水资源丰富，为呼伦湖提供源源不断的水源。呼伦湖地区年平均气温 -1℃，无霜期110~160天，年降水量247~319毫米，年平均日照时数2 853小时，优越的气候条件适宜呼伦湖小白鱼的生长。

呼伦湖小白鱼产于呼伦湖天然水域，为野生的小白鱼，产出的小白鱼有着严格的质量要求。为了保持呼伦湖渔业的可持续发展，当地对呼伦湖小白鱼进行限量捕捞。

化德大白菜

登记证书编号：AGI01667

地域范围

化德县是内蒙古乌兰察布市以农业生产为主的旗县之一，化德大白菜保护地域包括乌兰察布市的朝阳镇、长顺镇、七号镇、白音特拉乡、德包图乡、公腊胡洞乡，涉及93个行政村，地理坐标为东经113°33′04″~114°48′13″，北纬41°36′47″~42°17′41″。

品质特色

化德大白菜叶球弹头形、半叠抱直筒型，横径18~25厘米，纵径25~30厘米，单株重4千克左右，外叶浓绿，内叶嫩黄，叶帮质嫩，叶柄汁多甜脆，气味清新，糖分含量高，纤维较少，口感好，品质佳。

化德大白菜蛋白质含量1.1%~1.5%，膳食纤维含量0.4%~1.0%，维生素C含量10.2~16.1毫克/100克，并含有铁、钾、钙、镁等。

人文历史

化德县地处内蒙古大草原南缘，清末民初，清王朝实行"招垦实边"政策，使得山西、河北农民大批涌入化德县境内开荒种地。大白菜基本属于一家一户小面积种植，供自家食用，多余的大白菜会拿到集市上出售。直到新中国成立后，当地大白菜生产才有了较大发展。

1999年，化德县水浇地面积恢复到2.8万亩，2004年达到5.08万亩。随着水浇地面积的扩大，当地大白菜产业得到快速发展，2004年，全县以大

白菜为主的蔬菜种植面积达到 4 万亩。通过节水灌溉工程实施，目前大白菜种植面积已经发展到了 7.5 万亩，是乌兰察布市乃至内蒙古最大的大白菜生产基地，产品远销北京、天津、广州、上海、杭州等全国各大城市。

生产特点

化德县境内地貌复杂，海拔高度在 1 244~1 719 米，有低山丘陵区、缓坡丘陵区、山间盆地、山间洼地、河谷洼地、波状高原 6 种地形。当地土壤类型丰富，有机质含量较高。化德县属中温带半干旱大陆性季风气候，主要气候特点是寒暑剧变，昼夜温差大，风沙日数多，蒸发量大，气候干燥，日照时间长，太阳辐射强度大，光能源丰富，年平均气温 2.5℃，无霜期 103 天左右，有利于营养物质的积累，得天独厚的气候条件造就了化德大白菜独特的品质。

化德大白菜的种植品种为"四季黄"选育而成的"民乐王"，种植地选择于地势平坦、排灌方便、土壤耕层深厚、理化性状良好的沙壤土、壤土及轻黏土地块。播种期分为春茬和秋茬。春茬型品种在 5 月上旬播种育苗，6 月初定值；秋茬型品种在 6 月上旬至 7 月上旬播种。播种后加强间苗定苗、中耕除草、合理浇水、追肥、病虫害防治等田间管理。大白菜在叶球生长坚实后，可视市场供需情况适期采收，在第一次寒流来临前抢收完毕。

商都西芹

登记证书编号：AGI01668

地域范围

商都县隶属内蒙古乌兰察布市，是乌兰察布市最大的蔬菜生产县，商都县小海子镇被誉为"内蒙古自治区西芹第一镇"。商都西芹农产品地理标志保护地域分布在七台镇、小海子镇、十八顷镇、大黑沙土镇、玻璃忽镜乡、屯垦队镇、三大顷乡、卯都乡8个乡镇，涉及52个自然村，地理坐标为东经113°08′~114°15′，北纬41°18′~42°29′。

品质特色

商都西芹叶片直立，宽3~4厘米，多呈水晶状。叶柄宽大肥厚，叶片较大，叶色浓绿，叶柄上部为绿色，下部黄绿色，植株紧凑粗大，植株高70~80厘米，根茎部为实心，纤维少，品质好。

商都西芹质地脆嫩，性凉，有芳香气味。商都西芹营养丰富，含有丰富的蛋白质、碳水化合物、膳食纤维、维生素、磷、钙等。

人文历史

商都县芹菜产业起源于20世纪50年代中期的集体所有制时代，当时的集体菜园子里种的大部分为胡芹，棵大但肉少茎多，后从张家口坝上地区引进芹菜，通过集体菜园子的种植和培养，芹菜的品质大幅度提高，种植面积也不断增加，后来集体

所有制撤销，农户们开始自己种植芹菜。

西芹产业的壮大得益于10多年前的"菜篮子工程"和"进退还工程"的实施，这也使得商都县成为乌兰察布市乃至内蒙古最大的西芹种植基地，露地种植蔬菜面积8万亩，其中西芹种植面积5万亩。

生产特点

商都县地处内蒙古高原，地貌类型以浅山丘陵为主，全境地形起伏不平，海拔1 300~1 600米，当地土壤绝大部分属栗钙土。商都县气候属温带半干旱大陆性气候，纬度偏北，海拔较高，气候冷凉，雨热同季，日照充足，营养成分易于积累，可以充分满足喜光作物的需要，适宜西芹等冷凉蔬菜生长，所以种植出的西芹品质好，纤维少，营养成分高。

商都西芹采用设施育苗、露地栽培方式生产，产品有大棵西芹、小棵西芹两种类型，主要栽培品种为美国文图拉长期在商都县种植选育而成的当地品种。大棵西芹2月中旬播种，需在有覆盖物的厚墙体日光温室内进行生产。小棵西芹3月中旬播种，在日光温室、塑料大棚、拱棚中均可生产。生长过程中注意中耕除草、肥水管理和病虫害防治。大棵西芹株高达到80~100厘米、小棵西芹株高达到60~80厘米时适时收获，防止植株老化。

林东毛毛谷小米

登记证书编号：AGI01669

地域范围

巴林左旗地处内蒙古赤峰市北部，大兴安岭山脉向西南延伸处。林东毛毛谷小米农产品地理标志地域保护范围包括巴林左旗的林东镇、富河镇、隆昌镇、哈拉哈达镇、查干哈达苏木5个苏木镇，涉及91个行政村，地理坐标为东经118°44′~119°48′，北纬43°36′~48°48′，区域保护面积40万亩。

品质特色

林东毛毛谷是一年生草本植物，属禾本科，我国北方通称谷子，去壳后叫小米。因其结实穗上长有能够遮风挡雨水、吸收阳光的绒毛状纤维而得名"毛毛谷"。林东毛毛谷茎叶繁茂，株高平均为126厘米，穗圆柱形，穗码紧，有白色刺毛，粒大皮薄，籽粒黄色、米黄色，色泽鲜黄透亮，颗粒圆润饱满，品质好，出米率高。

林东毛毛谷小米的营养价值很高，富含人体必需的可溶性糖、氨基酸，以及钙、磷、铁、锌、硒等，用来熬粥有"代参汤"之美称。

人文历史

巴林左旗种植谷类农作物有着悠久历史。新石器时期的富河先民已在这片土地上耕种。契丹先民们就在这片"地沃宜耕种，水草变畜牧"的土地上种植谷类农作物。《辽史·食货志》中也有很多契丹人种粟和以粟顶税的记载，粟即今天的谷子。当时北宋出使辽国的使节们在笔记和诗词中也常常提到在辽地看到契丹人种粟的情况。1962年，内蒙古考古队在辽上京皇城南部（今巴林左旗林东镇南）探测到谷皮。

生产特点

巴林左旗属中温带半干旱气候。年平均气温在3.5℃左右。年平均降水量大于380毫米。这个地区虽然热量条件差，气候比较寒冷，但降水量较多，土质比较肥沃，具有极强的透水性和透气性，含有丰富的钠、钾、铜、铁、钙、镁、锰、锌、硒等，适宜种植谷子。

林东毛毛谷生育期125~130天，性喜温暖，适应性强，喜水肥，耐涝，抗风，不抗旱，抗白发病。林东毛毛谷选择基地自留的种子，实行轮作，前茬以豆为主，播期在4月下旬至5月上旬，产地主要施用有机肥。当幼苗长到4叶1心至5叶期时，采取一次定苗，并人工除草。当谷粒全部变黄、硬化后，及时收割、晾晒、脱粒。

赤峰荞麦

登记证书编号：AGI01739

地域范围

赤峰市地处内蒙古东南部，地理坐标为东经 116°21′07″~120°58′52″，北纬 41°17′10″~45°24′15″。赤峰荞麦农产品地理标志保护范围为赤峰市所辖的阿鲁科尔沁旗、巴林左旗、巴林右旗、林西县、克什克腾旗、翁牛特旗、喀喇沁旗、松山区、红山区、元宝山区、宁城县、敖汉旗共12个旗县区，涉及132个苏木乡镇。

品质特色

赤峰荞麦茎光滑，无毛或具细绒毛，圆形，稍有棱角，幼嫩时实心，成熟时呈空腔。茎粗一般0.4~0.6厘米，茎高60~150厘米，最高可达300厘米。叶片呈圆肾形，基部微凹，具掌状网脉，叶柄细长。果实大部为3棱形，少有2棱或多棱。形状有三角形、长卵圆形等。

荞麦籽粒维生素 B_2 含量较高，为0.22~0.26毫克/100克，维生素 B_6 含量为0.12~0.18毫克/100克，钙含量为16.9~19毫克/100克，磷含量为384~428毫克/100克，钾含量为457~516毫克/100克。

人文历史

赤峰市境内有兴隆洼文化、赵宝沟文化、红山文化、富河文化、小河沿文化、夏家店下层文化。从当地考古发掘出来的石器、骨器、陶器、青铜器等生产生活器物证明，早在8 000余年前、原始先民已经过着原始农耕、渔猎和畜牧的定居生活。《赤峰市志》记载，在赤峰地区，辽代已种植荞麦。宋沈存中

《熙宁使虏图抄》记载："永安山（大兴安岭南段中部）谷宜粱荞，而人不善艺，四月始嫁，七月毕敛。"元代当地亦有荞麦种植，清代放垦后种植更多。新中国成立后，荞麦种植最多年份种植面积为190万亩，最少年份种植面积为56万亩，荞麦及其麸壳还出口日本及东南亚等地。

生产特点

赤峰荞麦以独特的自然生态环境和特定的生产方式形成了独特的地域特色产品。赤峰地处大兴安岭南段和燕山北麓山地，分布在西拉木伦河南北与老哈河流域广大地区，呈三面环山、西高东低、多山多丘陵的地貌特征。赤峰市属中温带半干旱大陆性季风气候区，冬季漫长而寒冷，春季干旱多大风，夏季短促炎热、降水集中，秋季短促、气温下降快、霜冻降临早。赤峰市水资源丰富，共有300多条河流和70多个湖泊，充足的水源利于农业灌溉。极为优越的自然条件使得赤峰荞麦得以大规模种植。

目前，赤峰市大面积种植的荞麦品种为甜荞，苦荞也少量种植，主要有日本大粒荞麦、皇家荞麦、甜荞小红花等品种，近年来赤峰农牧科学研究院选育的赤甜荞麦1号新品种推广面积也在逐年增加。赤峰荞麦生产过程必须按照地方标准《赤峰荞麦种植技术规程》执行。收获适期是在75%的籽实呈现原品种固有褐色时，收获时割倒荞麦植株平铺地面，自然后熟晾晒。

根河黑木耳

登记证书编号：AGI01740

地域范围

根河市位于呼伦贝尔盟北部，是内蒙古最北部的旗市之一，地理坐标为东经120°12′~122°55′，北纬50°20′~52°30′。根河黑木耳农产品地理标志地域保护范围包括根河市的满归镇、阿龙山镇、金河镇、得耳布尔镇、敖鲁古雅乡、好里堡办事处、河西办事处和中央路办事处。

品质特色

根河黑木耳是一种大型真菌，由菌丝体和子实体组成。菌丝体无色透明，由许多具横隔和分支的管状菌丝组成；子实体薄而呈波浪形，形如人耳。子实体初生时为杯状，后渐变为叶状或耳状，半透明，胶质有弹性，干燥后缩成角质，硬而脆。子实体单生或聚生，直径一般4~10厘米。

根河黑木耳含有多种氨基酸，粗纤维含量3.0%~4.9%，并且富含硒、磷、镁、钙、钾、铁、钠、锰等。

人文历史

根河黑木耳至今已有20多年的栽培历史，由于栽培容易，产量高，根河黑木耳种植的数量逐年增多，干耳亩产量可达350~600千克。根河市地处北纬52°，是我国最北部的城市之一，森林覆盖率87.2%，原生态的自然环境保持完整，是一块绿

色净土,被中外专家学者赞誉为"塞外西双版纳""天然氧吧""天然绿色宝库"。

生产特点

根河市多为中山(海拔1 000米以上)和低山(海拔500~1 000米),中山系大兴安岭山脉骨骼部分,也是构成根河市地貌的主体,是全市主要林业基地。根河市自然植被以针阔叶混交林和阔叶林为主,林下土壤为暗棕壤和针叶林土。根河市境内河流众多,纵横交错,长度在20千米以上、流域面积超过100平方千米的河流有37条,天然水质优良,没有污染,是理想的农业用水。根河黑木耳生长所处的自然环境属于寒温带湿润型森林气候,年日照时数为2 719小时左右,年均有效积温为1 732.8℃,平均年降水量450毫米左右,秋霜在9月上中旬出现,无霜期80天左右,优越的气候生态适宜黑木耳生长。

黑木耳对土壤的适应范围比较广,目前采用林间地摆黑木耳的栽培技术。林下地摆非常适合黑木耳生长,地表周围绿色植物的光合作用,为黑木耳生长提供充足的氧气。黑木耳菌种的来源一部分是自行培育,一部分产自哈尔滨市。生产基地要求方正开旷,地势干燥,向阳背风,近水源,排水良好,场地四周最好有绿化带,起到净化空气和调节小气候的作用。黑木耳从摆放到收获全部采用人工管理,种、管、收实现科学化和规范化。根河黑木耳收获后要保证一定的晾晒时间。

昭乌达肉羊

登记证书编号：AGI01741

地域范围

昭乌达肉羊地理标志保护范围为内蒙古赤峰市北部的克什克腾旗、阿鲁科尔沁旗、巴林右旗、巴林左旗、翁牛特旗、林西县6个旗县，涉及71个苏木乡镇，1 188个嘎查村，地理坐标为东经117°06′~121°01′，北纬42°26′~45°24′。

品质特色

昭乌达肉羊为肉毛兼用品种，以产肉为主，抗逆性和适用性强，生长发育速度快，产毛性能及羊毛品质较好，繁殖性能强。昭乌达肉羊无角，体格较大，体质结实，结构匀称，胸部宽而深，背腰平直，四肢结实、相对较长，肌肉丰满，肉用体型明显，呈圆桶形，具有早熟性。

昭乌达羊肉营养丰富，蛋白质含量为20.6%~21.8%，脂肪含量均值为15.03%，其中，硬脂酸含量较低，亚麻酸和亚油酸含量较高。此外，昭乌达羊肉中还富含铁、锌、磷、维生素A等。

人文历史

昭乌达肉羊培育起源于20世纪50年代，以当地蒙古羊为母本，以苏联美利奴羊、萨利斯克羊、民主德国美利奴羊为父本进行改良，到80年代末改良培育出200多万只毛质白色化、细度22~23微米改良型细毛羊。90年代以后，应用德国肉用美

利奴羊向着偏肉用方向改良发展。2010年,《昭乌达肉羊品种标准》审定颁布,2012年3月昭乌达肉羊由国家畜禽遗传资源委员会正式验收命名。

生产特点

赤峰市地处大兴安岭南段和燕山北麓山地,三面环山,多山多丘陵。赤峰市境内河流密布,水源充足,主要水系有乌尔吉沐沦河水系、西拉木伦河水系、教来河水系、老哈河水系、内陆河水系等。昭乌达肉羊存栏区域海拔为300~2 000米,属中温带半干旱大陆性季风气候区,四季分明,冬季漫长寒冷,春季干旱多风,夏季短促炎热、雨水集中,秋季短促、气温下降快、霜冻降临早,年平均气温5℃,昼夜温差较大,无霜期80~140天,年均降水量200~400毫米,年日照时数为2 700~3 100小时。

昭乌达肉羊牧场生态环境优越,野生植物种类繁多,共有野生植物1 863种,能够满足昭乌达肉羊的养殖需求。昭乌达肉羊适应性好,放牧采食能力强。生产过程严格按照《昭乌达肉羊繁殖技术规程》《昭乌达肉羊饲养管理操作规程》《昭乌达肉羊疫病防控技术规程》《昭乌达肉羊养殖常规生产应用技术规程》《昭乌达肉羊屠宰加工技术规程》执行。

四子王旗戈壁羊

登记证书编号：AGI01742

地域范围

四子王旗地处内蒙古中部，是乌兰察布草原的主要组成部分，也是乌兰察布市唯一的一个牧业旗县。四子王旗戈壁羊地理标志保护范围为四子王旗牧区的全部区域，包括查干补力格苏木、脑木更苏木、白音敖包苏木、白音希勒嘎查、敖包图嘎查及白音朝克图镇，地理坐标为东经110°20′~113°00′，北纬41°10′~43°22′。

品质特色

四子王旗戈壁羊耐寒、耐粗饲、易牧，体格大，体质结实，结构匀称，后躯发达，肌肉丰满，四肢粗壮，头型略显狭长，鼻梁隆起鼻间略凹、眼大有神，耳大下垂，公羊多数螺旋形角，母羊多数无角或角不发达，一般颈长适中，肋骨开张较差，背腰宽而平正，四肢略长，尾巴向上弯曲。中部无纵沟，尾端细而尖且尾向下。被毛为异质毛，毛色洁白，头颈部以黄色和黄白花色为主；腕关节和飞节以下部、脐带周围有色毛，以浅黄色为主。属于小脂尾型肉质优良和抗逆性很强的绵羊品种。

独特的地理环境和自然气候造就了四子王旗戈壁羊肉独特的品质。戈壁羊肉中蛋白质含量大于19%，脂肪含量小于10%。羊肉具有肉质细嫩、瘦肉率高、味美多汁、高蛋白质、低脂肪、无膻味、香味浓郁、风味独特等特点，被誉为"小人参"之美称。

人文历史

四子王旗戈壁羊是蒙古四子部落在16世纪初由大兴安岭呼伦贝尔草原迁徙到四子王旗境内后，经过人为的本土驯化、自然育种和人工培育等过程选育出的完全适应当地环境条件的优质肉用型羊。四子王旗戈壁羊适合于本地区游牧，耐粗饲、抗寒、抗逆性强、抗病毒性强，在四子王旗地区已有300多年的养殖历史，由于常年在戈壁草原放牧，至今四子王旗地区的牧民及周边的人们仍称这个地区游牧的羊为"戈壁羊"。

生产特点

四子王旗境内地形复杂多样，土壤类型丰富，有机质含量分布不均。草原面积为203.34万公顷，主要天然牧草以小针茅、小禾草、葱类等杂类草为主，其中90%以上种类可作牧草，属于良等以上牧草不少于100种，是非常适合饲养戈壁羊的天然草场。四子王旗深居内陆，海拔较高，具有高原气候特点，属温带大陆气候，寒暑变化强烈，昼夜温差较大，降水量少，年降水量平均为313.8毫米，分布不均匀，年际变化和年内变化较大，光能资源丰富，利于牧草的生长。

四子王旗戈壁羊的生产方式主要以天然草原放牧为主，一般在冬春少量补饲天然牧草，这种传统的放牧方式由清朝一直延续至今。天然牧草是饲养戈壁羊的主要饲料来源，戈壁羊有很强的合群性，而且四肢强健善走，很适合大群放牧。戈壁羊的采食能力非常强，可以采食贴近地面的较短的草，也能在冬季用前肢刨开积雪采食枯草，所采食的植物种类也比其他家畜多，可以充分利用杂草灌木类植物。